Gabriel García Márquez

Oscar Collazos

Gabriel García Márquez

Sein Leben und sein Werk

Aus dem Spanischen von
Ulli Langenbrinck

Kiepenheuer & Witsch

In Übereinstimmung mit dem Autor wurden einzelne Passagen des Textes gekürzt oder für das bessere Verständnis des deutschen Lesers überarbeitet.

Titel der Originalausgabe:
García Márquez: La soledad y la gloria
Su vida y su obra
© 1983 Oscar Collazos
Aus dem Spanischen von Ulli Langenbrinck
© 1987 Verlag Kiepenheuer&Witsch, Köln
Umschlaggestaltung Hannes Jähn, Köln, unter Verwendung
eines Fotos von Rodrigo García Barcha
Satz Kalle Giese, Darmstadt
Druck- und Bindearbeiten Freiburger Graphische Betriebe,
Freiburg im Breisgau
ISBN 3-462-01808-6

Für meine Tochter Laia

Inhalt

Vorbemerkung

Das Werk von Gabriel García Márquez hat immer wieder zu einer kritischen Auseinandersetzung herausgefordert. Eine Vielzahl von wissenschaftlichen Arbeiten ist erschienen, die Literaturkritik hat jedes seiner Werke ausführlich besprochen. Die vorliegende Untersuchung wendet sich an das breite Lesepublikum, nicht an die Spezialisten. Sie stellt die Romane und Erzählungen von Gabriel García Márquez in der chronologischen Reihenfolge des Erscheinens einzeln vor und setzt sie, so weit dies möglich ist, in Verbindung zur Biographie. So wird dem interessierten Leser die Möglichkeit gegeben, das Werk des kolumbianischen Romanciers besser zu verstehen und sich über seine Biographie zu informieren.

O.C.

Die Kindheit

Nichts deutete darauf hin, daß das Kind, das am 6. März 1928 in einem unbedeutenden Dorf an der kolumbianischen Karibikküste geboren wurde, einer der größten Schriftsteller spanischer Sprache werden würde.

Sein Vater, Gabriel Eligio García, in Sincé geboren, war nach dem Abitur einer nicht sonderlich ausgeprägten akademischen Berufung folgend nach Cartagena de Indias übergesiedelt. Außer seiner Hartnäckigkeit, die Söhnen aus bescheidenen Familienverhältnissen oft zu eigen ist, besaß er nichts. Einen Teil seines Vorhabens führte er aus — er schrieb sich in der Universität ein, mußte sie jedoch wenig später wegen Geldmangels wieder verlassen. Das war bis dahin nichts Ungewöhnliches im Leben des jungen Mannes gewesen, und seine Zukunft sollte auch sehr viel weniger glanzvoll sein, als er sie sich — mit einem akademischen Titel gekrönt — erträumt hatte.

Das Bananenanbaugebiet an der kolumbianischen Atlantikküste befand sich in seiner höchsten Blüte, aber Gabriel Eligio war nicht vom Glück verfolgt und mußte sich mit einem vergleichsweise bescheidenen Posten begnügen: er wurde Telegrafist in Aracataca. Dort lernte er Luisa Santiaga Márquez Iguarán kennen, die zur lokalen »Aristokratie« gehörte. Wenn nicht das Geld, so begünstigte zumindest die Vergangenheit der Familie ihre privilegierte Stellung im Dorf. Luisa war die Tochter von Oberst Nicolás Ricardo Márquez Mejía und seiner Frau Tranquilina Iguarán Cotes, Vettern ersten Grades, die beide von der Halbinsel Guajira stammten. Oberst Márquez hatte am Bürgerkrieg von 1900[*]

---

[*] Der letzte der Bürgerkriege, die liberale Föderalisten und Freidenker gegen die konservativen Regierungen geführt hatten, dauerte von 1899 bis 1901 und wurde auch der »Krieg der Tausend Tage« genannt. (Anm. d. Übers.)

teilgenommen, auf Seiten der Liberalen in den Schlachten von Riohacha gekämpft und sich durch Tapferkeit einen militärischen Rang erworben, der ihm in seinen restlichen Lebensjahren eher Kummer als Ehre verursachen sollte.

Tranquilina Iguarán Cotes stammte ebenfalls aus einer alten Familie, die seit mehreren Generationen auf Les Guajira ansässig war. Die Frau von Oberst Márquez war mit Doña Rosario Pumarejo Cotes de López verschwägert, der Mutter des Präsidenten Alfonso López Pumarejo, dem Urheber der ersten und radikalsten liberalen Reformen, die Kolumbien im Verlauf des Jahrhunderts erlebt hatte. Nicht wenige behaupten, der Name Cotes sei sephardischen Ursprungs. Der Schriftsteller José Francisco Socarrás belegt, daß dieser Name in Spanien in der Synagoge von Toledo auftaucht.

Die Márquez Iguarán übersiedelten von Riohacha nach Fonseca und Barrancas, bevor sie nach Aracataca kamen, einem damals unbedeutenden Dorf im Departement Magdalena. Bis auf den militärischen Ruhm des Obersts und die Herkunft seiner Frau findet sich nichts Außergewöhnliches in der Vergangenheit der beiden Familien, auch nicht in der nächsten Generation, als der zum Telegrafisten gewordene Student Luisa Santiaga Márquez Iguarán heiratet. 1927 befindet er sich auf der Halbinsel Guajira und ein Jahr später im winzigen und heißen Aracataca.

Die Heirat mußte allerdings so manchen Familienkrach ausgelöst haben: die bescheidene familiäre Herkunft des Gabriel Eligio García paßte so gar nicht zur Vortrefflichkeit der Márquez Iguarán, die einigen Grund zu haben glaubten, sich für etwas Besseres zu halten. Die Familie, die versucht hatte, die beiden Liebenden zu trennen, gab ihren Segen zur Heirat García-Márquez Iguarán erst Monate später, als Luisa Santiaga mit ihrem ersten Kind schwanger war. In Aracataca wird am 6. März 1928 Gabriel García Márquez geboren. Er wird sofort der Obhut seiner Großeltern anvertraut, ein einschneidendes Ereignis im Leben des Kindes, da seine Eltern wieder nach Riohacha zurückkehren. Die Familie García Márquez muß sich mit eigener Kraft durchschlagen und ist dabei ausschließlich auf das Durchstehvermögen des Extelegrafisten von Aracataca angewiesen. Nach der Zeit in Riohacha eröffnete er in Barranquilla eine Apotheke, danach eine in Sucre. Gabriel Eligio war Apotheker geworden, da er schon nicht Mediziner hatte werden können. Schließlich ließen er und seine Frau sich in Cartagena de Indias nieder. Im Verlauf ihrer Ehe bekamen Gabriel Eligio García und Luisa Santiaga Márquez Iguarán noch fünfzehn Kinder.

Im Haus seiner Großeltern genoß der kleine Gabriel José die Privilegien einer wohlhabenden Familie. Oberst Márquez war Chef der Liberalen Partei des Ortes, und die dem Bananenstreik von 1928 folgende Not hatte zwar die eigenen Geldmittel zum Schwinden gebracht, nicht aber die Würde des Großvaters untergraben, der immer piekfein herumzulaufen pflegte. »Kleidung und Benehmen« widmete er große Sorgfalt und war auf seine Art ein Patriarch aus einer Geschichte des 19. Jahrhunderts. »Er trug Krawatte und Weste, und in einer seiner Taschen steckte eine dicke goldene Uhr, an deren einem Ende eine dicke, ebenfalls goldene Kette befestigt war, die seinen ein wenig hervorstehenden Bauch kreuzte«, erinnert sich Jose Francisco Socarrás an Oberst Márquez. »Er war immer sorgfältig rasiert und hatte eine Schwäche für Duftwässerchen.«

Das Haus, in dem Gabriel José aufwuchs, stand der zahlreichen Verwandtschaft immer offen, die aus verschiedenen Orten der Region angereist kam, vor allem den Cotes aus Magdalena. Die Art der Gastfreundschaft des alten Oberst ist ebenso leicht vorstellbar wie die Form, in der sich das Kind daran gewöhnte, Verwandte von beiden Zweigen der Familie kennenzulernen. Man kann auch vermuten, daß sich in jenem großen Haus unter der Obhut seiner Großeltern etwas herausbildete, daß im Lauf der Jahre die Erinnerung an seine nächsten und selbst die entferntesten Vorfahren werden würde. Der ungewohnte Glanz, den die Region während des zwei Jahrzehnte andauernden »Bananenfiebers« erlebt hatte, sollte sich in Elend und Ruin verwandeln. Das ist der Rahmen, in dem das Kind von Luisa und Gabriel Eligio aufwächst. Auf der einen Seite die Erinnerungen an die verkümmerte und flüchtige Prosperität; auf der anderen Seite die so offensichtlich »mageren Jahre«, die schon 1928 angebrochen waren, als sich das fürchterliche Gemetzel an den streikenden Arbeitern der Bananenplantagen in der Eisenbahnstation von Ciénaga ereignete.

Dieser Vorfall ist nicht nur bedeutsam für die Geschichte Kolumbiens, er spielt auch in der persönlichen und historischen Erinnerung des zukünftigen Schriftstellers eine wichtige Rolle. Der Streik auf den Bananenplantagen und seine Auswirkungen sind die ersten gesellschaftlichen Vorfälle, die durch ihre familiären und populären Bezüge sich unauslöschlich im Bewußtsein des zehnjährigen Kindes festsetzen, als es von ihnen erfährt.

Gabriel José ist nicht etwa ein von seinen Eltern verlassenes »Waisenkind«, sondern der Enkel, der der Obhut der Großeltern anvertraut wird. Mit fünf Jahren erst lernt er seine Mutter kennen, als er bereits in jenem Haus mit den weitläufigen Gängen und der ständig in Betrieb gehaltenen Küche seine ersten familiären Erinnerungen gespeichert hat. Das Haus ist von Mandelbäumen umgeben, der Hof mit Blumen geschmückt. Alle diese Elemente vermittelten ein Bild des Friedens, das sicherlich auch der Korrektheit des Großvaters entsprach, jenem Mann, der allerdings eine Gewissensschuld mit sich herumtrug: er hatte einen anderen Mann getötet, weil dieser ihm mißtraut und ihn angefeindet hatte. Die Tat hatte sich in Riohacha ereignet und war der eigentliche Grund für seine »Flucht« nach Aracataca gewesen. In Erinnerung an diesen Vorfall sagte er dann zu seinem Enkel: »Du weißt gar nicht, wie schwer ein Toter wiegt.«

Gabriel José erhält eine Erziehung, wie sie die Liberalen, die Erben der Aufklärung, ihren Kindern zukommen ließen. Auch ein wenig »Rousseau'scher Geist« dürfte in den unmittelbaren Erziehungsmethoden mitgewirkt haben; und für das bei den Großeltern aufwachsende Kind bestand ein großer Teil der Erziehung sicherlich aus Berichten über die jüngste Vergangenheit, aus melancholischen Beschreibungen der vergangenen, verlorenen Kämpfe und — in der Phantasie eines uneigennützigen Aberglaubens, vor allem aus dem Mund der Frauen. Denn Gabriel José wurde von Frauen erzogen, von einer Großmutter und von Tanten, die allem Anschein nach einen Pakt mit dem Tod geschlossen hatten. Anders kann man nicht verstehen, warum Gabriel viele Jahre später jene Welt voller auf den ersten Blick unwahrscheinlicher Realitäten beschwört, von denen man annahm, allein seine Vorstellungskraft habe sie hervorgebracht. In dem großen Haus sollte Oberst Nicolás Márquez sterben, Doña Tranquilina blind und vereinsamt überleben und dem dramatischen Zerfall des bescheidenen Wohlstands der vergangenen Jahre beiwohnen; in diesem Haus wird bereits bei dem Kind jene Weltsicht geprägt, die den sechzehnjährigen Gabriel erste literarische Versuche unternehmen läßt.

Sonderbare seherische Geschichten (die Tante webt ihr Totenhemd wenige Stunden, bevor der Tod sie »besucht«); gespenstische Ängste; Geschichten von Wesen, die so unwahrscheinlich sind wie die Worte und das Verhalten jener, die von ihnen berichten. Gabriel besucht die Dorfschule und lauscht den Geschichten seiner Großmutter, die die Fragen des Enkels beantwortet, als sei die Neugier und der Wissensdurst des Jungen allein dadurch zu befriedigen, ihm die Wahrheit der Phantasie zu enthüllen. Doña Tranquilina ist eine Matrone von ehrfurchteinflößendem Äußeren, die unerschütterliche Autorität im Haus. Da sich zu ihrer religiösen Leichtgläubigkeit eine Vorliebe fürs Fabulieren gesellt, kann man annehmen, daß Gabriel José zwischen den autobiographischen Beschwörungen des Großvaters (dem Helden verlorener Kriege) und der gespenstischen »Gegenwart« von Toten im Haus (den Toten, mit denen die Tanten sprechen, als könnten sie jeden Moment erscheinen) allmählich eine spezifische Empfindsamkeit entwickelt, die seine Beziehung zur Realität vorbelastet.

Der Volksschule in Aracataca verdankt Gabriel José allenfalls die notwendige Alphabetisierung. Der häusliche Rahmen hingegen »alphabetisiert« das Bewußtsein des Kindes viel prägender und enthält im Keim bereits das, was viele Jahre später, ob bewußt oder unbewußt, zu einer Weltsicht werden soll. Jene Tante, deren Erinnerung der Schriftsteller viele Jahre später wachrufen wird, jener Großvater (»die wichtigste Persönlichkeit in meinem Leben«), jenes Haus, in dem sich ständig Verwandte und Freunde aufhalten, sind für das Kind die ersten Kontakte mit einer Realität, die in diesem Fall auch mit der Imagination identisch ist, noch bevor eines von beiden zu Literatur wird. Aracataca »lebte von Mythen, von Gespenstern, von Einsamkeit und von Sehnsucht«, bemerkte Mario Vargas Llosa.[*] Zwar hatte das Kind den zumindest anfänglichen Glanz jenes »Laubsturms«[**] voller widersprüchlicher menschlicher und sozialer Implikationen nicht miterlebt, dafür aber das Privileg zu erfahren, was in der Erinnerung der Überlebenden diese wirtschaftliche Blüte, die Verschwendung, das allmählich entstehende Bewußtsein der Arbeiter

[*] Dieses und weitere Zitate von Vargas Llosa stammen aus dessen Dissertation über Gabriel García Márquez und sein Werk. (Anm. d. Übers.)
[**] Gemeint ist damit »der menschliche Ausschuß, den der Bananenreichtum nach Aracataca geschwemmt hatte«. In : Gabriel García Márquez, *Der Geruch der Guayave. Gespräche mit Plinio Apuleyo Mendoza.* Köln 1983, S. 10.

jener Region und die Brutalität, mit der dieses Bewußtsein niedergeknüppelt wurde, bedeuteten.

Als Gabriel acht Jahre alt ist, stirbt sein Großvater, Oberst Nicolás Márquez in Aracataca. Inzwischen waren Gabriels Eltern nach Sucre umgezogen, und Gabriel wurde in das »Colegio San José« nach Barranquilla geschickt. Mit zehn Jahren schreibt »Gabito«, wie ihn seine Freunde nennen, Gedichte und spielt mit »Literatur« herum. Als Anekdote seien hier einige Zeilen kolportiert, die er wahrscheinlich 1938 einem Mitschüler widmete:

Esto no es nada indebido / esto es sólo una simpleza / con que mostrarte he querido / que tú por naturaleza / muy curioso siempre has sido.[*]

Die »Berufung« zum Versekünstler bleibt auch in den ersten Jahren auf dem Gymnasium, einem Jesuitenkolleg in Barranquilla. Seine Freunde aus dieser Zeit beschreiben ihn als außerordentlich schüchtern und als »so ernst, daß viele ihn ›den Alten‹ nannten«. Der Schüler mit den tadellosen Manieren zieht sich in den Garten zurück und liest Erzählungen und Romane. Juan B. Fernández erinnert sich an ihn als »von zarter, kindlicher Statur und mit großem Widerwillen gegen sportliche Betätigungen«, was wohl seiner Erziehung im Haus der Großeltern entsprach. Gabriel schreibt satirische Verse, und seine Kleidung steht im krassen Gegensatz zu seinem Benehmen: er trägt »grüne Hosen und skandalöse *guyaberas*[**]«. Wahrscheinlich hatte ihm die Stadt Barranquilla nichts zu bieten, das aufregender gewesen wäre als die Erfahrungen seiner Kindheit. Aber immerhin war Barranquilla ein bedeutendes städtisches Zentrum, prägte mögli-

---

[*] *Das hier ist überhaupt nichts Ungehöriges / nur eine kleine Spielerei / mit der ich dir zeigen wollte / daß du von Natur aus / immer sehr neugierig gewesen bist.*

[**] In der Karibik verbreitete hüftlange Herrenoberhemden mit kurzen Ärmeln, Biesen und rechteckigen großen Taschen. (Anm. d. Übers.)

cherweise seinen Sinn für Humor und rüstete ihn mit Schlagfertigkeit, Ironie und einer gewissen Geschicklichkeit aus, förmliche Feierlichkeit zu vermeiden. In Gesellschaft der *mamadores de gallo*, der karibischen Spaßvögel, mußte dem auf Umgangsformen bedachten Jungen klarwerden, daß die beste Überlebensstrategie wohl darin bestand, selbst zum Spaßvogel zu werden. Diese »Taugenichtse in kurzen Hosen« (seine Freunde) waren das krasse Gegenteil zur Umgebung seiner Kindheit an der Seite der Tanten Francisca, Petra und Elvira, »gespenstische Frauen, die in ihre entfernten Erinnerungen versponnen waren, erstaunliche seherische Fähigkeiten besaßen und manchmal so abergläubisch waren wie die Guajira-Indianerinnen, aus denen die Dienerschaft des Hauses bestand«, so beschreibt sie Plinio Apuleyo Mendoza[*].

In Barranquilla, wo er die höhere Schule besucht, bereitet sich Gabriel José auf eine weitere, diesmal entscheidende Reise vor: 1940 erhält er ein Stipendium für Zipaquirá, einer Stadt in der Nähe von Bogotá. Barranquilla hatte sich von Aracataca lediglich durch seinen Status als Stadt unterschieden; Zipaquirá, auf dem Hochplateau der Anden gelegen, ist im Vergleich zu Aracataca eine völlig andere, entgegengesetzte Welt. Der Weg, den er zu gehen hat, scheint Gabriel geradewegs in die Hölle zu führen. Er erinnert sich:

»Ich hatte Aracataca mit einem Stipendium für das Colegio Nacional in Zipaquirá verlassen, und nach einer teuflischen Reise über den Fluß und einer grauenerregenden Kletterpartie per Zug über die Berge hatte ich auf dem Bahnhof meinen ersten Kontakt mit der Hauptstadt — die immer unendlich weit entfernt gewesen war, tatsächlich eine andere Welt.«

Aus Angst vor Lungenentzündung und übermäßig dick angezogen sieht Gabriel »diese nachmittags um sechs starre

[*] a.a.O. S. 13.

und graue Stadt« vor sich. Tausende Pelze tragender Leute überraschen ihn, ebenso wie die Beerdigungsmienen der Straßenpassanten; er vermißt das tropische Lärmen von Barranquilla und wundert sich über die Sraßenbahn, die »beladen mit menschlicher Fracht« vorbeifährt. Er versteht nicht, warum die *cachacos* (»eingebildete Gecken« — so nennen die Küstenbewohner die Leute vom Hochland) mit steifen schwarzen Anzügen bekleidet sind, warum sie »Regenschirme und steife Hüte sowie Schnurrbärte tragen«. 1969 legte der Autor ein rührendes Geständnis ab: »Ich war am Ende und habe stundenlang geweint.« Und: »Seitdem ist Bogotá für mich gleichbedeutend mit Angst und Trauer.«

Dieser erste Kontakt mit Bogotá und der andinen Welt ist durchaus nicht ungewöhnlich. Ganze Generationen von Küstenbewohnern, die von den Tropen in die Anden gezogen sind, müssen Ähnliches gefühlt haben.

In Zipaquirá litt Gabriel José entsetzlich an Heimweh. Im Internat sah er sich gezwungen, seinen zurückhaltenden Ernst, den ihm schon seine ersten Freunde in Barranquilla bescheinigt hatten, zu verstärken. »Diese ganzen Jahre über verbrachte ich meine Freizeit völlig zurückgezogen und verschlang Bücher von Jules Verne und Emilio Salgari.« Vargas Llosa schreibt jenen Jahren der Abgeschlossenheit (»die der Junge in einer Umgebung verbrachte, der er sich auf gar keinen Fall anpassen wollte«) die Herausbildung »eines der großen Themen seiner fiktiven Welt« zu: »das der Einsamkeit«. Auf jeden Fall liest Gabriel in Zipaquirá, in seiner andinen Zelle alles, was ihm in die Hände fällt — Abenteuergeschichten, Werke der klassischen spanischen Literatur, Verse kolumbianischer Dichter und die damals literarisch »subversiven« Gedichte der Gruppe *Piedra y Cielo* (»Stein und Himmel«), die sich unter dem Einfluß von Juan Ramón Jiménez und Pablo Neruda spontan gebildet hatte. Jenes »Kloster ohne Heizung und Blumen, mehr als tausend Kilometer vom

Meer entfernt«, bezeichnete Gabriel García Márquez noch Jahre später als »Strafe« und »Ungerechtigkeit«. Dort blieb er bis 1946. Der unersättlich Gedichte lesende Jugendliche entspricht dem Kind, das aufmerksam den Familiengeschichten lauschte. Möglicherweise besteht zwischen der freien Welt seiner Kindheit und der klösterlichen Abgeschiedenheit, in der er seine Jugend verbringt, eine geheime Verbindung, die zu einem gemeinsamen Punkt führt: die Lehrzeit des Erzählers, der sich 1946 über seine literarische Neigung noch nicht schlüssig war. Zwar ist es zu früh, von »Lehrmeistern« zu sprechen, aber die verehrten Dichter der Gruppe *Piedra y Cielo* waren vor allem Eduardo Carranza, Jorge Rojas und Aurelio Arturo. Außer der Welt seiner Kindheit gibt es bis dahin noch keinen ausgesprochenen literarischen Einfluß, von dem Gabriel hätte geprägt werden können. Das »Porträt des Künstlers als junger Mann« kann 1946 noch nicht gezeichnet werden. Und doch stürzt sich Gabriel 1944 in ein Abenteuer ungewöhnlichen Ausmaßes: er will einen Roman schreiben.

Jede jugendliche Ambition ist maßlos, und García Márquez erklärt selbst, der Stoff, »das Paket« sei für seine sechzehn Jahre zu groß gewesen. Nach seinen eigenen Worten sei bereits damals die Vision von *Hundert Jahre Einsamkeit* [*] entstanden. »Wolltest du schon in diesem Alter die Geschichte Macondos schreiben?« fragt ihn Mario Vargas Llosa im September 1967.

»Nicht nur das«, antwortete García Márquez. »Ich habe damals einen ersten Absatz geschrieben; derselbe erste Absatz, der in *Hundert Jahre Einsamkeit* steht.«[**]

Eine Episode muß wohl als Auslöser für diese zwar frühzeitige, keineswegs aber überraschende Entscheidung gewirkt

[*] Deutsch: Köln 1970.
[**] Zitiert nach *Mythos und Wirklichkeit. Materialien zum Werk von Gabriel García Márquez.* Hrsg. von Tom Koenigs. Köln 1985, S. 129.

haben. Mit fünfzehn Jahren trifft Gabriel seine Mutter wieder, die mit ihm nach Aracataca fährt, um *das Haus* (*La casa* — so lautet der Titel dieses allerersten Romanprojekts) zu verkaufen, »das voll von Toten war«. Umgeben von »ihren« Toten und vollends erblindet war auch Doña Tranquilina gestorben. Das Wiedersehen mit dem Haus und dem Dorf erweist sich als entscheidend: für den Jugendlichen handelt es sich nicht mehr — wie für das Kind — um eine märchenhafte, sondern um eine trostlose Erfahrung. Nichts hat sich verändet, nur die Zeit hat nicht wieder gutzumachende Verwüstungen angerichtet. Jenes »staubige heiße Dorf, das ich an einem schrecklichen Mittag wiedersah«, war ein Geisterdorf, »ohne eine einzige Seele auf der Straße. (...) Ich war vollkommen davon überzeugt, daß meine Mutter ebenso darunter litt wie ich, zu sehen, wie die Zeit über dieses Dorf hinweggegangen war (...).« Das Bild der Trostlosigkeit verlängert sich: Luisa, seine Mutter, und eine ihrer alten Freundinnen fallen sich in die Arme und weinen stumm. »In diesem Augenblick«, sagt García Márquez, »kam ich auf die Idee, die gesamte Vorgeschichte dieser Episode aufzuschreiben.«

Es gibt Schriftsteller, für die die Realität der Motor ist, der sie zu einem ersten literarischen Abenteuer antreibt. Das Gewicht der Erinnerung, die brennende Notwendigkeit, aufgestaute Erfahrungen loszuwerden, führt sie zur ersten Auseinandersetzung mit dem geschriebenen Wort. Andere erfahren dieses Abenteuer auf eine andere Weise, nämlich beim Lesen von Büchern.

Zwischen dieser Episode und dem Jugendlichen, der in den Klostergängen Zipaquirás lebt, liegen Welten. Aber in diesem Zwiespalt, so kann man annehmen, ist aus der Entfernung, dem Heimweh und der Abgeschiedenheit die Notwendigkeit entstanden, seinen ersten Erfahrungen eine literarische Form zu geben. Aracataca war schließlich und endlich das Zentrum der emotionalen Erziehung des zukünftigen Romanciers.

Zwischen Rechtswissenschaft und Journalismus

1947 schreibt sich Gabriel an der juristischen Fakultät der Universidad Nacional in Bogotá ein. Ohne großen Enthusiasmus hat er sich für den Anwaltsberuf entschieden und sich in einer kleinen Pension in der Calle Florián, heute Carrera Octava, eingemietet. Noch einmal kontrastiert sein fast malerisches Äußeres mit dem Aussehen der *cachacos*, den »eingebildeten Gecken«, den Studenten und Bewohnern des Landesinneren. »Er war ein typischer Junge von der Küste, der überhaupt nicht in das Straßenbild von Bogotá paßte, weil er sich nach kubanischer Art kleidete und schrille Hemden und Krawatten trug«, erinnert sich Plinio Apuleyo Mendoza, sein Kommilitone und später einer seiner besten Freunde und Vertrauten. Und er hatte noch einen anderen ungewöhnlichen Studienkollegen: Camilo Torres Restrepo, der sich damals allerdings noch nicht für das Priesteramt entschieden hatte und noch viel weniger für die bewaffnete Revolution.

1947 wird der Name Gabriel García Márquez zum ersten Mal mit der kolumbianischen Literatur in Verbindung gebracht. In der Literaturbeilage von *El Espectador*, die der Romancier Eduardo Zalamea Borda herausgibt, erscheint seine Erzählung *Die dritte Entsagung*. Zalamea Borda räumt dem jungen Jurastudenten nicht nur das Privileg ein, seine erste Erzählung zu veröffentlichen, er feiert auch die Entdeckung eines großen Schriftstellers. Zu jenem Zeitpunkt war die erzählende Literatur Kolumbiens eine trostlose Wüste. Nur die Lyrik, vor allem nach dem Zusammenschluß von *Stein und Himmel*, schien fähig zu sein, in die Moderne einzutreten und den Maßstäben der Zeit zu entsprechen.

Über die Veröffentlichung seiner Erzählung war García Márquez zunächst überrascht und dann erschreckt. »Was mache ich jetzt bloß, um Zalamea Borda nicht zu blamieren? Weiterschreiben, das war die Antwort«, sagt sich der von seinem Studium wenig begeisterte Jurastudent. Jahre später erinnerte er sich an seinen Professor für Verfassungsrecht, Alfonso López Michelsen und seinen Unterricht:

»(...) Er war mit seinen vierunddreißig Jahren der beste Professor für Verfassungsrecht, und ich, 19jährig, war sein schlechtester Student. (...) Die Vorlesungen waren äußerst langweilig, wie mich alle Vorlesungen langweilten, die nicht von Poesie handelten (...).«

Zwischen seiner Pension in der Carrera Octava und der Universität hatte der Literaturlehrling und Gedichteleser einen Lieblingsplatz: die Straßenbahnen »mit den blau getönten Fenstern, die für fünf Centavos zwischen der Plaza de Bolívar und der Avenida de Chile unentwegt hin und herfuhren«. Trotz des unerwarteten »Ruhms«, der von den Seiten des *El Espectador* über ihn kam, führt er in der Andenstadt ein eher trostloses Leben. Er zieht durch die Cafés, ein malerischer Zechkumpan — zumindest in den Augen der *cachacos* mit ihrer ungeheuren Genügsamkeit und ihrem ausgeprägten Dünkel. Seine Kleidung mußte äußerst pittoresk auf sie wirken, beklagenswert aber auch, daß er wie ein stolzer Armer aussah (wie jeder Arme, der Wert darauf legt, Tag für Tag mit etwas Anstand zu überleben). Das Bild von dem in seiner Armut verlorenen Einsamen sollte sich in den folgenden Jahren und an anderen Orten noch wiederholen.
Er arbeitet weiterhin für *El Espectador* und besucht lustlos seine Juravorlesungen. Die Geschichte produziert Katastrophen, die, so paradox dies auch sein mag, im Leben eines Menschen zu positiven Wendungen führen können. Als am 9. April 1948 der liberale Führer Jorge Eliécer Gaitán ermor-

hen und typische *mamadores de gallo* (Karibische Spaßvögel) sind, lesen sie unersättlich und mit so ungeheurer Neugierde, daß Gabriel, den seine Erzählungen in *El Espectador* bekannt gemacht haben, geradezu geblendet ist.

Álvaro Cepeda (der aussieht wie ein nervöser Ganove) hat ebenfalls einige Erzählungen veröffentlicht. Er hat gelesen, was man in seinem Alter nur gelesen haben kann und noch mehr. Untereinander tauschen sie Bücher aus: Joyce, William Faulkner, Virginia Woolf, Hemingway. Der moderne Roman, wie ihn García Márquez bei Kafka kennengelernt hat, stellt sich in seinen unterschiedlichsten Facetten dar. Gabriel gehört bald zu der lärmenden Gruppe. Das Leben erscheint ihnen wie ein tollkühnes Abenteuer und die Literatur wie eine Delikatesse, die ebenso intensiv gekostet werden muß wie das Leben selbst. Sie lesen und betrinken sich, sie gehen in den Puff und sitzen in Kneipen herum. Niemand scheint sich sonderlich ernst zu nehmen, nicht einmal der alte (»katalanische Weise«) Ramón Vinyés, der, ohne den Akzent seines fernen Kataloniens verloren zu haben, seine Schüler und Gesprächspartner auf die steilen Pfade der klassischen Literatur führt.

Gabriel ist in seinem Element, der Karibik. »Das war für mich eine schwindelerregende Zeit«, erinnert er sich Jahre später. »Wir betranken uns bis zum Morgengrauen und redeten dabei über Literatur. Jeden Abend wurden mindestens zehn Bücher erwähnt, die ich nicht gelesen hatte.« Die Figur des »katalanischen Weisen« taucht immer wieder in den Erinnerungen des Erzählers auf:

»Der literarische Mentor der Gruppe war Don Ramón Vinyés, ein älterer Exilkatalane, den die Niederlage der Republik aus seiner Heimat und der Einmarsch der Nazis aus Paris vertrieben hatte (...)«

García Márquez fängt also an, für *El Heraldo* zu schreiben.

verzweifelt über die Panik, die ihre Macht einflößt, verfallen auf eine schreckliche Lösung: den Völkermord. Unvorstellbar, daß nicht auch Gabriel — wie jedem Menschen, dem der Tod von Menschen und der Untergang seines Landes nicht gleichgültig ist — der Zorn in irgendeiner Form hochstieg. Die Universität wurde geschlossen, die Pension in der Calle Florián ging in Flammen auf. Für einen Fremden in einer Stadt, die ihm zunehmend fremder wurde, wirkte die Tragödie vom 9. April 1948 wie eine Vertreibung, allerdings zurück in seine natürliche Umgebung, die Karibik. Seine Familie war mittlerweile nach Cartagena umgezogen, und Gabriel nahm dort aus unerfindlichen Gründen sein Jurastudium wieder auf. Doch parallel dazu unternahm er in dieser Stadt erste Schritte in einem Beruf, den er sein Leben lang ausüben sollte — dem Journalismus.

Er schreibt Kommentare für *El Universal,* Berichte verschiedenster Art. Weiterhin schickt er Erzählungen an *El Espectador,* und bald wirkt sich sein Ruf als Erzähler auf seinen Ruf als Provinzjournalist aus. Zwei Jahre Studium und Journalismus in Cartagena öffnen ihm zufällig die Türen zu seinem nächsten Ziel: Barranquilla. In Bogotá hat der junge Erzähler *Die Verwandlung* von Kafka entdeckt; in Cartagena zieht er durch Kneipen und zwielichtige Kaschemmen und liest Sophokles, Claudel und Kierkegaard; und jetzt bricht für ihn ein weiteres menschliches und berufliches Abenteuer an. 1950 kommt er nach Barranquilla.

Im Café »Happy« diskutiert ein alter katalanischer Emigrant mit einer Gruppe von Jugendlichen, die eher wie Nachtschwärmer aussehen als wie Intellektuelle. Alle schreiben für *El Heraldo,* eine Zeitung, die dem Vater von Gabriels ehemaligen Mitschüler Juan B. Fernández R. gehört, der in Bogotá weiter seiner juristischen Ausbildung nachgeht. Diese Jugendlichen sind Álvaro Cepeda Samudio, Germán Vargas und Alfonso Fuenmayor. Außer daß sie durch Kneipen zie-

det wird, erlebt Bogotá den politisch wohl dramatischsten Moment dieses Jahrhunderts. Gaitán, ehemaliger Bürgermeister von Bogotá, Präsidentschaftskandidat und Anführer der populistischen Fraktion seiner Partei, hatte den Streik der Arbeiter auf den Bananenplantagen der United Fruit 1928 unterstützt, und seine Popularität war ins Unermeßliche gestiegen. Demzufolge löste sein Tod eine massive Welle der kollektiven Empörung aus. Bogotá erlebte einen Rachefeldzug, Plünderungen und Entrüstung wie nie zuvor.

Der *Bogotazo*, wie der Volksaufstand später genannt wurde, erfüllte die Stadt mit Feuer und Asche, es gab viele Tote. Der spontane und orientierungslose Aufstand dauerte drei lange Tage, denen eine ungleich längere und blutigere Epoche folgte: die *violencia*. Der Kampf zwischen Liberalen und Konservativen erreichte seinen Höhepunkt, und die Auseinandersetzungen nahmen immer mehr die Form eines Bürgerkriegs an. Von Dorf zu Dorf, von Departement zu Departement setzte sich die *violencia* fort, die die Liberalen (in der Opposition) und die Konservativen (an der Regierung) einander gegenüberstellte, bis sich General Rojas Pinilla 1953 de facto zum Präsidenten machte. In den nächsten Jahren nahm die *violencia* verschiedene Formen an, ungeachtet der »Befriedungsversuche«, die Politiker beider Parteien unternahmen. In den Jahren zwischen 1949 und 1962 (1959 unterzeichneten die liberale und die konservative Partei den »Pacto de Sitges«, einen Vertrag, der die Brutalität der Auseinandersetzungen eindämmen sollte) fielen der *violencia* mehr als 300.000 Menschen zum Opfer.

Mit zwanzig Jahren verläßt Gabriel Bogotá und geht nach Cartagena. Bogotá ist ein verwüstetes Schlachtfeld, voller Toter, mit Groll erfüllt und von Asche bedeckt. In den folgenden Jahren ähnelt fast das ganze Land einem Friedhof, auf dem Millionen von verängstigten Wesen, von rachsüchtigen Verzweifelten umherirren — die Behörden, ihrerseits

Seine Kolumne *Die Giraffe* war bei den Lesern des Blattes bald sehr beliebt, denn sein journalistischer Humor verband sich mit einer ungewöhnlichen Fabulierkraft. Nicht nur 1947, als Eduardo Zalamea ihm die Seiten von *El Espectador* zur Verfügung gestellt hatte, war sein Talent anerkannt worden. 1949 hatte ein anderer Freund, Juan B. Fernández Renowitzky, in einem Interview mit einer Zeitschrift aus Bogotá García Márquez und Álvaro Cepeda Samudio der kleinen Gruppe von Schriftstellern »von der Küste« zugerechnet, die »eine völlig neue Technik zeigen, die im Moment vielleicht noch verwegener ist als ihre eigenen Erfahrungen«. Dem französischen Kritiker Professor Jacques Gilard sind geduldige und detaillierte Nachforschungen über Gabriel García Márquez' »Lehrjahre« zu verdanken. Durch ihn wissen wir, daß García Márquez schon 1949 jener Gruppe von Erzählern von der Atlantikküste zugerechnet wird, »die unkonventionell, viel lebendiger und weniger staubtrocken (schreiben) als Autoren aus anderen Gegenden Kolumbiens«.

Gabriel schreibt seine Glosse für *El Heraldo* (er unterzeichnet mit dem Pseudonym »Septimus«) und gewinnt das Vertrauen der Eigentümer und Redakteure des Blattes. Man erinnert sich dort, wie er mit verblüffender Schnelligkeit schrieb, Telegramme aussortierte und sich gleich darauf wieder in die Kaschemmen auf und davon machte. Dann kam er zur Zeitung zurück, tippte die Überschriften, und wieder ging's zurück in die Kneipen.

1950 griff er seine Idee, die er als Sechzehnjähriger gehabt hatte, wieder auf — einen Roman mit dem titel *La Casa* zu schreiben. Im »Wolkenkratzer«, »einem seltsamen vierstökkigen Bordell«, erinnert sich Germán Vargas, »kämpfte Gabriel gegen die Gespenster seiner Kindheit. In seinem Zimmer zechte er mit den Prostituierten und ihren Zuhältern — die Mädchen unterhielten sich gern mit dem jungen Hausgenossen und fragten ihn um Rat. Immer traf er nach

Mitternacht oder im Morgengrauen ein und las seltsame Bücher von William Faulkner und Virginia Woolf. Freunde holten ihn ab, mitunter kamen sie in brandneuen Staatskarossen vorgefahren. Die Mädchen wunderten sich über diese Freunde, die ihnen in dem ärmlichen Ambiente des heruntergekommenen Bordells viel zu distinguiert erschienen.«

1951 beendete Gabriel den Roman. »Es war nicht das, was ich schreiben wollte«, mag er sich gesagt haben. »Er hatte die ganze Geschichte Macondos geplant«, sollte Mario Vargas Llosa später schreiben, »und der Text enthielt bereits ein kurzgefaßtes, fragmentarisches Bild jener Welt.« Das Gefühl der Frustration war weniger entscheidend als sein tiefer Wunsch zu schreiben. Die Erzählungen, die er weiterhin in *El Espectador* veröffentlichte (fünfundzwanzig Jahre später wurden sie zu dem Band *Augen eines blauen Hundes* zusammengefaßt), zeigten einen ungemein begabten Erzähler, aber dieser Erzähler strebte ein Werk von größerer Spannweite an.

Am 24. Dezember 1952 erscheint in *El Heraldo* ein Kapitel seines ersten Romans *Laubsturm* *, damals allerdings unter dem Titel »Der Winter«. Die Lektoren des Verlags Editorial Losada in Buenos Aires sind zwar der Meinung, der Roman sei eine bedeutende Entdeckung, aber sie schicken Gabriel trotzdem das Manuskript zurück — mit einer Anmerkung von Guillermo de la Torre:

»Es dauerte fünf Jahre, bis *Laubsturm* herauskam. Ich habe den Roman an Editorial Losada (...) geschickt, und sie haben ihn mir mit einem Brief des spanischen Kritikers Guillermo de la Torre zurückgeschickt, der mir riet, mich mit etwas anderem zu beschäftigen. Aber immerhin gestand er mir etwas zu, was mich heute mit Genugtuung erfüllt: beachtlichen Sinn für Poesie.«

* Deutsch: Köln 1975.

Gabriel wohnt in der »Calle del Crimen«, der »Straße des Verbrechens«, in dem legendären Stundenhotel, und wenn er kein Geld hat, hinterlegt er das Originalmanuskript des Romans als Pfand für die nicht bezahlte Zimmermiete. Zu dieser Zeit schließt Gabriel eine weitere entscheidende Freundschaft: in Cartagena lernt er den Dichter Álvaro Mútis kennen. Dieser schlägt ihm vor, nach Bogotá zurückzugehen. 1954 kehrt »Gabito« durch die Vermittlung von Mútis in die eisige Stadt der Straßenbahnen und der Männer in den Beerdigungsanzügen zurück. Er schreibt Filmkritiken, Glossen und Reportagen für *El Espectador,* aber die meiste Anerkennung verschafft er sich durch seine Arbeit als Reporter.

Man versteht, warum, wenn man seine Berichte und Reportagen ansieht, die er zwischen 1954 und 1955 geschrieben hat, einzigartige Berichte wie *La Marquesita de la Sierpe* *, eine glänzende Mischung aus Journalismus und Literatur. In Fortsetzung im März 1954 veröffentlicht, offenbart dieser Bericht eine im kolumbianischen Journalismus bis dahin unbekannte Ausdruckskraft. Die Literatur ist eine poetische Umsetzung der Wirklichkeit, hatte sich Gabriel in früheren Jahren gesagt, als er noch mitten im Abenteuer von »Das Haus« steckte; etwas davon schimmert auch in dem scheinbar anspruchsloseren Metier des Berichterstatters durch.

Von derselben journalistischen Qualität sind auch seine Reportagen über die Rückkehr der kolumbianischen Kämpfer aus dem Koreakrieg, z.B. *Die Helden essen auch* ** oder – die berühmteste von allen – der *Bericht eines Schiffbrüchigen,* die einzige Reportage, die den journalistischen Rahmen gesprengt hat und zu einer eigenständigen *nouvelle* geworden ist, die in die Literatur eingegangen ist, ohne daß die ur-

* In: *Der Beobachter aus Bogotá. Journalistische Arbeiten 1954 - 1955.* Köln 1985. S. 25 ff.
** Ebda., S. 17 ff.

sprüngliche Konzeption aufgegeben wurde. Es scheint, als messe García Márquez – eher öffentlich als insgeheim – dem Journalismus dieselbe Bedeutung bei wie der Literatur, und würde sich vielleicht deshalb auch weiterhin mit ihm beschäftigen, selbst wenn es ihm wirtschaftlich gutginge. 1968 erklärte er:

»Meine große Sehnsucht ist es nicht, Reporter zu sein, und das einzige Mal in meinem Leben, daß es mir leid tat, nicht in Kolumbien zu sein, war, als die Massenvergiftungen in Chiquinquira passierten. Ich wäre ohne Bezahlung hingefahren, um darüber zu berichten.«

Es boten sich ihm andere Gelegenheiten, in Rom und in Osteuropa. Er berichtete über den »Skandal des Jahrhunderts«, den Prozeß, der den mutmaßlichen Mördern der jungen Wilma Montesi gemacht wurde, die am 9. April 1953 in Rom getötet worden war. Ab September 1955 schickte García Márquez glänzende Berichte über die Verhandlung nach Bogotá. Zum ersten Mal in seiner journalistischen Arbeit setzt er Hilfsmittel des Genres ein und Methoden, die durch den Kriminalroman populär geworden sind. Von einer Episode zur anderen bedient er sich des *suspense,* läßt er, ebenso, wie es während des Prozesses tatsächlich geschah, lose Fäden zurück, die er erst in der nächsten Folge wieder aufnimmt.
Bei *El Espectador* ist García Márquez seit 1954 der populärste Reporter. Als Erzähler ist er nach wie vor erst eine »Hoffnung«, trotz des Ansehens, dessen er sich bei seinen Freunden und den wenigen Kritikern erfreut, die nach der Veröffentlichung seiner ersten Erzählung die Überzeugungskraft eines Schriftstellers erkannten, für den Literatur vor allem »poetische Umsetzung der Wirklichkeit« zu sein hatte. Das ist der Fall in *Ein Tag nach dem Samstag,*[*] einer Erzählung,

[*] In: *Das Leichenbegängnis der Großen Mama und andere Erzählungen.* Köln 1974

für die er den ersten Preis in einem Literaturwettbewerb erhält, den der kolumbianische Künstler- und Schriftstellerverband ausgeschrieben hatte. Im selben Jahr (1955) veröffentlicht die Zeitschrift *Mito* seine Erzählung *Isabels Monolog beim Betrachten des Regens in Macondo* *, eine aus *Laubsturm*, dem immer noch unveröffentlichten Roman, herausgelöste Episode. Wenige Monate später schließlich erscheint *Laubsturm* in Bogotá — glücklos.

In diese Zeit fällt auch die kurzfristige Mitgliedschaft des Schriftstellers in einer politischen Partei — genauer gesagt, in der Kommunistischen Partei. Eine kurze Mitgliedschaft, sicherlich, doch löste sie einige Konflikte aus; einer ergab sich aus den Anforderungen, die die Partei an literarische und künstlerische Arbeit stellte. Eine Partei der »reinen Lehre« — und das bedeutet eine buchstabengetreue Anwendung der Postulate des »sozialistischen Realismus« — mußte das bis dahin bekannte Werk von García Márquez, mußte die »poetische Umsetzung der Wirklichkeit« als ausweichend und ablenkend qualifizieren. Der »sozialistische Realismus«, Ursprung zahlloser literarischer Fehlschläge, hatte nichts mit dem zu tun, was García Márquez in seinen Erzählungen und seinem ersten Roman unternommen hatte. Wahrscheinlich hat nicht seine kurze Mitgliedschaft in der Kommunistischen Partei sein politisches Bewußtsein geschärft, sondern eher andere Ereignisse: die Erinnerung an das Massaker auf den Bananenplantagen zum Beispiel, die blutige Epoche der *violencia*, die noch im ganzen Land lebendig war, sein täglicher Kontakt mit den sozialen Verhältnissen, eine aufwühlendere Erfahrung als jede theoretische Aneignung. Und schließlich, warum nicht, seine soziale Herkunft. Er entwickelte sich nicht so sehr zum Marxisten als vielmehr zu einem Menschen, der die Gerechtigkeit liebt, zu einem Schrift-

* In: *Das Leichenbegängnis der Großen Mama und andere Erzählungen.* Köln 1974

steller, der gegenüber den historischen Verwicklungen und denen des täglichen Lebens sensibel ist. Ich kann mir vorstellen, daß aus diesem Grund so etwas wie Klassenbewußtsein in sein schriftstellerisches Bewußtsein eingedrungen ist (»Niemals und unter keinen Umständen habe ich vergessen, daß ich im Grunde meines Herzens nichts anderes bin und sein werde als eines von den sechzehn Kindern des Telegrafisten aus Aracataca«), ein radikaler Liberalismus, der dem Sozialismus verwandt ist.

1955 kündigt sich mit der Publikation von *Laubsturm* eine neue Phase im Leben des Schriftstellers an.

Laubsturm

Ein Sophokles-Zitat eröffnet diese Erzählung. Montiert aus
den Stimmen seiner Protagonisten, aus wechselnden Monologen, die den »roten Faden« weiterspinnen, führt der Roman in den imaginären Ort Macondo ein, der schon in der
Erzählung *Isabels Monolog beim Betrachten des Regens in
Macondo* skizziert worden ist. Der Roman umfaßt die Zeit-
spanne von der Gründung des Dorfes bis zum Jahr 1928. Mit
»Laubsturm« werden die Leute bezeichnet, die aus allen
Himmelsrichtungen in Macondo zusammengeströmt sind,
auf der Jagd nach dem Wohlstand des »Bananenfiebers«. Auf
sie wird angespielt, aber sie bilden nicht das Zentrum der
Erzählung oder der Erzählungen, aus denen der Roman
besteht.

Zwar hat der Aufschwung der Bananengesellschaft Wohlstand in die Gegend gebracht — vor allem in den Jahren 1915
bis 1920 —, aber dieser Aufschwung ist den alteingesessenen
Einwohnern von Macondo eher suspekt, hat er doch die
soziale Ordnung des Dorfes durcheinander gebracht und
Werte eingeführt, die der in sich abgeschlossenen ländlichen
Gemeinde zutiefst fremd waren.

Der Roman beginnt mit dem Monolog eines Kindes, das
zum ersten Mal in seinem Leben einen Leichnam sieht, und
zwar den des Arztes, dem ein christliches Begräbnis verweigert wird. Nach und nach wird das Netz der Erzählung
geknüpft, die Vergangenheit des Verstorbenen und seine Beziehungen zum Dorf werden mit den Stimmen der Romanfiguren aufgerollt. Man entdeckt, daß der Arzt, »dieser
Mann«, vor fünfundzwanzig Jahren nach Macondo gekommen ist, daß er möglicherweise Franzose ist, in jedem Fall
aber ein Ausländer, der im Dorf geblieben ist; sechs Jahre
lang hat er mit Meme im Konkubinat gelebt, hat »ihr Bett

mit so viel Liebe und so viel Menschlichkeit gewärmt wie ein Maulesel«*. Durch den Oberst, der hartnäckig gewillt ist, den Arzt, wie es ihm seine Loyalität befiehlt, zu begraben, weiß man, daß das Dorf »die Stunde nahen fühlt, da es ihm die Barmherzigkeit verweigern darf, die er dem Dorf vor zehn Jahren verweigerte« (S. 33/34); daß Macondo sich gegen ein christliches Begräbnis für den Arzt sperrt, Macondo und der Bürgermeister und alle, die sich durch sein Verhalten beleidigt fühlten. Der Arzt war 1903 in das Haus des Obersts gekommen, »bat um Gras zum Essen« (S. 39) und lebte dort bis zu seinem Tod im Jahr 1928. Die Daten sind insofern von Bedeutung, als sie im restlichen Werk des Autors nicht vorkommen. Der Arzt, attraktiv und mit exzentrischen Gewohnheiten, ist ein Fremder in dem Dorf, das »seine glänzende Vergangenheit« erinnert, »die jedoch vom Krieg vernichtet worden ist« (S. 55). Macondo wird als imaginäres Territorium skizziert und in *Laubsturm* mit Personen bevölkert, die auch in späteren Werken des Autors wieder auftauchen. Der Arzt, der sich in seinem winzigen Zimmer erhängt hat, ist Ausgangspunkt für die Rekonstruktion der Vergangenheit des Dorfes und der Lebensgeschichte der Protagonisten. In dem Maße, wie die Lebensgeschichten enthüllt werden, treten wie bei einem Fächer die einzelnen Teile der Geschichte in Erscheinung. Der Arzt kam am selben Tag wie der neue Priester in das Dorf. Von den Ärzten der Bananengesellschaft an den Rand gedrängt und der Möglichkeit beraubt, seinen Beruf auszuüben, kultivierte er seine Wut und schloß sich in seiner teuflischen Isolation ein. Er weigerte sich, die Verwundeten zu behandeln, die man vor seine Tür trug, man hatte versucht, ihn zu lynchen, was *Der Hund,* der Priester von Macondo, verhindert hatte. Im Verlauf der — sich übrigens niemals linear entwickelnden —

*Laubsturm, Köln 1975, S. 23. Auch die folgenden Seitenangaben beziehen sich auf diese Ausgabe.

Geschichte erfahren wir, daß man fälschlicherweise annahm, der Arzt hätte sogar seiner Geliebten Meme ärztliche Hilfe verweigert, als diese von ihm schwanger war. Ein ums andere Mal zeigt sich die Loyalität des Obersts gegenüber dem Toten, seine unbeugsame Toleranz und sein unbeugsamer Wille, allen Widerständen zum Trotz den Toten zu begraben. Die Dankbarkeit des Obersts hat einen eindeutigen Grund: er verdankt dem Arzt sein Leben, und dies erfährt man im zickzackartigen Verlauf der Erzählung. Es war die einzige professionelle Handlung des Arztes, und sie ist Ursache für die Hartnäckigkeit des Obersts, den die Ärzte aus Macondo bereits einmal aufgegeben hatten und dessen Leben allein durch das Eingreifen des »Fremden« gerettet worden war.

Das Gewebe zerreißt und wird durch Zeitsprünge und räumliche Wechsel verfremdet, wie bei einem Spiel, in dem eine Person erzählt, was man ihr erzählt hat, und dieser Wechsel in den Monologen ermöglicht das Auftauchen anderer Personen, die über ein Ereignis berichten und einen »Dialog« entstehen lassen. Außerdem fügen sich Informationen über die Geschichte Macondos zusammen:

»Um jene Zeit hatte die Bananengesellschaft uns endlich ausgesaugt und Macondo mit dem Abfall des Abfalls verlassen, den sie mitgebracht hatte. Mit ihr war der Laubsturm verschwunden, die letzten Spuren dessen, was das blühende Macondo von 1915 gewesen war. Übriggeblieben war ein ruiniertes Dorf mit vier armseligen muffigen Kaufläden.« (S. 156)

Der Oberst macht weiter, er muß »dieses beschämende Versprechen«, den Arzt zu begraben, einlösen. Obwohl das Ende des Romans offenläßt, ob die Beerdigung schließlich durchgeführt wird, kann man vermuten, daß sich niemand der Hartnäckigkeit des Obersts entgegenstellen wird. Auf den letzten Seiten erfahren wir, daß dieser ein Versprechen erfüllt, daß er dem Verstorbenen persönlich gegeben hat; anläßlich der Heilung des Obersts hatte der Arzt ihn gebeten, für seine Beerdigung zu sorgen.

»Das ist eine unnötige Bitte, Doktor. Sie kennen mich und sollten wissen, daß ich Sie über den Kopf der ganzen Welt hinweg beerdigen würde, auch wenn ich Ihnen nicht das Leben verdanke.« (S. 180)

Die Beziehung zwischen dem Oberst und dem Arzt gründete auf Loyalität, ungeachtet des im Dorf und bei den Behörden herrschenden Hasses und der Mißverständnisse zwischen Isabel, der Tochter des Obersts, und dem Kind, dem unschuldigen Zeugen der Ereignisse.

In *Laubsturm* ist das Thema der Einsamkeit allgegenwärtig. Die Zurückgezogenheit des Arztes seit dem Tag, an dem er sich weigerte, die Verwundeten eines Parteienstreits zu behandeln, ist sehr viel mehr als nur ein schlichtes Sich-Zurückziehen aus Stolz. Bereits das Auftauchen des Arztes in Macondo an jenem längst vergangenen Tag des Jahres 1903 kennzeichnet ihn als ein fremdes Wesen, einzigartig inmitten der gewohnten Ordnung des Dorfes. Seine Reserviertheit, seine lakonische Art, seine Attraktivität als Mann, die auf Meme ebenso furchteinflößend wie anziehend wirkt, tragen dazu bei, einen außergewöhnlichen Charakter zu skizzieren; sie bilden die Elemente, die seine radikalste Entscheidung »rechtfertigen«: sich auf Gedeih und Verderb in das Geheimnis seiner Vergangenheit und die Unabwägbarkeit seiner Zukunft zu verbarrikadieren. Zwischen der Loyalität des Obersts, der mit den politischen Machenschaften in Macondo nichts zu tun hat, und der Unbeugsamkeit des Arztes besteht eine enge Beziehung.

Das scheinbar unsolidarische Verhalten des Arztes (seine Weigerung, die Verwundeten zu behandeln) verbindet sich mit der Solidarität des Obersts, den Arzt begraben zu wollen. Eine Unbekannte allerdings bleibt: der Arzt war mit einem Empfehlungsschreiben von Oberst Aureliano Buendía nach Macondo gekommen. Es ist möglich, daß er am »Großen Krieg« teilgenommen hat. Diese Unbekannte wird nicht aufgeklärt. Der ganze Roman ist eine Sammlung von Unbekannten, die aufgelöst werden, nicht ohne vorher in Widersprüche verwickelt gewesen zu sein. Sie entwirren sich in dem Maße, wie die »Stimmen« die Ereignisse ins Gedächtnis rufen. Aus dieser Vorgehensweise leitet sich die Erzählstruktur ab: die Handlung wird nicht direkt angegangen, wie es einer konventionellen Erzählweise entspräche. Es gibt auch keinen allwissenden Erzähler, der die Romanhandlung auf direktem Weg vorantreibt. García Márquez hat den komplexen Weg gewählt, er überläßt es den Protagonisten, die Erzählung zu strukturieren.

Laubsturm erfüllt seine Aufgabe: er erzählt eine Geschichte und führt die Elemente, aus denen sie besteht, zu höchster Effizienz. Diese elliptische Erzählweise (eine Methode, die García Márquez später wieder aufgreift), ist nicht nur die Einführung in die Welt Macondos. Sie läßt auch Personen auftreten, die in seinen späteren Romanen wieder auftauchen werden, gerade so, als sei der Autor davon überzeugt, daß ein Schriftsteller in seinem Leben nur ein einziges Buch schreibe.

Der Journalist Gabriel García Márquez hat niemand, der ihm schreibt

Nach der Veröffentlichung von *Laubsturm* (teilweise ermöglicht durch die Großzügigkeit seiner Freunde) wird der Reporter Gabriel García Márquez vom *El Espectador* als Korrespondent nach Europa geschickt, um über die Konferenz der »Großen Vier« in Genf zu berichten. Danach sandte man ihn nach Rom, wo Papst Pius XII. an einer delikaten Krankheit leiden sollte — falscher Alarm. Der Heilige Vater hatte sich bereits nach wenigen Tagen wieder erholt und die Entscheidung des *El Espectador* konnte nicht großzügiger sein: die Zeitung ließ Gabriel als Korrespondent in Europa, und zwar mit einem Monatsgehalt von dreihundert Dollar — eine nicht zu verachtende Summe für einen Journalisten, der fünf Jahre vorher noch drei Pesos pro Spalte verdient hatte.

Der Kinofan García Márquez (für *El Espectador* hatte er auch Filmkritiken geschrieben) immatrikuliert sich im »Zentrum für Experimentellen Film« in Rom. Die Regiekurse waren möglicherweise ein guter Vorwand, der ihm ein gutes Entgelt verschaffte, ohne daß er übertriebene Verpflichtungen seiner Zeitung gegenüber zu erfüllen hatte. In Rom lernte er Guillermo Ángulo kennen, einen seiner zukünftigen engen Freunde. Die Monate, die er in der italienischen Hauptstadt verbrachte, hinterließen in seinem literarischen Leben keine Spuren, wohl aber auf seinem journalistischen Weg. Aus dieser Zeit stammen einige der vorher erwähnten Reportagen, so auch jene hervorragende Serie über den Tod von Wilma Montesi, die damals das politische Leben Italiens erschütterte.

Im Winter 1955 geht er nach Paris. Die dreihundert Dollar erlauben ihm ein einigermaßen anständiges Leben, und es bleibt ihm genug Zeit zum Schreiben. Paris war für zahllose lateinamerikanische Schriftsteller so etwas wie ein »mythologischer Ort«, eine obligatorische Reise — García Márquez betrachtete seinen Aufenthalt in dieser Stadt eher als Zwischenstation.

»Ich habe ihn in dieser Zeit gesehen«, schreibt sein Freund Plinio Apuleyo Mendoza. »Damals war er, wie ich ihn schon beschrieben habe, ein hilfloser Fisch (...), der sich nur vom Radarsystem seiner Vorahnungen leiten ließ. Er war dünn, hatte ein Gesicht wie ein Algerier, das sofort das Mißtrauen der Polizei weckte und sogar die Algerier selbst verwirrte (...).«[*]

»Gabo« raucht täglich drei Päckchen Zigaretten, spricht kein Französisch und schreibt an seinem zweiten Roman. Aber das Unglück ist ihm auf den Fersen. Schon nach kurzer Zeit erfährt er, daß die Regierung Rojas Pinilla die Redaktion des *El Espectador* geschlossen hat. Diese Diktatur populistischer Prägung (aber mehr Diktatur als Populismus) öffnete der Korruption in der Verwaltung Tor und Tür und verschärfte die politische Repression. Man schickt Gabriel das Rückflugticket, aber intuitiv entscheidet er sich, in Paris zu bleiben.

In seinem Dachkämmerchen im »Hôtel de Flandre« in der Rue Cujas widmete sich Gabriel seiner einzigen Neigung: der Literatur. Das Geld für das Rückflugticket war bald aufgebraucht.

»Mit den Knien dicht am Heizkörper, das Bild seiner Verlobten Mercedes in Blickrichtung mit einer Nadel an die Wand gesteckt, schrieb Gabriel jede Nacht bis zum Morgengrauen an einem Roman, der später *Die böse Stunde* [**] werden sollte.«[***]

[*] a.a.O. S. 76.
[**] Deutsch: Köln 1979.
[***] *Der Geruch der Guayave.* S. 77.

Die Idee hatte er eigentlich für seine Erzählung verwenden wollen. Er wollte ein Ereignis in Sucre schildern: verleumderische Schmähzettel waren an den Häuserwänden aufgetaucht und hatten die Einwohner des Ortes gezwungen, in andere Dörfer zu ziehen. Diese Anekdote wollte er als Grundlage seiner kurzen Erzählung verwenden. Aber wie es einem Schriftsteller passieren kann, der nicht nur die eigenen Kräfte abschätzt, sondern auch die Tragweite des Themas oder der ausgewählten Themen, wuchs die Episode über die relativ engen Grenzen des Genres hinaus. García Márquez mußte einen Roman schreiben.

Währenddessen verdunkelte sich aufgrund der Polizeirazzien das Leben in Paris von Tag zu Tag mehr. Der Algerienkrieg hatte 1955 seinen Höhepunkt erreicht, und es zeichnete sich keine Lösung für das Kolonialproblem ab, der tatsächlichen Ursache des Konfliktes.

Die französische Polizei hielt ihn des öfteren für einen Araber — einmal, weil er wie ein »Algerier« aussah, und zweitens, weil man ihm seine Armut ansah. Er räumte allerdings ein, nicht völlig unschuldig gewesen zu sein, als ihn die Polizei mit einem verdächtigen Araber verwechselte und einsperrte. Der Arzt Amed Tebbal, einer seiner algerischen Freunde, hatte ihn nämlich dazu überredet, für die Nationale Befreiungsfront Algeriens zu arbeiten. »Wenn man schon unschuldig verhaftet wird, dann wenigstens nicht grundlos«, habe Tebbal ihm gesagt. Als er fünfundzwanzig Jahre später nach Algerien reiste, sagte García Márquez: »Die algerische Revolution ist die einzige, für die ich jemals im Gefängnis gesessen habe.«

In dieser Zeit nimmt er also ein neues literarisches Projekt, seinen zweiten Roman, in Angriff. Es ist notwendig, in das Jahr 1948 zurückzugehen, zum *bogotazo*, zur *violencia* und zum Desaster, das Kolumbien seit diesem Datum erlebte. Denn von dieser Atmosphäre ist *Die böse*

Stunde geprägt, jene Erzählung, die ein Roman wurde.

»Viele von denen, die während der *violencia* noch keine Schriftsteller gewesen waren, die aber die schrecklichen Dramen der *violencia* miterlebt hatten, fühlten sich gedrängt, von dieser *violencia* zu berichten. Deshalb erschienen in Kolumbien innerhalb von vier oder fünf Jahren mehr als fünfzig Romane, und die nennt man heute den Roman der *violencia*.«

So erläutert García Márquez 1971 Gonzáles Bermejo gegenüber ein literarisches Phänomen, von dem er sich als junger Schriftsteller in Paris (*Laubsturm* hatte er bereits geschrieben) distanzieren wollte. Trotzdem mag ein bißchen schlechtes Gewissen angesichts der politischen Ereignisse in seinem Land auch eine Rolle bei dieser Themenwahl gespielt haben. Paris mit seiner jahrhundertealten Schönheit verliert sich in dem Zimmerchen in der Rue Cujas, in dem er schlecht gekleidet, schlecht ernährt und sicherlich vielgeliebt (Mercedes erwartet seine Rückkehr, er hat um ihre Hand angehalten, als sie noch nicht einmal dreizehn Jahre alt gewesen war) sich fast täglich mit seinem Freund Plinio Apuleyo Mendoza trifft und mit anderen Kolumbianern, die in der Traumstadt Paris umherirrten, die sich schließlich als Alptraum erweist. Die Armut in Barranquilla war anders: da waren die Freunde, die Kneipenbummel, die Bücher und die Solidarität. Der junge Schriftsteller im schmutzigen Pullover muß in Paris die bitterste Armut erleben, in die ein Ausländer in Paris nur geraten kann; er verkauft leere Flaschen, um sich eine *baguette* zu beschaffen und bettelt vor der Metro um ein paar Münzen. Er erzählt, wie er sich eines Nachts wie in einem Zerrspiegel sieht:

»Es war eine sehr lange Nacht, denn ich wußte nicht, wo ich schlafen sollte ... Im leuchtenden Dunst eines herbstlichen Dienstagmorgens war ich das einzige lebende Wesen in einer verlassenen Stadt. Da geschah es: Als ich über den Pont Saint-Michel ging, hörte ich die Schritte eines Mannes, ahnte im Nebel das dunkle Jackett, die Hände in den Taschen, und im Augenblick, in dem wir uns auf der Brücke begegneten, sah ich für den Bruchteil einer Sekunde sein knöchernes, bleiches Gesicht: Er weinte.«*

Das Projekt *Die böse Stunde* verschiebt sich, und er beginnt ein anderes: *Der Oberst hat niemand, der ihm schreibt.*** Die »poetische Umsetzung der Wirklichkeit« wird wieder sein Ziel. Der moralische Druck, der ihn zur Beschäftigung mit der *violencia* gebracht hat, bringt ihn dazu, über die Funktion von Literatur nachzudenken. Etwas von den Vorbehalten, die seine kommunistischen Freunde *Laubsturm* entgegengebracht hatten, scheint in sein Bewußtsein zu dringen. Er beschließt, das »mysthische Terrain« des großen Romans zu verlassen, der ihm seit seinem sechzehnten Lebensjahr im Kopf herumgeht. Es erscheint ihm wie eine Flucht, Wege zu beschreiten, die die Realität nicht direkter, unmittelbarer aufgreifen.

»Ich beschloß, mich stärker mit der Gegenwart Kolumbiens zu beschäftigen und schrieb *Der Oberst hat niemand, der ihm schreibt* und *Die böse Stunde*. Das, was ich schrieb, kann man aus zwei Gründen nicht als Roman der *violencia* bezeichnen: Erstens, weil ich die *violencia* nicht direkt miterlebt habe, denn ich lebte in der Stadt. Zweitens, weil ich nicht die Aufzählung von Toten oder die Beschreibung der Methoden der *violencia* für literarisch wichtig erachte. Vielmehr hat mich die Ursache der *violencia* interessiert, ihre Beweggründe, und vor allem ihre Auswirkungen auf die Überlebenden.«

* a.a.O. S. 78 f.
** Deutsch: Köln 1976.

Das Leben von García Márquez verläuft in ziemlich normalen Gleisen, denn weder die Armut noch die Unbeugsamkeit, mit der sie ertragen wird, sind etwas Außergewöhnliches. Mit seinen siebenundzwanzig Jahren ist García Márquez kein Schriftsteller, der zu riskanten Abenteuern neigt, und vielleicht bot die Welt damals auch wenig Gelegenheit, Heldentum und Literatur als zwei parallele Erfahrungen zu erleben. Es ist nicht mehr wie bei Malraux oder wie bei Hemingway. Nur noch selten meistern Schriftsteller das doppelte Abenteuer historischer Ereignisse und literarischer Schöpfung. Es ist, als habe Gabriel García Márquez zu spät die Bühne der historischen Helden betreten und müsse sich nun mit anderen Formen des Heroismus begnügen, mit weniger spektakulären und eher alltäglichen: mit der des materiellen Überlebens beispielsweise, der scheußlichsten Bedrohung einer so uneigennützigen Tätigkeit, wie es die des Schriftstellers ist. Paris ist kein Fest. Es ist nicht einmal das Bordell in Barranquilla, ein Ort, den Faulkner ideal geeignet für einen Schriftsteller fand: in den Morgenstunden habe man dort sehr viel Ruhe, um zu schreiben, und jeden Abend gäbe es ein Fest. Paris besteht vor allem aus dem Zimmerchen in der Rue Cujas und der toten Schönheit einer Stadt, die sich ohne Geld nicht genießen läßt. Diese Stadt, in der Gabriel »die ganze Grobheit und Schäbigkeit der Franzosen« erfahren hat, beherbergt ihn wie einen Paria. Lediglich Madame und Monsieur Lacroix, die beiden Eigentümer des »Hôtel de Flandre«, haben Verständnis für seine Situation und lassen zu, daß der Hotelgast eine Schuld von 120.000 alten Francs anhäuft — »was für uns eine enorme Summe war.«

Ende des Jahres 1956, nachdem er seine Schuld bei dem Ehepaar Lacroix beglichen hat, verläßt er das Hotel. Er hat *Der Oberst hat niemand, der ihm schreibt* beendet und siedelt in eines jener Zimmer über, das die Franzosen eher euphemi-

stisch als »chambre de bonne« bezeichnen — Zimmer, die
nicht mehr von Dienstmädchen bewohnt werden, sondern
von ausgehungerten Studenten des *tout Paris*. Eine Liebesgeschichte in der Rue d'Assas, seinem nächsten Ziel? Setzen wir
jene »kurze und heftige romantische Liebe, die später zu einer
engen Freundschaft werden sollte« und von der Mario Vargas
Llosa in seiner monumentalen Doktorarbeit *Historia de un
deicidio* spricht, lieber in Anführungszeichen, und kehren wir
zurück in das Halbdunkel des Überlebens, zur Einsamkeit,
die dazu gehört wie der Verdruß. Und zu den Jugendstrei-
chen, denn anders kann man die Entscheidung von Gabriel
und seinem Freund Plinio, 1957 gemeinsam in die DDR zu
reisen, wohl nicht bezeichnen. Der Bericht über diese Reise
erscheint allerdings erst ab August 1959 in der Zeitschrift *Cro-
mos* in Bogotá. Doch der wirkliche Streich begann erst zwei
Wochen nach dieser Reise, als die beiden, nach Paris zurück-
gekehrt, das Folkloreduo Delia und Manuel Zapata Olivella
treffen, die zum Festival der Jugend nach Moskau reisen
wollen. Sie schließen sich einer Gruppe von Musikern und
Tänzern aus Mapalé an, *cumbia*-Tänzern, eine Welt, die dem
Körper und der Erinnerung von »Gabito« vertraut ist. Im
feindlich gesonnenen Paris muß er sich zwischen den Mulat-
tinnen und Mulatten, den schwarzen Frauen und Männern, in
das herrschaftliche und vom *cumbia*-Rhythmus erfüllte Cartagena de Indias versetzt gefühlt haben.
Von Paris über Prag nach Moskau — der Journalist García
Márquez, der nach der Schließung von *El Espectador* eine
Ruhepause eingelegt hatte, meldet sich wieder zu Wort.
War zu erwarten, daß das ehemalige Mitglied einer kommunistischen Zelle das »Paradies« mit parteiischen Augen betrachtete? Der Bericht über diese Reise — *Neunzig Tage hinter
dem »Eisernen Vorhang«* — bezeugt das genaue Gegenteil.
García Márquez registriert jede Einzelheit und bemüht sich
um Objektivität. Dabei entsteht nicht die Vision eines ein-

heitlichen Blocks, da er Eindrücke schildert, die so unterschiedliche Orte wie Ost-Berlin, Prag, Warschau und Moskau bei ihm hervorgerufen haben.*

Unbestreitbar schreibt García Márquez aus einer westlichen
Perspektive; aber er macht sich frei vom gespannten Klima
des Kalten Kriegs, und seine Schilderungen entbehren offensichtlich jeglicher Ideologie. Ich sage offensichtlich, weil bei
einigen Episoden Sympathien deutlich werden, wie zum
Beispiel bei seinen Prager Erlebnissen (»Es ist das einzige sozialistische Land, in dem die Leute nicht unter nervöser
Spannung zu leiden scheinen und man nicht den — falschen
oder richtigen — Eindruck hat, von der Geheimpolizei kon-
trolliert zu werden.« S. 128) Die Schilderung seines Prager
Aufenthalts läßt spüren, daß der Romancier von den Schön-
heiten der Stadt fasziniert war, insbesondere von dem legendären Goldmachergäßchen. Wenig Sympathie weckten bei
ihm die Erlebnisse in der DDR und sehr viel die in Polen, das
zu dieser Zeit einen Prozeß der Liberalisierung erlebt (»Tau-
wetter« unter Gomulka). Keine der Reportagen hat einen
unmittelbar politischen Charakter. Der Chronist hat dem Romancier nachgegeben; Gabriel García Márquez zieht es vor,
sich in Anekdoten auszudrücken, ein Stilmittel, von dem er in
seiner journalistischen Karriere glänzend Gebrauch macht.
Wie jeder Tourist besucht er auf dem Roten Platz in Moskau
das Mausoleum in dem Stalin aufgebahrt war und hört skeptisch Informationen, die vom Ende des Personenkults sprechen. Wenn auch Stalin und seine »Ruhmestaten« (das
unendliche Elend einer Macht, die in Gemeinschaft mit dem
Verbrechen ausgeübt wird) in dem Schriftsteller unmittelbar
die Erinnerung an die Werke Kafkas hervorrufen, so ist es
doch nicht sehr wahrscheinlich, daß er in seinem Roman über
den Diktator auf Stalin anspielt.

* In: *Zwischen Karibik und Moskau. Journalistische Arbeiten 1955-1959.*
Köln 1986.

Eine kurze Reise nach London im Jahr 1957, die er unternimmt, um Englisch zu lernen, schließt den ersten Europa-Aufenthalt von García Márquez ab. Es ist ein Hungerkünstler, der da im Dezember desselben Jahres seinen Koffer packt, seine Manuskripte mit Krawatten zusammenbindet und nach Caracas abreist. Plinio Apuleyo Mendoza hat die Leitung der Zeitschrift *Momento* übernommen und Gabriel García Márquez als Redakteur verpflichtet.

Der Oberst hat niemand, der ihm schreibt

Anfang 1957 beendet García Márquez *Der Oberst hat niemand, der ihm schreibt* *. Das Manuskript gelangt in die Hände einiger Freunde, unter anderem in die von Plinio Apuleyo Mendoza und Germán Vargas. Zwar hatte *Laubsturm* zu dieser Zeit bereits einigen Erfolg, obwohl es fast eine Privatausgabe gewesen war; aber in einem Land, in dem die Druckereien so zahlreich sind wie die Verleger gezählt, konnte García Márquez kaum damit rechnen, je Autorentantiemen zu erhalten. Germán Vargas gibt das Originalmanuskript von *Der Oberst hat niemand, der ihm schreibt* weiter an Jorge Gaitán Durán, dem Direktor der Zeitschrift *Mito*, die den Roman veröffentlicht. *Mito* war die anspruchsvollste literarische Zeitschrift, die damals in Kolumbien existierte und allen Neuerungen aufgeschlossen. 1961 bringt der Buchhändler und Verleger Alberto Aguirre die erste Buchausgabe des Romans heraus, die kaum 1.500 Exemplare erreicht. Eine kuriose Anekdote hierzu erzählt García Márquez selbst:

»Zwei Jahre (nachdem ich den Roman abgeschlossen hatte), sonnte ich mich am Swimming-Pool des »Hotels del Prado« in Barranquilla und bat einen Hoteldiener, mir ein Gespräch nach Bogotá anzumelden denn ich mußte meine Frau telefonisch um Geld bitten. Alberto Aguirre, ein Verleger aus Antioquía, war dabei und sagte mir, (...) ich solle meine Frau nicht damit belästigen, er würde mir 500 Pesos für diese Erzählung geben, die in *Mito* erschienen sei. So habe ich die Rechte von *Der Oberst hat niemand, der ihm schreibt* für 500 Pesos verkauft.«

Die Summe ist von Bedeutung, denn es waren die ersten

---

* Deutsch: Köln 1976, 1983 (KiWi 23). Die Seitenangaben beziehen sich auf diese Ausgaben.

Autorentantiemen, die García Márquez erhielt. Fünfhundert Pesos entsprachen damals etwa hundert Dollar, und es ist nicht sehr wahrscheinlich, daß dem Verleger diese Investition kurzfristig Gewinn einbrachte. 1967, bevor *Hundert Jahre Einsamkeit* * erschien, was Vermögen und Ruhm bedeutete, konnte man noch Exemplare dieser Aguirre-Ausgabe auftreiben. In einem Punkt stimmten die Leser der Zeitschrift *Mito* und die neuen Leser der Buchausgabe überein: *Der Oberst hat niemand, der ihm schreibt* schien der vollkommenste Roman der kolumbianischen Literatur zu sein. Wenn auch *Laubsturm* mittlerweile in der Reihe »Lateinamerikanisches Buchfestival« dreißigtausend Mal verkauft worden und der Roman damit auf dem lateinamerikanischen Kontinent bekannt geworden war, gab es doch nur wenige Rezensionen, die sich mit dem Roman auseinandersetzten. Mit *Der Oberst hat niemand, der ihm schreibt* beschäftigen sich 1961 ebenfalls nur wenige Literaturkritiken. Diese Erzählung, von großer Perfektion und in einem realistischen Ton geschrieben, der stellenweise ausgefeilt lakonisch ist, führte Gabriel García Márquez auf einen neuen Weg. Es ist nicht mehr die komplexe Struktur von *Laubsturm* noch die Poetik, die sich hinter den Monologen seiner Protagonisten verbirgt. Versucht man, literarische Vorbilder zu erkennen, die den jungen Schriftsteller und unermüdlichen Leser aus Barranquilla beeinflußt haben, trifft man nicht mehr auf die steilen Pfade eines William Faulkner, sondern eher auf die sachliche und lakonische Präzision Hemingways. Die »klassische« Struktur, die linear und chronologisch erzählte Geschichte scheint insgeheim eine »ideologische Forderung« des Schriftstellers zu erfüllen: nämlich die, sich mit seiner Fiktion mehr der Gegenwart anzunähern, eine größere Verständlichkeit zu erreichen. Die

* Deutsch: Köln 1970.

50

Erzählung spielt um das Jahr 1956. Zwar ist die Politik kein direktes Element, aber sie bestimmt deutlich die Atmosphäre des Romans. Dies mag ein weiterer entscheidender Grund für die Annahme sein, daß die Realität Kolumbiens, vor allem die *violencia* und die Schüsse vom 9. April 1948 bei García Márquez politisch motivierte, ethische Forderungen ausgelöst haben. In einem Punkt allerdings bleibt er unnachgiebig: er vermeidet es bis aufs Äußerste, einen sogenannten »Roman der *violencia*« zu schreiben. Er erliegt nicht der Verführung, eine Geschichte zu schreiben, die die schrecklichsten Erscheinungsformen der *violencia* (und die Brutalität der Methoden des Genozid) beschreibt. Nichts davon taucht in der fast trivial anmutenden Geschichte des Oberst auf. In einem trüben Dorf, das nicht das Macondo aus *Laubsturm* ist, verläuft das Leben des Obersts zwischen häuslicher Armut und würdiger Resignation; er ist ein Held, hatte von Woche zu Woche, sechsundfünfzig Jahre lang »nichts getan, als gewartet« (S. 5).

Seit dem Ende des letzten Bürgerkriegs hofft der Oberst, seine Pension als ehemaliger Kämpfer zu erhalten, wie es die Regierung versprochen hat. An der Seite seiner Frau, einem weniger resignativen Wesen, beschränkt sich sein Leben auf diese Hoffnung. Eine dritte Figur taucht auf, der in der Erzählung eine Schlüsselrolle zukommt: der Kampfhahn, den der Oberst in seinem Haus aufzieht. In der Handlung, die ohne jegliche Dramatik abläuft, ist aber das Klima der *violencia* zu spüren, in dem das Dorf lebt. Und zwar bereits auf den ersten Seiten, als sich der Oberst anläßlich der Beerdigung eines Mannes »wie für ein Ereignis« ankleidet.

»Diese Beerdigung ist ein Ereignis,« sagte der Oberst. »Es ist der erste Tote seit Jahren, der eines natürlichen Todes gestorben ist.« (S. 11)

Später taucht auch der gewaltsame Tod auf, und es scheint,

daß er wie eine alltägliche Erscheinung akzeptiert wird. Die Spur des Terrors mischt sich beiläufig, wie ein weiteres Element in das Bewußtsein der Bevölkerung, und das wird deutlich bei der Beerdigung des Toten.

»Einen Augenblick später erkannte der Oberst die Stimme Pater Angels, der sich lauthals mit dem Bürgermeister unterhielt. Trotz des Regengeprassels auf den Schirmen gelang es ihm, das Zwiegespräch auszumachen.
›Und nun?‹ fragte Don Sabas.
›Und nun nichts‹, antwortete der Oberst. ›Der Leichenzug darf nicht an der Polizeistation vorbei.‹
›Ich hatte es ganz vergessen‹, rief Don Sabas. ›Ich vergesse es immer wieder, daß wir im Ausnahmezustand sind.‹
›Aber das ist doch kein Ausnahmezustand‹, sagte der Oberst, ›das ist doch nur ein armer toter Musiker.‹« (S. 16)

Es stellt sich heraus, daß der Oberst den Hahn so sorgfältig ernährt, weil er noch eine weitere Hoffnung hat: er will den Hahn für den Kampf vorbereiten, angeregt von seinen Freunden im Dorf, die das Tier für eines der besten Exemplare seiner Rasse halten. Man erfährt, daß der Hahn »Erbschaft seines Sohnes (ist), der vor neun Monaten beim Hahnenkampf durchlöchert worden war, weil er Geheiminformationen verteilt hatte.« (S. 19) Der Oberst schließlich ist ein weiteres Opfer der *violencia*. Doch diese Fakten erfährt man eher beiläufig. Die gesamte Erzählung basiert auf untergründiger dramatischer Spannung wie auf einer unterirdischen Quelle, die zu jenem Zustand der nervösen Anspannung führt, in der nicht nur der Oberst und seine Frau, sondern das ganze Dorf leben. Jeden Freitag geht der Oberst zur Post, um den Brief abzuholen, auf den er seit sechsundfünfzig Jahren wartet.
Das Dorf dieses Romans liegt am Ufer eines Flusses, der von Dampfschiffen befahren wird. Und jeden Freitag gibt das Dampfschiff der Hoffnung des Obersts neue Nahrung.

»Auf dem Dach entdeckte er den Postsack, an den Dampf-
rohren vertäut und mit einem Wachstuch geschützt. Fünfzehn Jahre des Wartens hatten das Ahnungsvermögen des
Obersten geschärft. Der Hahn hatte seine Unruhe geschärft.« (S. 21)

So regelmäßig wartet der Oberst und so erwartungsvoll hofft
er auf den Brief, daß er sich jeden Freitag aufs Neue gedemü-
tigt fühlt. »Ich habe niemanden, der mir schreibt«, verteidigt
er sich, da das ganze Dorf von seinem Warten weiß.
Bei verschiedenen Anlässen wird auf die politischen Verhältnisse angespielt, aber nie sind sie mehr als ein Bestandteil,
der zur sozialen Normalität des Dorfes gehört.

»›Was gibt es Neues?‹ fragte der Oberst. Der Arzt reichte
ihm verschiedene Zeitungen.
›Schwer zu sagen‹, erwiderte er. ›Was die Zensur durchge-
hen läßt, ist nicht leicht zwischen den Zeilen zu lesen.‹«
(S. 23)

Es sei daran erinnert, das García Márquez diesen Roman in
Paris geschrieben hat, nachdem die Regierung Rojas Pinilla
die Redaktion von *El Espectador* geschlossen hatte. Man
kann annehmen, daß die Armut des jungen Schriftstellers
und die Atmosphäre, die seine Erzählung widerspiegelt, etwas gemeinsam haben: den Zustand der Unruhe, der seinen
Roman auch zu einem anderen Ende hätte führen können.
Zwischen dem moralischen Anspruch, mit seinem Werk ei-
nerseits der politischen Situation seines Landes und anderer-
seits seiner persönlichen Situation als Schriftsteller gerecht
zu werden, erklärt sich teilweise die Atmosphäre dieses Romans. Auch die Tropen sind in jedem Moment präsent. Die
sengende Hitze, die Siestas, die heftige Benommenheit bei
Einbruch der Nacht, die Feuchtigkeit. In diesem Ambiente
werden fast alle seine Erzählungen und Romane spielen.
Das Schicksal des Obersts entwickelt sich in dieser Atmo-

sphäre zwischen dem Leiden seiner asthmatischen Frau, den Hoffnungen, die er auf seinen Kampfhahn setzt, der häuslichen Armut und der niemals aufgegebenen Hoffnung, für seine Teilnahme am letzten Krieg entschädigt zu werden. Dieser alte revolutionäre Held hat auch etwas mit der »Konspiration« im Untergrund zu tun, die in dem Dorf vor sich geht: auch er gibt illegale Flugblätter gegen die Regierung weiter. Man könnte sagen, in dem Dorf konspiriert jeder nach Kräften, ausgenommen die Behörden. Man erfährt, daß die Eingaben eines Rechtsanwaltes in der Sache des Obersts erfolglos geblieben sind, daß die Armut des Obersts und seiner Frau nicht größer sein kann, und trotzdem wird der Hahn weiterhin umsorgt. Als der Oberst versucht, die alte Pendeluhr zu verkaufen, kann er seine Scham nicht verbergen. Seine Würde als Armer trägt zu seiner Beharrlichkeit bei. Er kehrt unverrichteter Dinge nach Hause zurück. Dasselbe geschieht, als er in seiner Verzweiflung sogar den Hahn für eine Summe verkaufen will, die ihn von der Armut befreit hätte. Sein »Freund« Don Sabas, der dem häuslichen Drama gegenüber gleichgültig bleibt, ist lediglich bereit, ihm eine klägliche Summe zu leihen. Die Hoffnungen, die das Dorf und die Freunde des Obersts in den Hahn gesetzt haben, machen diesen fast zu einem Objekt, das allen gehört. Es ist die unmittelbarste Form von Solidarität, die der Oberst erlebt, und sie bestärkt ihn in seiner Absicht, das Tier nicht zu verkaufen. Im äußersten Elend und in der Verzweiflung stellt er schließlich fest, daß seine beiden Wertgegenstände, die Uhr und das Bild, ihm überhaupt nichts nutzen. »Die kauft niemand«, wiederholt er seiner Frau. Bleibt die einzig mögliche, dramatische Entscheidung: den Hahn zu verkaufen. Und wenn man mit dem Verkauf noch wartet, da der Oberst doch sicher ist, daß der Hahn den Kampf gewinnen wird? »Und wenn er verliert?« fragt seine Frau. Nein, der Oberst will diese Möglichkeit nicht wahrhaben, denn das würde bedeuten, daß er endgültig sein Scheitern akzeptieren würde.

»Die Frau geriet in Verzweiflung.

›Und was essen wir inzwischen?‹ fragte sie und packte den Oberst am Kragen seines Flanellhemds. Sie schüttelte ihn kräftig.

›Sag, was essen wir?‹

Der Oberst hatte fünfundsiebzig Jahre, fünfundsiebzig Jahre seines Lebens, Minute für Minute gebraucht, um diesen Augenblick zu erreichen. Er fühlte sich rein, unbedingt und unbesiegbar in der Sekunde, als er antwortete:

›Scheiße‹.« (S. 116)

»Poetische Umsetzung der Wirklichkeit«, diese Anforderung stellte der junge Gabriel García Márquez an einen Roman. Und das ist, mit der realistischen und direkten Form von *Der Oberst hat niemand, der ihm schreibt* die Formel, mit der der Romancier eine neue Metapher für Einsamkeit geschaffen hat. Über die Armut und die Niedergeschlagenheit seiner Frau hinweg rettet den Obersten die Würde — sie macht ihn zum exemplarischen Helden. Die Unsicherheit seiner Zukunft, eine Unsicherheit, die in der letzten Zeile des Romans akzentuiert wird, fällt schon nicht mehr in die unmittelbare Reichweite der Geschichte. Dieselbe Ungewißheit blieb auch in *Laubsturm*: Würde es dem Oberst gelingen, den Arzt zu begraben? Die Loyalität des Obersts in *Laubsturm* gründete allein auf seiner Beharrlichkeit, er kann nicht einmal mit der Solidarität seiner Familie rechnen; aber sie entspricht der Würde des Obersts in García Márquez' zweiten Roman.

Bewußt oder unbewußt hat Gabriel García Márquez suggeriert, daß sich von Roman zu Roman die Episoden einer Saga formieren.

Caracas, Havanna:
und wieder Journalismus

La misère dorée, das vergoldete Elend, so habe, erzählt Gabriel García Márquez, sein Freund Paul Coulaud das Leben der Lateinamerikaner in Paris bezeichnet. Denn »das Paris jener Jahre war nicht nur durch den Algerienkrieg gekennzeichnet«, erinnert sich Gabriel viele Jahre später. »Es war jahrelang auch die klassische Exil-Stadt zahlloser Lateinamerikaner aus allen Ländern des Kontinents. Schließlich war Juan Domingo Perón — der damals noch nicht so war wie in späteren Jahren — in Argentinien an der Macht, General Odría regierte in Peru, General Rojas Pinilla Kolumbien und General Pérez Jiménez Venezuela«, schreibt García Márquez im Dezember 1982. Ohne es zu wissen, reist er dem Sturz des Diktators Pérez Jiménez entgegen, als er das Paris des »vergoldeten Elends« hinter sich läßt.

Am 23. Dezember 1957 kommt er in Caracas an und mietet sich in einer Pension im Viertel San Bernardino ein. Er ist frischgebackener Redakteur der Zeitschrift *Momento*. Eine Woche später erlebt García Márquez nach dem *bogotazo* das zweite historische Ereignis seines Lebens: am 1. Januar 1958 findet der erste ernstzunehmende Versuch statt, den Diktator Péres Jiménez zu stürzen. Jene »apokalyptische, unwirkliche, unmenschliche Stadt« erlebt zwischen dem 1. und dem 21. Januar den Aufstand, der einen der zahlreichen in Lateinamerika herrschenden Diktatoren vertreiben sollte. Die Attentate, Demonstrationen, Bombardierungen und die entfesselte Repression der Polizei machen Caracas zur Hölle. Als Reporter verfolgt García Márquez Tag für Tag die Ereignisse, die in der Flucht des Diktators und der Ernennung einer Militärjunta gipfeln, die seine Nachfolge antreten und die verfassungsmäßige Normalität des Landes wieder herstellen soll. Dieses Erlebnis (und nicht die Vision des toten Stalin und die Berichte über seine unbegrenzte Macht) bringt García Márquez auf die Idee, einen Roman über den Patriarchen zu schreiben. García Márquez ist dabei, als im Präsidentenpalast Miraflores ein Offizier im Kampfanzug und mit einer Maschinenpistole in der Hand, dem das Entsetzen im Gesicht geschrieben steht, aus dem Zimmer kommt, in dem die endgültige Zusammensetzung der neuen Regierung beschlossen worden ist — das pathetische Bild eines beim Kampf um die Macht auf der Strecke gebliebenen Verlierers. Für den »dünnen und unruhigen« kolumbianischen Journalisten der zwei Romane für sich verbuchen kann, den aber kaum einer seiner Landsleute kennt, bietet Caracas eine neue Szenerie für sein Museum des Despotismus und der Einsamkeit.

Mit seinen dreißig Jahren hätte er der gefeierte Autor zweier Romane und einiger glänzender Erzählungen sein können — statt dessen bleibt ihm nichts anderes übrig, als sich mit seinem Schicksal als Chronist und Reporter der Zeitschrift *Momento* abzufinden. Obwohl zu diesem Zeitpunkt die Diktatur des Generals Rojas Pinilla in Kolumbien bereits gestürzt worden ist (und man in Kuba bald den Sturz Batistas erleben wird), bleibt García Márquez in Caracas und erlebt dort den Übergang zu einer demokratischen Normalisierung und das Aufregende eines Journalismus' ohne Maulkorb. Er hat sporadischen Kontakt mit der Gruppe »Sardio«, jungen Erneuerern der venezolanischen Literatur, aber den größten Teil seiner Zeit verschlingt seine journalistische Arbeit. Einige der Erzählungen des Bandes *Das Leichenbegängnis der Großen Mama* schreibt er in der venezolanischen Hauptstadt. Noch ist Gabriel García Márquez ein *écrivain du dimanche*, ein Schriftsteller, der die Zeit zum Schreiben von seiner Tätigkeit abknapsen muß, die er zwar gern und mit großem Können ausführt, die aber dennoch vor allem sein Broterwerb ist.

Mitte 1958 (im März desselben Jahres war er kurz nach Barranquilla gereist, um seine langjährige Verlobte Mercedes Barcha zu heiraten) geschieht etwas, das zum ersten Mal »Gabitos« journalistische Rechtschaffenheit auf die Probe stellt. Der Besuch des damaligen Vizepräsidenten der Vereinigten Staaten, Richard Nixon, empört die Bevölkerung von Caracas und provoziert massiven Widerstand, Protestdemonstrationen, Steinwürfe und die unvermeidlichen »Unruhen«. Es gibt wohl kaum einen Lateinamerikaner, der *nicht* davon überzeugt wäre, daß die gestürzten sowie die noch an der Macht befindlichen Diktaturen immer auf die Komplizenschaft der Vereinigten Staaten hatten bauen können. Das antiimperialistische Bewußtsein, daß sich ein Jahr später wie Schießpulver über den ganzen Kontinent verbreiten sollte, war bereits im Keim in dieser kollektiven Entrüstung enthalten. Trotzdem will die Direktion von *Momento* sich für die Unruhen entschuldigen, und der Eigentümer des Blattes setzt eine entsprechende Notiz in die nächste Ausgabe. Plinio A. Mendoza und Gabriel García Márquez versehen diesen Artikel mit dem Namen des Verfassers und kennzeichnen damit den Beitrag als Meinung des Verfassers, die von der Redaktion nicht geteilt wird. Die beiden Redakteure treten von ihrem Posten zurück. Gabriel bleibt nichts anderes übrig, als Arbeit bei einem anderen Blatt zu suchen. Beim Boulevardblättchen *Venezuela Gráfica*, einem Produkt der allmächtigen Mediengesellschaft Cadena Capriles, hat er schließlich Glück. Das und die gelegentliche Mitarbeit bei der Zeitschrift *Élite* erlauben ihm, in Caracas zu bleiben.

Der Reporter, der bei *El Espectador* seine Themen auswählte und sie nach seinem Gutdünken bearbeitete, muß nun die Anonymität des Journalisten akzeptieren, der zu schreiben hat, was seine Verleger von ihm verlangen. Er verdient schließlich seinen Lebensunterhalt damit, und weder *Venezuela Gráfica* noch *Élite* sind Vorreiter eines guten Journalismus oder gar geeignete Tribünen für einen Journalisten, der die Reportage über den Matrosen Velasco geschrieben hat, die köstliche Chronik über die *Marquesita de la Sierpe* oder der Bericht über Wilma Montesi. Er behält seinen charakteristischen Humor, das sicherlich. Noch aus den unbedeutendsten Nachrichten holt er etwas heraus, und er weiß, daß in jeder beliebigen Anekdote ein guter Text steckt.

Im Dezember 1958 passiert auf einer Karibikinsel in der Nähe Venezuelas etwas Entscheidendes. Der Guerillakrieg, der General Fulgencio Batista seit 1953 um den Schlaf gebracht hat, hat sich über das ganze Land ausgebreitet, mehrere »frentes« (Frontlinien) eröffnet und in Form der »Bewegung des 26. Juli« ein stabiles, wenn auch grausam verfolgtes Netz in den Städten aufgebaut, auf das sie rechnen konnte. Dieser Guerillakrieg steht nun vor den Toren Havannas. Die Bourgeoisie feiert jubelnd das Neue Jahr, aber ihr Jubel über die Flucht Batistas und den Sieg der Rebellen unter Fidel Castro (einem jungen Mann, gleichaltrig mit Gabriel García Márquez) ist nur von kurzer Dauer. Und sie soll kaum Zeit haben, darüber nachzudenken, was in Kuba geschehen ist und was eigentlich in Lateinamerika passiert. Es gibt keine Diktatur, die nicht, wenn sie einmal besiegt ist, Spuren ihrer Greueltaten und diejenigen zurückließe, die vorher als ihre Henker fungiert hatten.

Die im Januar 1959 eröffneten Prozesse, die Erschießungen (in der Sprache der Revolution »Hinrichtungen« genannt) von Kriminellen führen Gabriel García Márquez nach Havanna. Fidel Castro hat beschlossen, die *Operación Verdad* – die »Operation Wahrheit« – durchzuführen – unter den Augen der Journalisten aus aller Welt. Öffentlich wird Sosa Blanco* der Prozeß gemacht. Gabriel García Márquez befindet sich in seiner unmittelbaren Nähe, Sosa Blanco wird

---

* Sosa Blanco war ein enger Mitarbeiter des gestürzten Diktators Fulgencio Batista. (Anm. d. Übers.)

zum Tode verurteilt. Zusammen mit anderen Journalisten unterzeichnet Gabriel García Márquez eine Petition an die revolutionäre Regierung, die Revision des Prozesses zu erlauben.

In den wenigen Tagen, die sich García Márquez in Havanna aufhält, wird er zum ersten Mal Augenzeuge bei der Geburt einer Revolution. Die Flucht Batistas hat er zwar nicht miterlebt, aber dafür die detaillierte Beweisführung im Prozeß gegen Sosa Blanco gehört. In weniger als einem Jahr macht García Márquez zwei sehr ähnliche Erfahrungen. Während sich in Venezuela das institutionelle Leben traditioneller, sprich: bürgerlicher Prägung konsolidiert (ebenso wie in Kolumbien nach dem Vertrag von Sitges), installiert sich in Kuba eine revolutionäre, nationalistische Macht. Diese beiden Erfahrungen sind bestimmend: der Autor von *Laubsturm* macht sich mit dem Bild des Diktators vertraut. Als García Márquez vier Tage später nach Caracas zurückkehrt, ist er einer von vielen Schriftstellern, die voller Solidarität auf Kuba blicken.

Die Revolutionsregierung eröffnet ihre eigene Presseagentur (Prensa Latina). Sie muß auf die Verleumdungskampagne, die ganz Lateinamerika überschwemmt und die sich deutlich manifestierende Feindschaft der Vereinigten Staaten antworten. Jorge Ricardo Masetti, ein Freund von Erneste »Che« Guevara, ist verantwortlich für die Presseagentur. Er bittet Plinio Apuleyo Mendoza und Gabriel García Márquez, zunächst in Kolumbien für Prensa Latina zu arbeiten. Zum ersten Mal in seiner Karriere als Journalist widmet sich »Gabo« ausschließlich dem politischen Journalismus. Zwar ist ihm dieser nie völlig fremd gewesen, aber bisher hat er politische Verhältnisse nur am Rande gestreift, was auch in seinen Reiseberichten über die osteuropäischen Länder zu sehen ist. Die neue Aufgabe ist mühseliger und, wenn man so will, riskanter. Im Februar 1959 kehrt er nach Bogotá zurück. Es würde nicht einfach sein, die kolumbianische Presse (sei sie liberal oder konservativ — in jedem Fall ist sie ihren Traditionen und Interessen verhaftet) zu überzeugen. Die Radikalisierung der kubanischen Revolution löste zunächst Skepsis und dann offene Ablehnung aus. Aber in Bogotá tun die Korrespondenten von Prensa Latina alles, was sie können, um der doppelten Anforderung gerecht zu werden, sachlich und objektiv über die Situation in Kolumbien zu berichten und gleichzeitig Nachrichten über Kuba zu verbreiten.

Der Journalist betätigt sich auch wieder als Schriftsteller. In jenem Jahr schreibt er *Dienstag mittag*, eine seiner vollkommensten Erzählungen und *Das Leichenbegängnis der Großen Mama*, die hyperbolische und sagenhafte Erzählung über die unbegrenzte Macht einer Matrone. Man muß diese Geschichte im Gedächtnis behalten: die maßlose Betonung ihrer Sprache, die Übertreibungen und die entfesselte Vorstellungskraft, die der Autor einsetzt, werden zu Schlüsselelementen für sein zukünftiges Werk.

Ebenfalls in diesem Jahr greift er auch wieder die Idee von den anonymen Schmähschriften auf, die er in Paris verworfen hatte, weil der Hut größer als der Kopf gewesen war, das heißt, die Idee sprengte den Rahmen einer Erzählung und erwies sich später eindeutig als Romanentwurf. Obwohl von *Laubsturm* bereits eine zweite Auflage erschienen war, kannte fast niemand in Lateinamerika diesen Schriftsteller, den man naiv als einen der zahllosen »Regionalisten« einstufte oder einfach als jungen Schreiberling betrachtete, der sich das Leben mit diesen verwickelten Geschichten schwermachte, nur um zu beweisen, daß er Virginia Woolf und William Faulkner gelesen hatte.

Überhaupt, wer wußte außerhalb Mexikos, daß Juan Rulfo *Pedro Páramo* veröffentlicht hatte? Daß Juan Carlos Onetti zwanzig Jahre gebraucht hatte, um sein Fegefeuer der Einsamen auszuarbeiten, die sich zwischen Tod und Einsamkeit streiten? Wer erkannte schon an, daß Carlos Fuentes bereits im Jahr 1959 Mexiko Stadt in ein Territorium verwandelt hatte, auf dem sich seine Vergangenheit und seine Gegenwart vereinten? Der lateinamerikanische Kontinent war 1959 nicht nur politisch »balkanisiert«. Auch seine Kultur litt unter der nicht vorhandenen Kommunikation. Jenseits der Staatsgrenzen kannte keiner den anderen. Man wußte von Borges, aber irrtümlicherweise verachtete man ihn. Niemand wußte von der Existenz eines Julio Cortazar, obwohl sein *Bestiarium* schon mehrere Auflagen erreicht hatte. Nur die Schriftsteller selbst und vielleicht auch eine eingebildete Elite von Literaturkritikern wußten möglicherweise von der Existenz dieser zeitgenössischen Autoren, nicht so sehr wegen der chronologischen Ereignisse, sondern eher aufgrund der Beharrlichkeit, mit der sie ihrer Berufung folgten. Nicht einmal die beiden Autoren, die damals schon fast als lebende Klassiker in Erscheinung traten (Carpentier und Borges) wurden gelesen, wie sie es verdient hätten.

Die Hoffnung, daß das, was er schrieb, auch verlegt werden würde, diese Hoffnung brauchte sich der 31jährige Schriftsteller, dessen erster Sohn Rodrigo gerade geboren und von Camilo Torres (dem späteren »Guerilla-Priester«) getauft worden war, erst gar nicht zu machen.

1959 und zum Teil noch 1960 arbeitet García Márquez für Prensa Latina. 1960 beschließt Kuba, die nordamerikanischen Unternehmen zu nationalisieren; in Costa Rica reagiert die *Organisation Amerikanischer Staaten* — eine Gründung der USA — verbal mit einem scharfen Angriff auf die kubanische Revolution, die den harten Jahren des Wirtschaftsembargos entgegengeht. Die Feindseligkeiten gegen Kuba finden 1961 mit der Invasion von Exilkubanern und von den USA ausgebildeten Söldnern in der Schweinebucht ihren Höhepunkt — und werden durch die Niederlage, die Kuba den Invasoren beibringt, noch geschürt.

Im September 1960 kehrt Gabriel García Márquez nach Havanna zurück. »Ich habe sechs Monate hier gearbeitet, und jetzt erzähle ich Dir, was ich von Havanna gesehen habe«, schreibt er seinem Freund Plinio A. Mendoza. »Die fünfte Etage des Gebäudes von *Retiro Médico*, einen Teil von *La Rampa* *, den Laden *Indochina* an der Ecke; dann einen weiteren Aufzug, der auf der anderen Straßenseite in eine 20. Etage führt, die Aroldo Wall bewohnt. Ach ja, und gegessen haben wir immer im Restaurant *Maracas*, ungefähr anderthalb Blocks entfernt.« Man kann also annehmen, daß die Arbeit für Prensa Latina ihn in diesen Monaten vollständig aufgefressen hat. »Wir haben jede Minute am Tage gearbeitet − und nachts ebenfalls.« In Kuba passieren bedeutende Dinge in einem atemberaubenden Tempo − in einem Tempo, das weder die Regierung der Vereinigten Staaten erwartet hätte noch die vermittelnde Oligarchie, die zunächst den Sieg der Rebellen aus der Sierra Maestra gefeiert hatte.

Gabriel García Márquez lernt eine Revolution von innen kennen. Er sieht, wie sich der neue Staat herausbildet, nicht ohne zahlreiche interne Schwierigkeiten, denn schon versucht die »alte Garde« der Kommunisten, den jungen Revolutionären Schlüsselpositionen zu entreißen. Niemandem ist in jenen Momenten die schwankende, zögernde und mitunter sogar opportunistische Rolle unbekannt, die die Sozialistische Volkspartei (= die KP) in der Zeit des Aufstandes gespielt hatte. Allerdings hat sie Erfahrungen in der Führung eines bürokratischen Apparats — im Gegensatz zu den Jugendlichen, die sich in den Kampf gestürzt hatten und die mitansehen mußten, wie ihre Generationsgenossen massakriert wurden, während sie selbst den Sieg überlebten. Die Alphabetisierungskampagne wurde 1961 erfolgreich abge-

* Belebte Einkaufsstraße in Havanna (Anm. d. Übers.)

schlossen, und in den Vereinigten Staaten fand der Haß der Exilkubaner einen unerwarteten Bündnispartner: den jungen demokratischen Präsidenten John Fitzgerald Kennedy.

Von Havanna siedelte García Márquez mit Mercedes und seinem Sohn Rodrigo nach New York um, wo er als Vizechef des Büros von Prensa Latina arbeitet. Einundzwanzig Jahre später erinnerte er sich an einige Episoden, die mit seiner Arbeit für Prensa Latina zusammenhingen. »Eines Nachts, nie hat man erfahren, auf welche Weise«, erinnert er sich, »stieß Masetti auf einen Rollfilm, der keine Nachrichten enthielt, sondern den Geschäftsverkehr der Gesellschaft Tropical Cable, der Tochterfirma der ›All American Cable‹ in Guatemala«. Niemand, weder Masetti noch seine Mitarbeiter hatten eine Ahnung, was sich dahinter verbergen könnte, und es bedurfte der Kombinationsgabe von Rodolfo Walsh, einem Journalisten und Krimiautor, um herauszufinden, was sich hinter der chiffrierten Botschaft verbarg. Es war ein »vorsorglicher Bericht für die Revolutionäre Regierung«:

»Das Kabel hatte ein Beamter des CIA an Washington gerichtet, der der Botschaft der Vereinigten Staaten in Guatemala zugeteilt war; es enthielt einen minutiösen Bericht über die Vorbereitungen für eine bewaffnete Intervention in Kuba, die auf das Konto der nordamerikanischen Regierung ging. Sogar der Ort, an dem die Söldner ausgebildet wurden, wurde genannt: auf der Hacienda Retalhuleu, einer ehemaligen Kaffeeplantage im Norden von Guatemala.«

Was dann folgt, ist der Verlauf und der Ausgang des Vorfalls, der in diesem Zusammenhang vielleicht weniger interessiert als die Tatsache, García Márquez im Zentrum eines historischen Ereignisses zu sehen, das in demselben Maße, wie es die Kubaner mit Stolz erfüllt, die Regierung des Präsidenten Kennedy bloßstellt. Von dieser Art sind einige der damaligen Erlebnisse des Journalisten noch relevanter etwa als die Erfahrungen, die er 1955 in Genf machte, als er über das Treffen von Eisenhower, Chruschtschow, Macmillan und Edgar Faure berichtete, die »Großen Vier«. Und bedeutsamer als die Erfahrungen auf seinen Osteuropa-Reisen, als er sich unter die Trommeln, Flöten und Marímbas eines Folkloreensembles gemischt hatte, war es allemal.

Prensa Latina ist ein politisches Laboratorium, sehr viel aufregender und abenteuerlicher als seine Bordellhöhle als Kolumnist bei *El Heraldo* oder sein fabelhaftes Abenteuer bei *El Espectador.* Was er in der kubanischen Presseagentur auch anfaßt, es ist mit Politik vergiftet – und nicht nur mit trivialer, alltäglicher, sondern mit politischen Vorgängen, die das Leben eines ganzen Volkes bestimmen. Mit Sicherheit festigt sich hier seine Überzeugung, die ihn Jahre später bewegen wird, sich entschlossen in die politischen Ereignisse Lateinamerikas einzumischen. Am 13. März 1961 ist er dabei, als Präsident Kennedy im Weißen Haus vor Journalisten und Diplomaten die Politik der »Allianz für den Fortschritt« darlegt. Diese zehn von Kennedy vorgetragenen Punkte hatten den Anspruch, »innerhalb eines Jahrzehnts das wirtschaftliche, politische und soziale Drama Lateinamerikas zu beheben«. Einundzwanzig Jahre später schreibt García Márquez über diesen Tag:

»Der grenzenlose Größenwahn jenes Projekts wurde in der Rede von Präsident Kennedy zusammengefaßt, deren prophetischer Hauch in keinem Punkt hinter dem Alten Testament zurückstand. Die ›Allianz für den Fortschritt‹ sollte als Programm für den sozialen Fortschritt die sowjetische Expansion in Lateinamerika verhindern.«

Als er von Havanna nach New York umzieht, ereignen sich bei Prensa Latina einige Zwischenfälle, die intern einige Beunruhigung auslösen. Sie hängen damit zusammen, daß »unterirdisch« ein gewisses Sektierertum entstanden ist, ausgehend von der von Aníbal Escalante angeführten Fraktion (oder besser »Mikrofraktion«, denn als solche sollte sie sich herausstellen). Masetti und seine Mitarbeiter, die eine verantwortungsbewußte und offene Presseagentur aufziehen wollten, wissen, daß die Konflikte nicht mit der Zeit abnehmen sondern sich verschärfen würden. Und in New York steht García Márquez dieser Entwicklung nicht unbeteiligt gegenüber. Er erfüllt seine Verpflichtungen, er ist täglich in seinem Büro bei Prensa Latina, wo die Journalisten ebenso ausgeklügelte Vorsichtsmaßnahmen durchführen müssen, wie das System des psychologischen Terrors der Exilkubaner und der Regierung der Vereinigten Staaten einfallsreich ist. Abgesehen von den Hindernissen, die ihnen bei ihrer Aufgabe zu informieren in den Weg gelegt werden, müssen sich die Journalisten von Prensa Latina noch mit telefonischen Drohungen der Exilkubaner auseinandersetzen. Plinio A. Mendoza beschreibt es anschaulich: »Auf jede Art von Angriff gefaßt, hatte Gabriel bei seiner Arbeit immer eine Brechstange in Reichweite liegen.« Und bald passiert in Havanna, was man befürchtet hat: Escalante und seine Anhänger haben sich durchgesetzt, und Masetti sieht sich verpflichtet, die Leitung von Prensa Latina niederzulegen. Andere Journalisten, unter ihnen Gabriel García Márquez, treten ebenfalls von ihren Posten zurück.

Von einem Tag auf den anderen steht »Gabo« in New York ohne Arbeit und ohne Rückflugticket auf der Straße. Mittlerweile hat er Álvaro Mutis das Manuskript von *Das Leichenbegängnis der Großen Mama* zugeschickt. Mutis gab es weiter an die Schriftstellerin Elena Poniatowska, der es versehentlich abhanden kommt. An dem Tag, als »Gabo« mit Frau und Kind in einen Autobus Richtung Mexiko steigt, hat er lediglich ein paar Dollars in der Tasche. Wieder einmal tritt er eine Reise an, als wäre er ein armer Verfolgter, und diese Reise gleicht einer Flucht. Immer noch ist er ein magerer Dreißiger, raucht unerbittlich siebzig Zigaretten pro Tag und ist nun Familienvater. In New Orleans erwarten ihn 120 Dollar, die sein Freund Mendoza ihm dorthin überwiesen hat. Und natürlich der legendäre »tiefe Süden«, die Faulknersche Geographie, ein weites Land, in dem Oberst Sartoris seine schmerzlichen Heldentaten beging. Auf dieser Reise wird sich García Márquez daran erinnert haben, wieviel er von »dem Alten«, wie seine Kneipenfreunde in Barranquilla Faulkner nannten, gelesen hatte. Viele Jahre später, angesichts eines so monumentalen Unterfangens wie *Hundert Jahre Einsamkeit* sollte er sich die Landschaften, durch die er gefahren war, in Erinnerung rufen wie eine weit zurückliegende Vision, fast wie ein zerlaufenes Bild, das sich über das Macondo der Buendías schiebt. An dem Tag, als er in Mexiko ankommt, verkünden die Fernschreiber aller Nachrichtenagenturen den Tod von Ernest Hemingway. Der Autor von *Der alte Mann und das Meer* hatte aus einem persönlichen Grund die Würde eines Schusses vorgezogen. Am 9. Juni 1961 schreibt Gabriel eine der wenigen *Hommages*, die er je einem verehrten Dichter schrieb: *Ein Mann ist eines natürlichen Todes gestorben*. Er veröffentlichte den Artikel in der Zeitschrift *Novedades* in Mexiko.

Das Leichenbegängnis der Großen Mama

Als Elena Poniatowska das verlorene Originalmanuskript wiederfindet, gibt sie es Álvaro Mutis zurück, und dieser schickt es an den kleinen Verlag der Universität von Veracruz, Xalapa, Mexiko. Es ist ein zwar kleiner, aber ausgezeichneter Verlag, der einen Teil der mexikanischen Autoren verlegt hat und außerdem Autorenhonorare bezahlt. »Gabito« bekommt 1000 Pesos, eine nicht zu verachtende Summe, vor allem nicht angesichts der Bedingungen, mit denen er sich seit seiner Ankunft in Mexiko herumzuschlagen hat. Wie bei *Der Oberst hat niemand, der ihm schreibt*, verlegt bei Aguirre, hat *Das Leichenbegängnis der Großen Mama* * eine Auflage von nur 2000 Exemplaren und ist nur in wenigen Ländern im Vertrieb. Der Band umfaßt Erzählungen, die García Márquez zu verschiedenen Zeiten und an verschiedenen Orten geschrieben hat, und seine Einheit und die Kohärenz seiner Ausstrahlung (mit Ausnahme der Titelerzählung) bestätigen nur, was schon Zalamea Borda vermutet hatte, als er die erste Erzählung »Gabitos« im *El Espectador* veröffentlichte. Von *Die Siesta am Dienstag* bis *Das Leichenbegängnis der Großen Mama* leben der imaginäre Ort Macondo oder die bedrückenden Karibikdörfer seiner Kindheit so farbig auf wie einige der Personen, die bereits in früheren Romanen auftauchten oder in späteren Romanen auftauchen werden. *Dienstag mittag* (Caracas 1958), »die ich für meine beste Erzählung halte«, ist die kurze Geschichte einer Frau, die mit ihrer Tochter und mit einem Blumenstrauß in

---

* Deutsch: Köln 1974. Die deutsche Ausgabe dieses Titels enthält außerdem noch den Erzählungsband *Die unglaubliche und traurige Geschichte von der einfältigen Eréndira und ihrer herzlosen Großmutter* (Originalausgabe 1972) sowie zwei ganz frühe Erzählungen. — Die folgenden Seitenzahlen beziehen sich auf die Ausgabe von 1974.

ein Dorf kommt. Erzählt von außerhalb, und mit der Sachlichkeit, die durch den Gebrauch der dritten Person Singular entsteht, erreicht die Erzählung den Lakonismus von *Der Oberst hat niemand, der ihm schreibt.* Diese »intime« Erzählung, wie ihr Autor sie einmal bezeichnet hat, beschreibt den ungewöhnlichen Fall der Mutter eines Diebes, die Blumen auf das Grab des Sohnes legen will, der in dem Dorf umgekommen ist. Die Geschichte ist so schmucklos wie die Sprache, in der sie erzählt wird. Trotzdem scheint sich ein Verdacht von Alejo Carpentier zu bewahrheiten: die Flugbahn der Kugel ist wichtiger als das Einschlagloch, das sie verursacht. Die distanzierte Beschreibung jener Frau, die schweigsame Gegenwart der Tochter und die Belustigung des Dorfes verleihen der Erzählkunst eine gewisse tragische Größe. Auch hier taucht das Thema von der Einsamkeit wieder auf: »Die alleinstehende Witwe, die in einem mit Flitterkram vollgestopften Haus wohnte« (S. 164), hat den Dieb Carlos Centeno Ayala getötet. »Weniger vom Geräusch am Türschloß gelenkt als von einer Schreckhaftigkeit, die sich in achtundzwanzig Jahren der Einsamkeit in ihr entwickelt hatte, fand sie mit Einfühlung nicht nur die Stelle der Tür, sondern auch die genaue Höhe des Schlüssellochs. Sie packte die Waffe mit beiden Händen, schloß die Augen und drückte ab.« (S. 164/65) Mit »einem vorsintflutlichen Revolver, den seit den Zeiten des Obersts Aureliano Buendía niemand mehr abgedrückt hatte« (S. 164), erschießt sie den Eindringling.

Nachdem die Mutter des Diebes den Schlüssel zum Friedhof erhalten hatte, nahm sie »die Kleine an die Hand und betrat die Straße«. (S. 167)

Die Gründe, warum García Márquez diese Erzählung vorzieht, sind offensichtlich. Es ist die Erinnerung an jene Reise, die er tatsächlich mit seiner Mutter gemacht hat, um das alte Haus des Obersts Márquez in Aracataca zu verkaufen. Jenes

Dorf, das »während der Mittagsruhe schlafbenommen« in der Hitze schwamm, scheint dasselbe zu sein, das García Márquez während seiner Kindheit wiederentdeckt hatte.

Die folgende Erzählung *An einem dieser Tage,* die vordergründig trivial wirkt, ähnelt einer *boutade,* einer scherzhaften Bemerkung: Ein Zahnarzt zieht dem Bürgermeister, seinem politischen Feind, ohne Betäubung einen Weisheitszahn. Diese sehr kurze Erzählung verkehrt das Verständnis von »Macht« ins Gegenteil: der Bürgermeister erniedrigt sich vor dem Zahnarzt, er akzeptiert resigniert, daß ihm »bei vollem Bewußtsein« ein Stück herausgerissen wird. Der Schlußdialog liebäugelt vorsichtig mit dem Witz: Der Zahnarzt fragt den Bürgermeister, wohin er denn die Rechnung schicken solle, an ihn oder an die Gemeinde, und der Bürgermeister antwortet, ohne sich herumzudrehen: »Eines so lästig wie's andere.« Damit ist diese Vignette alles andere als eine unbedeutende Episode. Sie schnappt zu wie eine Falle und erfüllt dabei alle Anforderungen, die an eine Erzählung gestellt werden.

Ebenso sachlich und lakonisch, ohne dabei humorlos zu sein, und etwas länger ist die Erzählung *In diesem Dorf gibt es keine Diebe.* Damaso, ein junger Faulenzer und Liebhaber einer Frau, die wesentlich älter ist als er, stiehlt die Billardkugeln aus dem Salon des Dorfes. Nachdem die Kugeln verschwunden sind, droht der Kneipe der Ruin, denn das Billardspiel ist eine der wenigen Vergnügungen im Dorf. Man sucht nach dem Schuldigen. Damaso wird nicht verdächtigt, die Polizei verhaftet statt dessen einen Neger, der fremd in dem Dorf ist, und foltert ihn brutal und zwar weniger, weil man ihn tatsächlich verdächtigte sondern weil man einen Sündenbock braucht. Er wird auf ein Schiff verladen und der Justiz ausgeliefert. Damasos Leben verläuft in den gewohnten Bahnen: er faulenzt herum, hockt in den Kneipen, eben die alltägliche Routine des Dorfes am Ufer des Flusses, das ebenso erdrückend ist wie die Dörfer der vorangegangenen Erzählungen. Der Diebstahl hat Damaso nichts genutzt, denn er kann die Kugeln nicht verkaufen. Also beschließt er, sie wieder zurückzutragen, da er außerdem ein schlechtes Gewissen hat. Er will die Billardkugeln genauso zurückgeben, wie er sie gestohlen hat — er steigt eines Nachts heimlich in die Kneipe ein, aber er wird von Don Roque, dem Wirt, entdeckt. Die Erzählung endet mit der zwar nicht gewalttätigen, aber doch unbarmherzigen Reaktion des Alten, der behauptet, außer den Billardkugeln seien ihm noch zweihundert Pesos aus der Kasse gestohlen worden.

»Damaso wischte sich den Schweiß von seinen Händen an der Hose ab.
›Sie wissen doch, daß nichts da war.‹
Don Roque lächelte noch immer.
›Es waren zweihundert Pesos da‹, sagte er. ›Und die werden sie dir jetzt aus dem Fell ziehen, nicht, weil du ein Dieb bist, sondern weil du blöd bist.‹« (S. 68)

Vielleicht sollte man darauf hinweisen, daß zum zweiten Mal in einer Erzählung von García Márquez ein Neger auftaucht. Man hat den Eindruck, als würden ausschließlich Weiße, Mestizen und Syrer die Dörfer bevölkern. Der erste Neger ist der Anwalt des Obersts in *Der Oberst hat niemand, der ihm schreibt*. Der zweite taucht in dieser Erzählung auf. Und die Art und Weise, wie er in der Geschichte behandelt wird, ist, so darf man annehmen, sehr viel brutaler als alles, was die Polizei dem *wirklich* Schuldigen angetan hätte. Die Pointe dieser Erzählung ist zwar reichhaltiger als die der vorangegangenen Geschichten; aber trotzdem scheint auch hier »die Flugbahn« der Kugel wichtiger als ihr Einschlag gewesen zu sein. Anders gesagt, die Summe der Details und das Profil auch der Personen, die nicht primär am Handlungsablauf beteiligt sind, machen den Reiz der Erzählung aus.

Die sachliche und täuschend konventionelle Erzählweise verzichtet aber nicht auf minutiöse Beschreibungen, in denen jedem äußerlichen Detail oder jeder Bewegung einer Person eine bestimmte Bedeutung zukommt. Der Erzähler zeichnet die Atmosphäre mit soviel Schärfe, daß sich die Erzählung visualisiert, als wäre sie das Drehbuch für einen Film, der schließlich in literarische Bilder übersetzt worden ist.

In *Baltazars wundervoller Nachmittag* taucht das Thema der Ehre wieder auf, diesmal anhand der Person, die der Erzählung den Titel gibt. Baltazar, ein Kunsthandwerker, hat gerade den »schönsten Käfig der Welt« fertiggestellt. Der Meinung sind zumindest die Neugierigen, die in sein Haus strömen, um den Käfig zu betrachten, und Baltazar hat sich sicherlich beim Bau dieses Käfigs sehr bemüht und sein ganzes Talent dabei eingesetzt. Er weiß noch nicht einmal, was er für den Käfig verlangen soll. Wieder spielt die Handlung in einem »von Hitze erdrückten Dorf«. Die Tropen tauchen auf wie eine Person. »Es war die erste Aprilwoche, und die Hitze schien durch das Grillengezirpe noch unerträglicher.« (S. 169) In Baltazars Haus wimmelt es von neugierigen Kindern, und diese verbreiten im ganzen Dorf die Nachricht von dem Käfig, bis dieser sich in einen Gegenstand des öffentlichen Interesses verwandelt hat. Als der Arzt Octavio Giraldes den Käfig sieht, kann er nicht anders, als auszurufen: »Ein wahres Abenteuer der Phantasie.« Und er fügt wenig später hinzu: »Sie wären ein glänzender Architekt geworden.« Seine Lobreden steigern sich zu der Übertreibung: »›Man braucht überhaupt keine Vögel hineinzusetzen‹, sagte er und ließ den Käfig vor den Augen des Publikums kreisen, als wolle er ihn verkaufen. ›Man hängt ihn einfach in die Bäume und er singt von allein.‹« (S. 170) Alles ist darauf angelegt, ein Bild von der außerordentlichen Schönheit des Käfigs und vom Stolz des Handwerkers zu zeichnen. Der Arzt möchte den Käfig kaufen, aber Ursula, Baltazars Frau, mischt sich ein:

»›Er ist verkauft‹, sagte Ursula.
›Er gehört dem Sohn von Don Chepe Montiel‹, sagte Baltazar. ›Er hat ihn extra bestellt.‹
›Hat er dir eine Zeichnung gegeben?‹
›Nein‹, sagte Baltazar. ›Er hat nur gesagt, er wolle einen großen Käfig wie diesen da, für ein Pärchen Turpiale.‹ ...
›Der ist aber nicht für Turpiale geeignet.‹
›Natürlich, Doktor‹, sagte Baltazar, an den Tisch tretend. Die Kinder umringten ihn. ›Die Maße sind genau berechnet‹, sagte er und deutete mit dem Zeigefinger auf die verschiedenen Abteilungen.‹« (S. 171)
Baltazar sperrt sich gegen das Drängen des Arztes und den Realitätssinn Ursulas, die die Möglichkeit sieht, einen zweiten Käfig zu verkaufen. »›Es tut mir sehr leid, Doktor‹, sagte Baltazar, ›aber man kann nicht etwas verkaufen, was schon verkauft ist.‹« (S. 172)

Baltazar geht mit dem Käfig zum Haus von Montiel, einem Mann, den man für sehr reich hält, der »aber weniger reich (war), als er aussah, und doch war er vor nichts zurückgeschreckt, um es zu werden.« (S. 172) Zuerst fragte Baltazar nach Montiels Sohn Pepe, der ein paar Minuten später aus der Schule kommt. Seine Eltern sind überrascht, daß das Kind ohne ihre Einwilligung einen so großen und so makellos schönen Käfig in Auftrag gegeben hat. Sie schimpfen mit Pepe, und angesichts ihrer Bestürzung und der unvermeidlichen Knauserei lügt Baltazar und behauptet, er habe den Käfig gemacht, um ihn dem Jungen zu schenken, was er schließlich auch tut. Als er in den Billardsalon zurückkehrt, wo ihn seine Stammtischfreunde fragen, was er denn für den Käfig bekommen habe, lügt er weiter. »›Sechzig‹, sagte Baltazar.« Seine Freunde glauben an ein Wunder. »›Dafür mußt du einen Strich in den Himmel malen‹, sagte jemand. ›Du bist der einzige, dem es gelungen ist, Don Chepe Montiel diesen Haufen Geld abzuknöpfen.‹« (S. 176) Zum ersten Mal in seinem Leben besäuft sich Baltazar und fällt in ein sympathisches Delirium oder in die Netze eines märchenhaften Traums: er stellt sich vor, wie er Tausende von Käfigen wie diesen herstellt, Millionen von Käfigen wie den, den er dem Sohn von Montiel geschenkt hat.

»›Man muß vieles machen, um es den reichen Leuten zu verkaufen, bevor sie sterben‹, sagte er, vom Saufen blind. ›Sie sind alle so krank und müssen sterben. Da sie so beschissen krank sind, können sie sich nicht mal mehr ärgern.‹« (S. 177).

Die unerwartete Glückseligkeit, die ihm der Rausch schenkt, erscheint als Kompensation eines persönlichen Glücks, das aus seiner Großzügigkeit besteht, und der zähen Würde, die er der Kleinkrämerei Montiels entgegenzuhalten hat.

»Als sie [Ursula] sich gegen Mitternacht schlafen legte, saß Baltazar in einem hellerleuchteten Salon mit Vierertischchen und Stühlen drum herum und einer Tanzfläche im Freien, auf der die Rohrdommeln herumspazierten. Sein Gesicht war mit Schminke bemalt, und da er keinen Schritt mehr gehen konnte, dachte er, er wolle jetzt mit zwei Frauen ins Bett gehen. Er hatte so viel ausgegeben, daß er seine Uhr als Pfand hinterlegen und sich verpflichten mußte, am nächsten Tag zu bezahlen.« (S. 177)

Die Perspektive dieser fast sachlichen Erzählung ändert sich nicht. Vorsichtig gibt der Autor zu erkennen, wo seine Sympathien liegen — immer bei Personen wie der Mutter des Diebes zum Beispiel oder bei Damaso, der die Billardkugeln gestohlen hat, oder Baltazar, dem würdevollen Handwerker, der in seinem Rausch glücklich ist. Diese Art von Einmischung ist allerdings kaum wahrnehmbar und geht jeder Moralisierung aus dem Weg. Den Erzähler bemerkt man nur indirekt: er ist an der Auswahl der Situationen beteiligt, er verleiht den positiven oder negativen Eigenschaften seiner Personen entweder größeres oder geringeres Gewicht. Erzählerisches Modell dieser Geschichte ist *Der Oberst hat niemand, der ihm schreibt.*

Die Witwe Montiel ist die erste Erzählung, die nicht die Sachlichkeit der vorangegangenen teilt. Man wird sehen, daß sich in dieser Erzählung ein Akzent ankündigt, der in *Hundert Jahre Einsamkeit* noch sehr viel deutlicher werden soll. Zum ersten Mal in dieser Sammlung von Erzählungen spielt die Politik eine unmittelbare Rolle: Der Tod von José Montiel enthüllt die Herkunft seines Reichtums — er hat den Terror im Dorf gesät. Er war Informant der Polizei und »teilte seine politischen Gegner in reich und arm ein. Die Armen durchlöcherte die Polizei auf dem öffentlichen Platz. Den Reichen wurden vierundzwanzig Stunden gewährt, um das Dorf zu verlassen.« (S. 73) Keine Erzählung zuvor hat die *violencia* so in den Mittelpunkt gestellt wie diese. »Für die Planung des Massenmords schloß José Montiel sich ganze Tage mit dem Bürgermeister in sein glutheißes Büro ein, während seine Frau die Toten bemitleidete.« (S. 73/74) Sein Geschäft, sagt uns der Erzähler, »war (in Wirklichkeit) nicht der Tod der Armen, sondern die Vertreibung der Reichen«, denn er kaufte die verlassenen Ländereien zu einem willkürlich von ihm selbst festgesetzten Preis auf. Montiel hat seine Kinder nach Europa geschickt. Er lebte allein mit seiner Frau — die bereits zu Beginn der Erzählung als Witwe auftaucht —, häufte die verschiedensten Ämter an und nahm bei seinem Tod die Geheimzahl des Safes mit ins Grab. Die Polizei sprengt den Safe mit Dynamit. Aber seine Witwe hat kein Interesse mehr — weder am Leben noch daran, den Reichtum zu genießen, den sie von Señor Carmichael verwalten läßt. Nur die Sehnsucht nach Ruhe erfüllt sie am Tage ihres Todes. García Márquez führt mit einem Augenblinzeln eine Person (oder besser gesagt, die flüchtige Vision einer Person) ein — es erscheint die *Große Mama*, »mit einem weißen Laken und einem Kamm im Schoß«. Sie prophezeit der Witwe Montiel, daß jene sterben müsse, sobald ihr Arm müde werde.

Seit *Laubsturm* und noch deutlicher seit *Der Oberst hat niemand, der ihm schreibt* bewegt sich García Márquez in einer Welt von Situationen und Personen, die immer wieder auftauchen. Als würde er sich einen Spaß daraus machen, die Einzelteile eines gigantischen Puzzles hin- und herzuschieben, sie nach Lust und Laune in Romane und kurze Erzählungen einzuflechten, dabei sich selbst sowie den Leser aufs Glatteis zu führen und anzudeuten, daß sie in jedem Augenblick auch Teil eines sehr viel ausgedehnteren und anspruchsvolleren Ganzen sind. Die in *Die Witwe Montiel* vorgenommene Stilveränderung bleibt auch in *Ein Tag nach dem Samstag* erhalten: die Sätze werden länger, es gibt seltener Dialoge, und die Eingriffe des Erzählers steuern den größten Teil der Informationen bei, auf denen die Erzählung aufbaut. Die Übertreibung, den ersten Erzählungen fremd, tritt als neues Element auf:

»Die Witwe hatte einen theoretischen Sinn für Autorität, ererbt vielleicht von ihrem Urgroßvater väterlicherseits, einem Kreolen, der im Unabhängigkeitskrieg auf seiten der Realisten gekämpft und anschließend eine beschwerliche Reise nach Spanien unternommen hatte mit der ausschließlichen Absicht, den Palast zu besuchen, den Carlos III. in San Ildefonso erbaut hatte.« (S. 78)

Señora Rebeca (»eine verbitterte Witwe, die in einem riesigen Haus mit zwei Veranden und neun Schlafzimmern wohnte«) ist die erste, die entdeckt, daß die Vögel die Flie-

genfenster zerreißen. Dasselbe geschieht im Rathaus, wo die
»städtischen Fliegenfenster gleichfalls beschädigt waren«
(S. 78). Sie vermutet jedoch nicht, daß es die Vögel waren,
sondern hält die Jungen aus dem Dorf für die Täter, und als
der Bürgermeister ihr mitteilt, daß das gesamte Dorf darüber
Bescheid wisse, verstärkt sich außer ihrer Unruhe auch ihre
Beschämung. »Es war in den letzten Julitagen, und nie im
Leben des Dorfes war es so heiß gewesen.« (S. 80) Die ständig gegenwärtige Hitze, der Nachdruck, mit dem der Autor
von Erzählung zu Erzählung auf sie hinweist, trägt dazu bei,
dem Leser die Vorstellung von einer Vergiftung der Umwelt
zu schaffen, durch die jedoch lediglich ein geographischer
Raum definiert werden soll, in dem die Naturelemente so
entscheidend sein können wie der mitunter an Sinnestäu-
schungen leidende Charakter der Personen. Auch der greise
Priester (»der im Alter von nunmehr vierundneunzig Jahren
beteuerte, den Teufel bei drei Gelegenheiten gesehen zu
haben« [S. 81]) bemerkt die offensichtlich im Dorf grassie-
rende Seuche. Augenzwinkernd führt García Márquez ein
autobiographisches Detail ein: Als der Gemeindpfarrer die
Erinnerung an seine Sophokles-Lektüre wachruft, denkt er
an »die Alterchen von altersher«, ein Ausdruck, den Don
Ramón Vinyés seinen begeisterten Gesprächspartnern in
Barranquilla gegenüber benutzt hatte, um ihnen die Lektüre
der Klassiker nahezulegen. Die biographischen Züge des
Priesters lassen glauben, daß auch dieser als ein Teilchen
jenes vom Autor geschickt angelegten Puzzles erscheint.
Daß Aureliano und José Arcadio Buendía erwähnt werden,
sollte man beachten. Die Erzählung geht weiter: Die Zahl
der toten Vögel nimmt immer mehr zu. Es sind so viele, daß
der greise Gemeindpfarrer sie mit der Lüsternheit in
Zusammenhang setzt — obwohl auch er der Verwirrung
anheimfällt. Er erinnert sich an seine weit zurückliegende
Vergangenheit, die sich mit der Gegenwart vermischt, eine

Halluzination oder Verschwörung der Zeit in seiner Erinnerung.

»Er fühlte Entsetzen, ohne den genauen Grund für dieses Entsetzen zu kennen, gefangen wie es war in einem Gewirr verschlungener Gedanken, unter denen sich weder eine ekelerregende Empfindung wahrnehmen ließ noch der im Kot steckende Huf Satans, auch nicht ein auf die Welt einfallender Schwarm toter Vögel, während er, Antonio Isabel vom Allerheiligsten Altarsakrament, diesem Ereignis gegenüber völlig gleichgültig blieb.« (S. 91)

Der Priester erscheint als jemand, der von seiner Vergangenheit und ihren mystischen Assoziationen gepeinigt wird. Er erlebt die glänzende Vergangenheit des Dorfes aufs Neue. Er sieht »die vier ausgeleierten, ausgeblichenen Waggons ein- und ausfahren«, erinnert er sich daran, daß man früher, während des Bananenbooms, »einen ganzen Nachmittag lang einen mit Bananen beladenen Zug vorbeifahren sehen konnte, einhundertvierzig fruchtbeladene Waggons vorüberfahrend ohne vorüberzufahren, bis nach bereits eingebrochener Nacht der letzte Waggon vorüberfuhr mit einem eine grüne Lampe schwenkenden Mann.« (S. 91/92) Der Priester ist Zeuge jener Vergangenheit und ihr verwirrter Überlebender. Eine dritte Person taucht auf, ein junger Mann, der an jenem Tag mit dem klapprigen Zug ankommt. Er ist der einzige, der an der Messe von Pater Antonio Isabel teilnimmt, der in seinem fortgeschrittenen Alter ein seniles Delirium erreicht — die Vision des Teufels selbst. Das ganze Dorf spricht vom Schwachsinn des Priesters, und in der vereinsamten Kirche wohnt der gerade angekommene junge Mann als einziger dem Höhepunkt des mystischen Deliriums von Pater Antonio Isabel bei. Dieser sieht den Teufel und den Ewigen Juden. Und Doña Rebeca kann nicht anders, als die Verrücktheit des Priesters mit den toten Vögeln in Zusammenhang zu bringen. Dessen allmähliche Geistesverwirrung, seine irrsinnige allerletzte Schlußpredigt versammelt die Dorfbevölkerung in der Kirche. Plötzlich blitzt Humor auf, den man dem Geistlichen gar nicht zugetraut hätte. Er bittet den Meßdiener, die Kollekte einzusammeln, »um den Ewigen Juden zu verbannen«. Das ist aber lediglich ein Vorwand, denn am Ende beschließt er, die Kollekte dem Fremden zu geben, jenem jungen Mann, der ihm in der Kirche aufgefallen war, weil er einen alten kaputten Strohhut auf dem Kopf trug.

»Dann nimmst du den Teller und trägst ihn zu dem jungen Mann, der anfangs allein saß, und sagst ihm, das schickt Ihnen der Pater, damit Sie sich einen neuen Strohhut kaufen können.« (S. 106)

Die Erzählung erreicht eine umfassende Dimension, und unter den bisher besprochenen ist es diejenige, die einen poetischen Ton und zugleich eine mysteriöse Spannung hat. Gabriel García Márquez stellt die Rationalität dem Aberglauben gegenüber und die Welt der zusammenhanglosen Phantasmen, die der Geistliche in seiner Erinnerung wachruft, der Erwartenshaltung des Dorfes. Die Würde des greisen Priesters widersetzt sich der alltäglichen Routine des Dorfes, denn in ihm verbinden sich die Epochen des Überflusses und des Glanzes sowie seine eigenen Visionen vom Niedergang.

Es ist sicherlich nicht unangebracht, an Aracataca zu erinnern, das der junge Gabriel García Márquez an der Hand seiner Mutter wiedersieht, und sich zu vergegenwärtigen, was tatsächlich in jener Region geschah, als sich die Bananengesellschaft wieder zurückgezogen hatte. Auch wenn der Autor keine dokumentarische Bestandsaufnahme liefert, wird doch deutlich, daß er ein umfangreicheres Projekt im Auge hat und daß er in einigen charakteristischen Zügen bereits die *dramatis personae* eines monumentalen Stücks präsentiert. Man kann *Hundert Jahre Einsamkeit* nicht lesen, ohne an diese Erzählungen zu denken.

Künstliche Rosen vermittelt in seiner anekdotischen Kürze denselben Eindruck: dort taucht die blinde Großmutter auf, und der Leser kann ein Detail in der Biographie von Gabriel García Márquez nicht beiseite schieben: Seine Großmutter, die Witwe des Obersts Márquez, bleibt blind und einsam in dem zu großen Haus in Aracataca zurück. In der Erzählung liegt der Akzent allerdings auf etwas Anderem — auf der Verrücktheit und dem Bewußtsein, das die Blinde davon hat. Das religiöse Element spielt eine wichtige Rolle, (Mina kann weder zur Messe gehen noch die Kommunion empfangen, weil sie am vorherigen Tag die Ärmel ihres einzigen Kleids gewaschen hat und diese noch naß sind), eine weitere Anekdote im Hintergrund belegt das auch: die künstlichen Rosen, die das Mädchen herstellt, sind für den Ostersonntag bestimmt.

Die Titelerzählung *Das Leichenbegängnis der Großen Mama* bricht radikal mit dem Tonfall und der Sprache aller vorherigen Texte. Zum ersten Mal in seinem veröffentlichten Werk führt García Márquez eine Art des Fabulierens ein, das durch die systematische Anhäufung hemmungsloser Übertreibungen zustande kommt. Alles, was mit der Vergangenheit dieser zeitlosen Matrone zu tun hat, ist der Modellfall für eine feudalistische Despotin; jede einzelne Information, die nach ihrem Tod über sie gegeben wird, ist allein von der Absicht getragen, diese ungewöhnliche Figur und ihre unbegrenzte Macht noch farbiger zu malen und sie im wahrsten Sinnes des Wortes aufzublähen. Der Erzählton erinnert an alte, mündlich überlieferte Fabeln. Die getragene Sprache weist uns auf die Parodie hin. Sachlichkeit und Lakonismus von *Der Oberst hat niemand, der ihm schreibt* und der nuancierte Realismus der anderen Erzählungen dieses Bandes

80

sind verschwunden. Alles, sogar der Tod der Großen Mama wird zu einer Explosion grenzenloser Unflätigkeit, und die Feierlichkeit, von der ihre unwahrscheinliche und phantastische Beerdigung getragen ist, verrät das Ausmaß ihrer Macht. Man könnte die Figur der Großen Mama als Metapher für das Ende einer Macht sehen, die in diesem Fall eindeutig feudalistisch ist.

Die Kritiker, die diese Erzählung mit einer anderen, wohlverdient berühmten, in Verbindung bringen — *Der Große Burundún Burundá ist tot* von Jorge Zalamea — irren nicht. García Márquez' Erzählung ist eine Art weibliches Gegenstück zur Fiktion Zalameas. Aber man kann deutliche Unterschiede ausmachen: Zalamea arbeitet mit einer exzessiven Rhetorik, während García Márquez vorsichtig vorgeht, um die Hyperbel nicht in Rhetorik umkippen zu lassen. Seine Erzählung ähnelt trotz der Übertreibungen, der unglaublichen Anhäufung von Macht (die sie beschreibt), eher einer Legende, während Zalamea Pamphlet und Satire näher ist. Elemente der Erzählung *Das Leichenbegängnis der Großen Mama* klingen auch in *Hundert Jahre Einsamkeit* an. Der stilistische Bruch, den García Márquez mit *Das Leichenbegängnis der Großen Mama* vorgenommen hat, ist eine der Erfahrungen, die manche Schriftsteller nie aufgeben. Dieser Stil kommt sehr viel deutlicher in *Der Herbst des Patriarchen* * als in *Hundert Jahre Einsamkeit* zum Ausdruck. Diese barock anmutende Erzählweise (barock nicht so sehr wegen des Sprachgebrauchs sondern wegen der Vielzahl an »schmückendem Beiwerk«, Dekorationsmaterial und Bühnenbild, die die *Große Mama* umgeben) ist zum Zeitpunkt der Veröffentlichung des Erzählungsbandes noch eine Ausnahme im Werk des Schriftstellers.

* Deutsch: Köln 1978

Mexiko, Werbung, Kino und Überleben

1962 beginnt eine lange Periode des literarischen Schweigens im Leben des Schriftstellers, wenn man davon ausgeht, daß *Die böse Stunde*, noch unveröffentlicht, aber bereits geschrieben und überarbeitet worden ist. García Márquez hatte inzwischen den Titel des Romans geändert — ursprünglich sollte er *Dieses Scheißdorf* heißen. Unvorstellbar, daß ein Buch mit einem solchen Titel in Kolumbien oder in Lateinamerika veröffentlicht worden wäre, wo es aufgrund einer schlechten Angewohnheit moralischen Ursprungs noch möglich war, bestimmte Worte zu Anfangsbuchstaben mit Auslassungspünktchen verstümmelt zu sehen. Die provokatorische Absicht des Schriftstellers verwandelte sich in praktische Besonnenheit. Doch auf alle Fälle muß man lächeln, wenn man sich vorstellt, was aus *Die böse Stunde* unter ihrem ursprünglichen Titel geworden wäre oder was die Kritiker spekuliert hätten, hätten sie *Dieses Scheißdorf* in Bezug gesetzt zum lakonischen Schlußsatz von *Der Oberst hat niemand, der ihm schreibt.*

Seit seiner Ankunft in Mexiko ist García Márquez gezwungen, sich mit seinen materiellen Problemen zu befassen. Plinio A. Mendoza erinnert sich:

»An dem Tag, als er in Mexiko seine erste Stelle als Redakteur einer Frauenzeitschrift bekam, hatte sich an seinem Schuh die Sohle gelöst. Der Eigentümer des Blattes, gleichzeitig ein bekannter Filmproduzent, bestellte ihn in eine Bar. Gabriel mußte vor ihm kommen und nach ihm gehen, damit er den kaputten Schuh nicht sah. Nach so vielen Jahren war er immer noch in derselben Lage wie damals, als er sich hinsetzte, um sein erstes Buch zu schreiben.« (S. 81 f.)

Bald gewinnt er einige Freunde, außerdem führten ihn Álvaro Mutis und Guillermo Ángulo, beide Kolumbianer, auf die eine oder andere Weise in die kulturellen Kreise Mexikos ein. Er verdient sich den Lebensunterhalt mit Werbung, und erst drei Jahre nach seiner Ankunft in Mexiko Stadt hat er es geschafft, in die Filmkreise vorzudringen, eine seiner Obsessionen. Schon in Havanna hätte García Márquez gern die teuflische Arbeit bei Prensa Latina beendet und wäre gern ins ICAIC* übergewechselt, was aber nicht möglich war.

»1961 fuhr ich mit zwanzig Dollar in der Tasche nach Mexiko, mit Frau, Kind und einer fixen Idee im Kopf: ich wollte Filme machen.«

Das sagte er 1969 der kubanischen Zeitschrift *Cine Cubano*. In Mexiko endete seine Flucht aus New York, wo er plötzlich ohne Arbeit dagestanden hatte. Einige Freunde, unter anderem Álvaro Mutis, und das kulturelle Klima Mexikos (das unendlich viel reicher war als das im eigenen Saft schwimmende und provinzielle Kolumbien) mögen Anreize gewesen sein. Unmittelbar danach tritt in der mexikanischen Filmindustrie, der am besten organisierten und zahlungsfähigsten Lateinamerikas, eine Wendung ein.

»Von den sieben Jahren, die ich in Mexiko verbracht habe, brauchte ich drei, um in der Filmwelt Fuß zu fassen. Währenddessen habe ich mir meinen Lebensunterhalt verdient, indem ich in der Werbung arbeitete, bis mich eines Tages Barbachano aufsuchte und mir einen Auftrag gab: ich sollte das Drehbuch von *El gallo de oro* bearbeiten, eine Kurzgeschichte von Rulfo, die Barbachano ins Kino bringen wollte und von der er drei Bearbeitungen hatte, die ihm aber alle nicht gefielen.«

Er hörte bei der Werbeagentur auf und fing an, an dem Pro-

* Kubanisches Institut für Kino und Film. (Anm. d. Übers.)

jekt zu arbeiten — ein kleiner Haken war allerdings, daß die Dialoge im kolumbianischen Slang herauskamen und nicht im spezifisch mexikanischen Kauderwelsch. Die folgende Arbeit machte er mit Carlos Fuentes zusammen, der damals bereits zwei glänzende Romane veröffentlicht hatte: *Landschaft in klarem Licht* und *Nichts als das Leben*. Die Idee des Drehbuchs nahm allerdings schnell andere Formen an: der Regisseur Ricardo Gabaldón machte »die Dinge auf seine Art«, und das Ergebnis war ein nichtssagender Film, mit Veränderungen, die die Absichten von García Márquez und Carlos Fuentes ins Gegenteil verkehrten. Obwohl sich García Márquez stark vom Film angezogen fühlte, hatte er jedoch niemals daran gedacht, Regie zu führen. Er verkauft zwar die Filmrechte von *Der Oberst hat niemand, der ihm schreibt,* lehnt es aber ab, ins Drehbuch einzugreifen. Noch immer für dieselbe Filmgesellschaft schreibt er ein Original-Manuskript, auf dem *Tiempo de morir*, Regie: Arturo R. Ripstein, basieren sollte.

Zwar hatte sich der Film in seiner endgültigen Fassung in Richtung Western verschoben, aber einige Grundlinien des Originaldrehbuchs waren erhalten geblieben: der Sinn für Humor, die Entmystifizierung des Helden, die Hartnäckigkeit, mit der er jeder Art von Provokation widersteht und die dramatische Spannung zwischen seiner Vergangenheit als Kämpfer und seiner Gegenwart als friedliebender und sanfter Mensch.

Auf Bitte des Produzenten Tono Matouk zieht sich García Márquez mit Luis Alcoriza zurück, um zwei Jahre lang Drehbücher zu schreiben. Endlich kann er seine Kinobesessenheit in die Praxis umsetzen und sich gleichzeitig seinen Lebensunterhalt damit verdienen. Aus der Zeit zwischen 1962 und 1966 ist kein literarischer Text von García Márquez bekannt. Es sieht so aus, als habe er einen Waffenstillstand mit der Literatur geschlossen. Hierzu gibt es das Zeugnis ei-

nes Beobachters, dem uruguayischen Literaturkritiker Emir
Rodriguez Monegal. Im Januar 1964 hält er sich in Mexiko
Stadt auf, um Vorträge zu halten. Er lernt den Autor von *Der
Oberst hat niemand, der ihm schreibt* kennen, der sich aus-
schließlich dem Kino widmet.

»Damals war García Márquez ein gequälter Mensch, ein Be-
wohner einer exquisiten Hölle: jener der literarischen Un-
fruchtbarkeit. Mit ihm über seine vorherigen Arbeiten zu
sprechen oder zum Beispiel *Der Oberst hat niemand, der ihm
schreibt* zu loben, bedeutete, ihn ungewollt den subtilsten
Folterwerkzeugen der Inquisition auszusetzen. Denn all das,
was seine Leser begeisterte, die sich vorgewagt hatten in diese *terra incognita* Macondo, bedeutete García Márquez
nichts ... In der Situation, in der er sich befand«, fährt Rodriguez Monegal fort, »nach all den Jahren, in denen er versucht
hatte, sich sein drängendes Meisterwerk von der Seele zu
schreiben, erschienen ihm die Schönheit und die Klugheit
seiner Romane und Erzählungen wie die Bestandsaufnahme
eines Irrtums.«

Aussagen von García Márquez selbst bezeugen, daß er nach
wie vor *Der Oberst hat niemand, der ihm schreibt* für seine ge-
lungenste Arbeit hielt. Die Krise zwischen 1962 und 1966
war eine Schaffenskrise. Von den Drehbüchern, die er gemeinsam mit Alcoríza schrieb, wurde keines verfilmt, »aufgrund der ewig gleichen Beschränkung des kommerziellen
Kinos«.
Die zurückhaltende Aufnahme von *Das Leichenbegängnis
der Großen Mama* und seine in Mexiko praktisch unbekannt
gebliebenen früheren Werke, die lediglich von einer kleinen
Gruppe von Kritikern, Schriftstellern und Freunden gelesen
worden waren, machten García Márquez zu einer »unbekannten Berühmtheit«. Zwischen 1962 und 1966 weiß man
in Kolumbien wenig von dem, was der Schriftsteller in sei-

nem mexikanischen Refugium tut. Es wird gesagt, daß er für Werbeagenturen wie »Walther Thompson« oder für »Stanton« arbeite. Nicht einmal das »Wunder« von 1965 dringt an die Ohren der kolumbianischen Leser, die mit diskreter Bewunderung das Erscheinen von *Die böse Stunde* zur Kenntnis genommen haben. Fast verhalten erkennt man den Autor von *Der Oberst hat niemand, der ihm schreibt* als »besten Schriftsteller Kolumbiens« an, und unter jungen Schriftstellern und nicht mehr ganz so jungen Kritikern macht ein unerbittlicher Gemeinplatz die Runde: neben *La casa grande* von Álvaro Cépeda Samudio sei *Der Oberst hat niemand, der ihm schreibt* das beste, was die kolumbianische Literatur in den letzten ... zwanzig Jahren hervorgebracht habe.

Die böse Stunde, ein Preis
und die Akademie

1961 wird der ESSO-Literaturpreis vergeben, ausgeschrieben von der kolumbianischen Filiale des Unternehmens, unterstützt von tüchtigen und fragwürdigen Bemühungen der *Academia de la Lengua*. Guillermo Ángulo hat das Manuskript von *Die böse Stunde* hingeschickt, und man kann sich vorstellen, wie skeptisch der Autor bei der Vorstellung wird, daß sich die Akademie damit befaßt. Die Jury prämiiert *Die böse Stunde*. Die dreitausend Dollar, die García Márquez mit seiner »mit einer Krawatte umwickelten Schinderei« gewann, investiert er in den Kauf eines Autos.

Nun geschieht etwas, das sowohl mit der Moral im allgemeinen wie auch mit der Moral der Akademie im Besonderen zu tun hat — denn letztere pflegt anders zu sein als jene, die im Gebrauch der Umgangssprache zum Ausdruck kommt. Der Präsident der Akademie, Padre Félix Restrepo, liest das prämiierte Originalmanuskript und führt sich auf wie eine der Romanfiguren — er sieht sich genötigt, den Schriftsteller zu bitten, einige anstößige oder, wie man in Kolumbien sagt, »unflätige« Worte zu korrigieren. Um sein Ansinnen zu übermitteln, bedient er sich der gutwilligen Hilfe des kolumbianischen Botschafters in Mexiko. Die beiden Worte, die er geändert sehen möchte, sind »Präservativ« und »masturbieren«.

»Ich bin bereit, eins von beiden zu streichen«, soll der Schriftsteller dem Botschafter gesagt haben. »Suchen Sie sich eins aus.« Die Angelegenheit hätte lächerlicher nicht sein können, ebenso wie das Verhalten der Drucker aus Madrid, die sich als Hüter der Reinheit der Sprache fühlten und im Roman alle Ausdrücke »madrilenisierten«, die in Spanien nur schwer zu verstehen waren. Als er die Ausgabe in die

Hand bekommt, bleibt García Márquez nichts anderes übrig, als sie nicht anzuerkennen. Die zweite Auflage des Romans wird 1966 in Mexiko herausgegeben. Eine Vorbemerkung begleitet sie:

»(...) Als *Die böse Stunde* 1962 zum erstenmal veröffentlicht wurde, erlaubte sich ein Korrektor, bestimmte Ausdrücke zu verändern und den Stil glattzubügeln, und zwar im Namen der Reinheit der Sprache. Heute erlaubt sich der Autor seinerseits, die Verstöße gegen die Grammatik wieder herzustellen ebenso wie die stilistischen Barbareien, und zwar im Namen seiner souveränen und eigenmächtigen Willkür.«

Die böse Stunde * treibt das moralische Anliegen auf die Spitze; ein Anliegen, das sich aufgrund der schmutzigen Ereignisse während der *violencia* und des despotischen und verbrecherischen Regimes, das seit April 1948 im Land herrschte, im Bewußtsein von García Márquez entwickelt hatte. *Die böse Stunde* zeigt deutlich das Bedürfnis, direkter darauf zu antworten und weniger mit einer Literatur, die Anforderungen an die Erfindungsgabe stellt. Zumindest eines beweist, daß García Márquez nicht leichten Herzens dem Druck des »Kompromisses« nachgegeben hat: er bleibt dem Universum seiner Personen treu, indem er einige seiner früheren Figuren wieder aufgreift. Die Handlung spielt nicht, wie einige Kritiker vermutet hatten, im Macondo von *Laubsturm*, sondern in einem nicht näher beschriebenen Dorf. Deutlich ist die Behutsamkeit des Autors spürbar, getreu der Vorstellung, das Phänomen der *violencia* könne ausschließlich in seinen Konsequenzen behandelt werden.

Die Geschichte der Schmähschriften, die er ursprünglich in Paris entwickelt hatte, hatte im Laufe der Jahre Gestalt ange-

*Die folgenden Seitenangaben beziehen sich auf die deutsche Ausgabe von 1979.

nommen. Eigenartig ist, daß einige der Personen bereits in den Erzählungen von *Das Leichenbegängnis der Großen Mama* skizziert sind. Dennoch ist *Die böse Stunde* keine Weiterführung dieser Erzählungen, das Gegenteil ist der Fall: im langen Schaffensprozeß des Romans entstanden aus einigen »Abfallepisoden« Erzählungen, die zu verschiedenen Zeiten geschrieben wurden. Die erste Episode des Romans endet damit, daß Cesar Montero Pastor ermordet. Sofort taucht der von Zahnschmerzen geplagte Bürgermeister auf und bringt uns zu der Erzählung *An einem dieser Tage* zurück, aber in *Die böse Stunde* zieht sich diese Episode über einen sehr viel längeren Zeitraum hin. Der Mörder wird vom Bürgermeister verhaftet, und Pater Angel informiert uns, daß Cesar Montero an und für sich ein guter Mensch sei. Die erste, Konflikte hervorrufende Person taucht in der Figur des Arztes auf, der die Autopsie vornimmt. Der Vorschlag dieses Doktors Giraldo steuert eine erste politische Information bei: im Dorf ist es unüblich, eine Leichenschau durchzuführen, denn für gewöhnlich tritt der Tod auf sehr viel brutalere Weise ein und wird nicht von behördlichen Formalitäten begleitet. Nach und nach werden die Personen des Romans aktiv: der nächste ist der Richter Arcádio, den der Bürgermeister bittet, die Leichenschau behördlicherseits zu veranlassen. Einige Funktionen werden deutlich: Pater Angel zum Beispiel zensiert die im Dorfkino vorgeführten Filme nach religiösen Kriterien und gibt das Ergebnis seiner Zensur jeweils durch eine bestimmte Anzahl von Glockenschlägen bekannt — eine pittoreske Aufgabe. Im kleinkrämerischen Dorfalltag kommt es jedoch zum Streit: Pater Angel hat sich geirrt und hat den vorgesehenen guten Film irrtümlich als böse eingestuft, was den vergeblichen Protest des Kinobesitzers heraufbeschwört. Nachdem die wichtigsten Figuren vorgestellt worden sind, steuert der Roman das dramatische Fundament der Handlung an: verleumderische Schmähschriften tauchen auf. Diese Art von Gegeninformation hatte auf den ersten Blick nur das Ziel, dort die Wahrheit aufzudecken, wo es vorher nur Geschwätz und Gerüchte gegeben hatte. Auf diese Weise führt uns der Roman in das Klima des wachsenden Terrors ein, das sich nach einem flüchtigen Frieden wieder im Dorf ausbreitet. Der Richter hält das Auftauchen der Schmähschriften für unbedeutend. Sein Sekretär ist gegenteiliger Meinung – und er ist ein Mann, dem seit jeher die Vorgänge der *violencia* in jener entlegenen Gemeinde vertraut sind, wo alle Welt sich kennt und wo der Haß so lebendig ist, daß seine Konsequenzen unschwer zu entschlüsseln sind.

Bis hierher hat sich García Márquez kurzer Episoden bedient, Unterkapiteln oder Bildern, die die endgültige Struktur des Romans bilden, der aus zehn Kapiteln besteht. Vielleicht ist in *Die böse Stunde* etwas vom Lakonismus von *Der Oberst hat niemand, der ihm schreibt* spürbar. In *Die böse Stunde* allerdings ist der Eingriff des Autors erheblich deutlicher, obwohl Erzählung und Dialog weiter kontrapunktisch zueinander bleiben. Die erste folgenschwere Konsequenz der Schmähschriften haben Roberto Asís und seine Familie zu erleiden: sie enthüllen, daß seine Frau ihn betrügt und daß »seine« Tochter nicht seine Tochter ist. Es bleibt in der Schwebe, welche unvorhersehbaren Folgen die »Tratscherei« der Schmähschriften hat, die nur das wiedergeben, was auch sonst herumgetratscht wird. Die ehrenwerten Damen des Dorfes suchen Pater Angel auf und bitten ihn um seine Vermittlung: »Wir als Katholikinnen haben beschlossen, in dieser Angelegenheit Stellung zu nehmen« (S. 50), teilt eine von ihnen mit. Pater Angel schenkt der Angelegenheit wenig Beachtung, denn er ist davon überzeugt, in all den Jahren die Moral und die Sitten seiner Pfarrkinder wiederhergestellt zu haben. Außerdem ist er davon überzeugt, daß, nach der »politisch schwierigen Phase«, die man durchgemacht habe, »die

Familienmoral (...) unangetastet geblieben (sei)« (S. 54).
Den ersten Beweis dafür, daß die Geschichte von *Die böse
Stunde* nicht in Macondo spielt, liefert Pater Angel übrigens
selbst, als er von Pater Antonio Isabel vom Allerheiligsten
Altarsakrament (eine Figur aus *Ein Tag nach dem Samstag*)
spricht. »›Wer war das?‹ fragen ihn seine Gesprächspartne-
rinnen. ›Der Priester, der mein Nachfolger in Macondo war‹,
sagte Pater Angel. ›Er war hundert Jahre alt.‹« (S. 55) Während der Alltag im Dorf weitergeht, wächst die Angst vor
den Schmähschriften. Ihre Vermehrung bricht allmählich die
äußerliche soziale Normalität auf und erzeugt Spannungen
bei denen, die noch nicht in den Schmähzetteln bloßgestellt
worden sind. Der mächtige Don Sabas und der Arzt Giraldo
halten ihre Skepsis mit einem Argument aufrecht: alles, was
in den Schmähschriften steht, war der Bevölkerung insgeheim schon längst bekannt. Der Bürgermeister hingegen hat
allen Grund, den Schmähschriften Aufmerksamkeit zu
schenken: schließlich ist er für den sozialen Frieden verantwortlich, und wenn er hinnehmen würde, daß die »Papier-
chen« diesen sozialen Frieden zersetzen, käme dies einem
Eingeständnis seines Scheiterns gleich. Dieses Scheitern
rückt allerdings bedrohlich näher, denn die ersten Einwohner verlassen bereits das Dorf. Später, als er die Wiederein-
führung der Sperrstunde beschließt, wird sein Scheitern
offensichtlich. Schritt für Schritt ist die Spannung gestiegen,
und der Terror faßt erneut Fuß im Dorf. Der Bürgermeister
leidet mittlerweile unter unerträglichen Zahnschmerzen
und dringt gewaltsam mit seinen Helfershelfern in das
Sprechzimmer des Zahnarztes ein; mit einer Demonstration
seiner Macht, zwingt er ihn, ihm den Zahn zu ziehen. So
greift García Márquez die Episode von *An einem dieser Tage*
auf. Von der Wirklichkeit besiegt, bleibt dem Bürgermeister
nur die Wahrsagerin Casandra: das, was seine Autorität
nicht herausbringen konnte, wird den Händen einer irratio-

nalen und unwahrscheinlichen Macht übergeben.»Es ist das
ganze Dorf und niemand«, das ist der Spruch der Casandra.
Die Spannung ist noch weiter gewachsen und die bewaffneten
Patrouillen halten nachts Wache.»Verschwenden Sie kein Pul-
ver an Aasgeier, Leutnant« (S. 179) steht in der Schmähschrift,
die sogar an der Haustür des Bürgermeisters auftaucht. Die
Verhaftung von Pepe Amador auf dem Hahnenkampfplatz
führt uns deutlich vor, wie die alten repressiven Methoden
erneut praktiziert werden, und daß das einzige, was das
Dorf erwartet, die Ausbreitung und der Höhepunkt des Terrors ist, den es längst überwunden glaubte. Alles, was auf
den folgenden Seiten geschieht, ist bis in die letzte Einzelheit
durch das allmähliche und hinterlistige Scheitern der örtli-
chen Behörde gerechtfertigt. Es bleibt die Repression und
die aus der Ohnmacht erwachsende Brutalität. Die letzten
Seiten akzentuieren noch einmal den politischen Aspekt des
Romans, der auch vorher schon überdeutlich war: »Zwei
Jahre lang reden, (...) und noch immer derselbe Ausnahmezustand, dieselbe Pressezensur, dieselben Beamten«, liest der
Richter Arcadio in einem der illegalen Flugblätter, die der
Frisör des Dorfes verbreitet. (S. 197) Die Ermordung von
Pepe Amador bedeutet keineswegs das Ende der Schmäh-
schriften. Der Richter flüchtet aus dem Dorf, und der Kreis
schließt sich um den bereits verzweifelten Bürgermeister.

»›Hurensohn‹, schrie er plötzlich. ›Und wenn er sich fünfzig
Meter unter der Erde versteckt und wenn er in den Bauch
seiner Hurenmutter zurückkriecht — wir holen ihn heraus,
tot oder lebendig. Die Regierung hat einen langen Arm.‹«
(S. 222)

Sogar Pater Angel gerät in Konflikt mit dem Bürgermeister,
als er den »verschwundenen« Leichnam des Pepe Amador
zu sehen verlangt. Allein mit dem Delirium seiner Macht
und dem Verbrechen als einziger Alternative setzt der Bür-

92

germeister den letzten dramatischen Akzent der Erzählung. Der Ermordung von Pepe Amador, der hysterischen Reaktion des Bürgermeisters, der dem Geistlichen und dem Arzt droht, sie niederzuschießen, als sie ihn nach der Leiche fragen, folgt eine trügerisch friedliche Stille. Es ist nur der trügerische Frieden, der durch eine kurze Waffenruhe neuen Terror heraufbeschwört. Denn zum Schluß erfahren wir von Mina (einer Figur, die auch in *Künstliche Rosen* vorkommt), daß die Schmähschriften erneut aufgetaucht sind.

Was ist der historische Rahmen dieses Romans, der ihm Sinn als imaginäre Schöpfung verleihen könnte? Die *violencia* ging nach der 1953 von Rojas Pinilla angebotenen nationalen Versöhnung scheinbar zurück. In Wirklichkeit sollte sie sich ausbreiten, sich politisieren und eine stabile Guerillabewegung hervorbringen. Wahrscheinlich ist der historische Rahmen von *Die böse Stunde* dieser: der Terror, den die Bevölkerung von 1948 bis 1953 erlebte, und der kurze Waffenstillstand oder die »neue Zeit« (1953). Doch ungeachtet der offiziellen Verlautbarungen erwacht der Terror zu neuem Leben. Das wäre die Epoche der Schmähschriften und die Eskalierung der Gewalt, die die Behörden erzeugen. Da sollten auch die Verschwörungsmethoden entstehen (die »häusliche« Ebene des Dorfes ist der mikrokosmische Ausdruck einer sehr viel umfassenderen Wirklichkeit), die sich über das ganze Land ausbreiten.

Man kann annehmen, daß in *Die böse Stunde* die »poetische Umsetzung der Wirklichkeit« auf eine schwer zu umschiffende Klippe traf: der politische und moralische Abscheu, den die *violencia* bei García Márquez hervorrief sowie das Bedürfnis, unmittelbar auf das historische Phänomen zu antworten, das jenen Abscheu hervorgerufen hatte. Als García Márquez von den Unterschieden zwischen *Der Oberst hat niemand, der ihm schreibt* und *Die böse Stunde* spricht, unterstreicht er, daß beide Romane in demselben Dorf spielen, das nicht Macondo ist. Gleichzeitig weist er auf die mögliche historische Einordnung von *Die böse Stunde* hin: »in der unmittelbaren Geschichte, im Kontext Kolumbiens; man kann praktisch die Daten festlegen.« Das Thema der Einsamkeit wird fortgeführt. *Laubsturm*: die hartnäckige Loyalität. *Der Oberst hat niemand, der ihm schreibt*: die einsame Würde des Obersts, und ein Kontrapunkt: die schreckliche Einsamkeit der Macht, personifiziert im Bürgermeister.

Der *boom*. Hundert Jahre Einsamkeit:
Ruhm und Vermögen

Die Veröffentlichung von *Hundert Jahre Einsamkeit* und die
ungeheure Popularität des Romans hat zu der ebenso spon-
tanen wie im Nachhinein nicht mehr genau bestimmbaren
»Explosion« geführt, die man später als *Boom der lateinamerikanischen Literatur* (oder schlicht *boom*) bezeichnet hat.
Deshalb ist es wohl sinnvoll, dem Phänomen des *boom* ein
Kapitel zu widmen. Man kann weder ein Datum noch im
Einzelnen die Form oder die Art und Weise bestimmen, wie
Mitte der sechziger Jahre das Phänomen des *boom* Gestalt
annahm — Ambiguitäten dagegen gibt es genug. In Spanien
scheint der Durchschnittsleser unter dem Ausdruck *boom*
die Gesamtheit der lateinamerikanischen Schriftsteller zu
verstehen. Das, was kaum bestimmbare Ursachen hatte,
sollte ebenso wenig bestimmbare Folgen haben. Jede Annäherung an dieses Phänomen bewegt sich zwischen zwei Polen: Soziologische und historische Überlegungen stehen auf
der einen Seite, die Beschäftigung mit einigen Autoren und
Werken, die zwischen 1963 und 1970 erschienen sind, auf der
anderen.

Keiner der Schriftsteller, die dem *boom* zugerechnet wurden, war vor diesem Datum einem größeren Publikum bekannt gewesen noch hatten seine Bücher eine nennenswerte
Verbreitung im Ausland gefunden oder waren je ein Faktor
auf dem Übersetzungsmarkt gewesen. Deshalb soll kurz auf
die Vorgeschichte dieses Phänomens eingegangen werden —
sie besteht aus zwei Phasen, die sich mehr oder weniger
deutlich voneinander absetzen.

Die erste Phase: im Laufe der Jahre war eine Literatur von
hoher Qualität entstanden, die die Fehler und Ausschwei-

fungen des Regionalismus, wie er sich in verschiedenen Ländern Lateinamerikas in früheren Jahrzehnten gezeigt hatte, überwunden hatte. In diesem Sinn sei an die ersten Werke von Alejo Carpentier, Juan Carlos Onetti, Jórge Luis Borges oder Júlio Cortázar erinnert, die noch vor den fünfziger Jahren geschrieben worden waren, oder an berühmte Vorgänger wie Felisberto Hernández oder Macedonio Fernández. Das Werk dieser Autoren, das in den siebziger Jahren wieder entdeckt wurde, könnte man ebenfalls zur Vorgeschichte des *boom* rechnen. Autoren wie Borges oder Carpentier hatten eine gewisse Berühmtheit erreicht und waren in verschiedene Sprachen übersetzt worden. Andere, wie Onetti, standen noch am Rand, sie waren unbekannt oder zumindest nicht sehr bekannt. Ein Roman wie *Pedro Páramo*, geschrieben 1955, hatte bis 1964 lediglich vier Auflagen gehabt. Vergleichbares geschah mit Romanen von Carpentier wie *Das Reich von dieser Welt* (1944) und *Die verlorenen Spuren* (1949), Schlüsselwerken für die Überwindung des Regionalismus und für den Beginn dessen, was man später den »magischen Realismus« nennen sollte. Der Geist der Erneuerung, der den Schriftstellern des *boom* eigen war (nur wenige von ihnen hatten vor 1962 ihre ersten Werke veröffentlicht), findet in Autoren früherer Generationen seine Vorbilder. Es handelt sich dabei nicht um »Einflüsse« im wörtlichen Sinn, sie wirken eher wie ein System *kommunizierender Röhren* und führen von Macedonio Fernándes, Felisberto Hernández und Jorge Luis Borges zu den ersten Erzählungen von Júlio Cortázar. Dieselbe Beziehung besteht zwischen Carpentier und García Márquez.

Es ist unwahrscheinlich, daß es sich um direkte Einflüsse handelt. Sicher hingegen ist, daß durch den *boom* einige dieser Vorläufer von ihren »Nachfolgern« mit nach oben gerissen worden sind, wie durch die Wirkung einer sich ausbreitenden Explosionswelle, die noch in den nachfolgenden Jahrzehnten

Rückwirkungen haben sollte. Der *boom* (die» Explosion«)
hat zur Folge, daß einige der »Älteren« wiederentdeckt werden — viele, wie Borges, Carpentier und Onetti befinden sich
auf dem Höhepunkt ihres literarischen Schaffens, wie man an
den neuen Erzählungen des ersten, an der Veröffentlichung
von *Explosion der Kathedrale* von Carpentier (Original
1962) oder *Die Werft* von Onetti (1964) erkennen kann oder
an *Rayuela / Himmel und Hölle* (1963) von Cortázar. Andere
Vorläufer (Leopoldo Marechal oder José María Arguedas)
sollten noch einige Zeit am Rande bleiben. Eine zweite Phase
in der Vorgeschichte des *boom* ist durch ein historisches, besser gesagt politisches Ereignis gekennzeichnet: die kubanische Revolution. Seit ihrem Sieg hat fast die Gesamtheit der
lateinamerikanischen Schriftsteller (bemerkenswerte Ausnahme: Borges) in verschiedenen Formen ihre Solidarität mit
dem revolutionären Prozeß ausgedrückt. Das kurz nach der
Revolution von den USA über Kuba verhängte wirtschaftliche, politische und kulturelle Embargo führte auf der Insel zu
einer Politik der »offenen Arme«. In den ersten zehn Jahren
ihrer Existenz fand die kubanische Revolution in bedeutenden lateinamerikanischen Schriftstellern (wie z.B. García
Márquez, C. Fuentes, J. Cortázar, J.C. Onetti, J. Rulfo, Mario
Vargas Llosa) eine Art privilegierter Fürsprecher. Die Revolution selbst, ihre Herausforderung gegenüber dem Imperialismus, die Phantasie, mit der schnell Lösungen für dramatische Probleme der Unterentwicklung gefunden wurden
(Analphabetismus, Gesundheit und öffentliche Erziehung/
Schulwesen) fand Anklang im Bewußtsein der fortschrittli-
chen Welt. Und sie erregte die Neugier von Amerikanern und
Europäern gegenüber einer Kultur, der lateinamerikanischen
nämlich, die man bis dahin eher nachlässig oder paternali-
stisch zur Kenntnis genommen hatte. Nicht nur die kulturelle
Aktivität Kubas erregte Aufsehen in der Welt. Auch die kulturelle Dynamik, mit der ein Kontinent sein Schicksal korrigier-

te, wie sie in Kuba sichtbar wurde und wie sie sich in der fortschreitenden kämpferischen Bewußtwerdung der lateinamerikanischen Völker äußerte.

Die bedeutendsten Schriftsteller Lateinamerikas verkündeten unermüdlich die Errungenschaften der kubanischen Revolution; sie reisten regelmäßig zu Kongressen und Wettbewerben, sie brachten das, was André Malraux »lyrische Illusion« genannt hätte, zur Unterstützung Kubas mit. Dies alles weckte die Neugier von Lesern, die begierig waren, zu erfahren, was im Leben jenes Kontinents geschah, der, von der Nicht-Kommunikation gegeißelt und von der Desinformation verdüstert, bald zum Schauplatz von Aufständen wurde. Es ist schwierig, sich die Schnelligkeit der Verbreitung der lateinamerikanischen Literatur vorzustellen (der erzählenden Prosa insbesondere), wäre nicht dieser historische Vorläufer gewesen. »Vorläufer« ist eigentlich nicht ganz richtig, besser gesagt, handelt es sich um ein zeitgenössisches, gleichzeitig stattfindendes Phänomen, denn das Erscheinen zahlreicher Autoren und Werke innerhalb weniger Jahre scheint das ständige Voranschreiten der kubanischen Revolution zu begleiten. Buenos Aires und Mexico Stadt, die Zentren einer Verlagsindustrie, die damals die fehlende spanische Produktion ersetzte, wurden zu Drehscheiben der lateinamerikanischen Literatur. Anfang der siebziger Jahre wurde einigen wenigen, aber dafür beharrlichen spanischen Verlegern die Bedeutung dieses Phänomens klar. Als der Verlag Seix Barral 1963 dem blutjungen Mario Vargas Llosa für seinen Roman *Die Stadt und die Hunde* den Preis *Biblioteca Breve* überreichte, reagierte er auf höchst spektakuläre Weise auf die Entstehung eines Phänomens, das Jahre später *boom der lateinamerikanischen Literatur* getauft wurde. Ein Jahr später ging derselbe Preis an Guillermo Cabrera Infante für *Drei traurige Tiger*, drei Jahre später an Carlos Fuentes für *Hautwechsel*.

98

Carlos Barral, Mentor des Preises und damals Direktor von Seix Barral, erklärte das Phänomen des *boom* mit deutlichen Worten. Befragt, welche Auswirkung die kubanische Revolution gehabt habe, antwortete er:

»Ich glaube, sie hat viel dazu beigetragen, daß eine Reihe von politischen Verbindungen entstanden, die in einer so unterschiedlich gearteten und ausgedehnten Welt, wie der lateinamerikanische Kontinent es ist, wahrscheinlich sehr notwendig waren. Ich möchte damit sagen, daß sie in bestimmter Hinsicht zumindest die politischen Standpunkte eines großen Teils der Schriftsteller dieser Generation vereinigt hat.«

Seine eigene Rolle als Promotor des *boom* unterschätzte der katalanische Verleger durchaus nicht, wenn er klugerweise dieses Phänomen auf andere Ursachen als auf schlichte Verlagswerbung zurückführte.

»Der *boom* hat sich so schnell entwickelt, daß es nicht nur schwierig ist, festzustellen, *wie,* sondern auch, *wann* er angefangen hat. Ich weiß es nicht — als ich den ersten Roman von Vargas Llosa veröffentlicht habe, gab es den *boom* noch nicht. Dieser Roman hatte einen außergewöhnlichen Erfolg und zur Folge, daß auch andere lateinamerikanische Autoren die allgemeine Aufmerksamkeit erregten. Und der unerwartete Erfolg von García Márquez hat dazu beigetragen, ein Phänomen zu konsolidieren, das bereits existierte.«

1967, als *Hundert Jahre Einsamkeit* und *Hautwechsel* veröffentlicht wurden, befindet sich der *boom* auf seinem Höhepunkt. Einige journalistische und literarische Publikationen, die jeweils unterschiedlichen Verlagsstrategien entsprechen, reflektieren dieses Phänomen in Lateinamerika. Eine treibende Kraft war auch die Wochenzeitung *Primera Plana* in Buenos Aires, eine weitere die Beilage der Wochenzeitung

Siempre in Mexiko. In Paris sorgte die Zeitschrift *Mundo Nuevo* für enthusiastische und polemische Verbreitung von Rezensionen, Kritiken und Reportagen, in denen über die Romanproduktion der lateinamerikanischen Schriftsteller informiert wurde. *Mundo Nuevo* sollte eine Debatte auslösen, die, wie alles, was die Kulturpolitik der kubanischen Revolution berührte, kaum verheilte Wunden im Bewußtsein von Sympathisanten und Gleichgültigen wieder aufriß. Die von Emir Rodríguez Monegal geleitete Zeitschrift wurde offenbar auf seltsam verschlungenen Kanälen von Geldern des CIA finanziert, was aber die Leistung von Emir Rodríguez Monegal nicht schmälert. Auf der anderen Seite stand die Zeitschrift *Casa de las Americas,* herausgegeben von der gleichnamigen kubanischen Institution, die bis 1967 oder sogar bis einschließlich 1969 von einer vergleichbaren Euphorie getragen wurde, bevor Spaltungen und Polemiken begannen. In Ländern, wo Schriftsteller in dritter Klasseabteilen reisten, wo die Marginalisierung sie nur durch ein Wunder überleben ließ und wo selbst die Reputation der Besten sie nicht vor inquisitorischen Verhören schützen konnte, in jenen Ländern wurden Mitte der sechziger Jahre Romanautoren zu Personen von öffentlichem, fast weltpolitischem Interesse. Die berühmtesten (García Márquez, Carlos Fuentes, Júlio Cortázar) erfreuten sich ungewöhnlicher Popularität, und man wunderte sich kaum noch, sie jahrelang und wahrscheinlich gegen ihren Willen in Zeitschriften auftauchen zu sehen, die ansonsten eher Filmstars und Schlagersängern vorbehalten waren. Die Explosionswelle des *boom* brachte mitunter ein ohrenbetäubendes Geklapper an Aufschneiderei und Spektakel mit sich. Ich erinnere nicht daran, um mich zum Richter darüber aufzuspielen. Im Gegenteil: ich versuche, die Reichweite abzuschätzen, die tatsächliche und die künstliche, die der *boom* beim gebildeten wie beim durchschnittlichen Publikum hatte, wo einige

Schriftsteller auf eine »Kundschaft« stießen, wie sie es sich nie hätten träumen lassen. Man verschlingt die Bücher der »Älteren«, denn in ganz Lateinamerika beteiligen sich Akademiker und gebildete Mittelschichten an der Wiederentdeckung eines Bewußtseins, das jahrelang verschüttet gewesen war. Carlos Barral liefert eine weitere Erklärung des Phänomens. Seine Erklärung berührt weniger die Qualität der Romane der lateinamerikanischen Autoren, die er durch diverse Preise bereits anerkannt hatte; sie bezieht sich eher auf eine nicht vorhandene europäische Literatur:

»Was die europäische Literatur angeht, scheint mir der Fall klar zu sein. Die europäische Literatur hat sich in den letzten Jahren auf eine formalistische Spekulation zurückziehen müssen, die bestimmt sehr nützlich ist und auf die die zukünftige Literatur in einigen Jahren enorm bauen kann. Aber sie entspricht tatsächlich einer Krise, nämlich der Tatsache, daß man nichts zu sagen hat.«

Carlos Fuentes als brillanter und mitunter spektakulärer Franktireur trieb mit seiner köstlichen Ironie das Urteil auf die Spitze. Über den *nouveau roman* (Robbe-Grillet, M. Duras etc.) schrieb er, er sei »vor allem ein Möbelverzeichnis«.
Tatsächlich aber waren es nicht die vermeintlichen Schwächen in Europa, die die lateinamerikanische Literatur und insbesondere den *boom* stützten. Es war vielmehr die ihm eigene Dynamik und die fast überraschende Anzahl von Werken, die in wenig mehr als einem Jahrzehnt veröffentlicht wurden. Es waren die politischen und historischen Ursachen, die oben bereits dargelegt worden sind. Und es war die Hartnäckigkeit, die die jungen Romanautoren — selten waren sie älter als vierzig Jahre — an den Tag legten. Außer, daß sie hervorragende Erzähler waren, hatten sie ein Netz von Freundschaften und Affinitäten geschaffen, die an einen

Privatclub mit Niederlassungen in Buenos Aires, Mexiko Stadt, Paris, London und Barcelona denken lassen. Ein köstliches Buch von José Donóso (*Meine persönliche Geschichte des boom*) * gab Zeugnis von diesem Phänomen, das schon 1973 nur noch in der Erinnerung existierte. Nicht wenige Meinungsverschiedenheiten und Spaltungen hatte es seitdem aus politischen Gründen gegeben, die unmittelbar mit der kulturellen und ideologischen Verhärtung der kubanischen Revolution zusammenhingen, obwohl das »große Publikum« noch an die Existenz dieses exklusiven Privatclubs lateinamerikanischer Autoren glaubte, dem auch einige spanische Kollegen nahestanden, wie Juan Goytisolo, Caballero Bonald, Carlos Barral oder José María Castellet beispielsweise.

Man sollte nicht vergessen, daß sich auf dem Höhepunkt des *boom* (1967) bereits einige Werke der Gunst von Kritikern und Lesern erfreuten. *Explosion in der Kathedrale* von Carpentier war 1962 veröffentlicht worden, *Rayuela* von Cortázar 1963. Carlos Fuentes hat zwischen 1959 und 1962 *Landschaft in klarem Licht* und *Nichts als das Leben* veröffentlicht. Aus dem Jahr 1963 stammt *Die Stadt und die Hunde* von Mario Vargas Llosa. Eine Meisternovelle von José Donóso, *Ort ohne Grenzen*, erschien 1967. *Drei traurige Tiger*, ein Roman, der das Produkt einer nächtlichen Kneipentour von James Joyce im Havanna der 50er Jahre hätte sein können, zeigt den einzigartigen kubanischen Erzähler einer Epoche, in der dieser noch nicht die Dissidenz und das europäische Exil gewählt hatte. In der Geschichte von García Márquez zählt ein kleines Detail, das sich vor der Publikation von *Hundert Jahre Einsamkeit* ereignet hat: der Verlag Editorial Sudamericana bat ihn 1966 um die Rechte für die Neuausgabe seiner vorherigen Romane. Bereits in diesem Jahr sind

* In: *Mythos und Wirklichkeit*, a.a.O., S. 237-248.

sich Kritiker und Leser einig: *Der Oberst hat niemand, der ihm schreibt* ist eine der perfektesten Schöpfungen der lateinamerikanischen Erzählkunst. In jenem Jahr sprechen die »Jungen« von ihren »Vorbildern«: Mario Vargas Llosa von Onetti, Fuentes von Borges, García Márquez von Rulfo und Carpentier, Cabrera Infante von Lewis Caroll und Joyce. Cortázar erinnert an Macedónio Fernández und an Roberto Arlt, ohne Borges zu vergessen. Einig ist man sich auch unter anderem, Felisberto Hernández vor dem Vergessen zu retten, jenen Uruguayer mit den seltsamen und wunderbaren Einfällen. Sehr viel jüngere Autoren, um die dreißig herum, die gerade ihre ersten Romane veröffentlicht haben, werden von der Welle mit hochgerissen: Manuel Puig veröffentlicht in Buenos Aires *Der Verrat von Rita Hayworth*. Die Mexikaner José Augustín, José Emílio Pacheco und Gustavo Saínz entdecken sich als »Schüler« einer Strömung, die in Fuentes zwar nicht ihren »Meister«, zumindest aber ihren Mentor gefunden hat. Es sind die Autoren von *De perfil*, *Morirás lejos* und *Gazapo*. * Juan Rulfo begrüßt enthusiastisch das Erscheinen von *José Trigo* von Fernando del Paso. Aus der Hand Cortázars scheint der Roman *Nosotros dos* (»Wir zwei«) des Argentiniers Néstor Sánchez zu sein. García Márquez erinnert sich der Existenz von Cépeda Samúdio, und *Editorial Sudamericana* veröffentlicht *La casa grande* (»Das Herrenhaus«), jene überwältigende, nüchterne und gleichzeitig poetische Erzählung über das Massaker auf den Bananenplantagen. Nach 1960 vergeht kein Jahr, ohne daß nicht ein neuer Erzähler entdeckt oder ein »alter« wiederentdeckt worden wäre. *Paradiso* von Lezama Lima wird 1966 veröffentlicht. Das Werk eines Poeten, gewichtig und umstritten in seinem monumentalen Glanz, wird mit einem

---

* »Im Profil«, »Du wirst weit entfernt sterben«, »Junges Kaninchen«. (Anm. d. Übers.)

Vorwort von J. Cortázar veröffentlicht, Kommentare von Octavio Paz und Mario Vargas Llosa folgen, sowie Kritiken von fast allen Journalisten, die zur Konsolidierung des *boom* beigetragen hatten.

Nie zuvor hatte sich die lateinamerikanische Literatur mit so klar voneinander abgegrenzten literarischen Wegen präsentiert. Ein Mißverständnis europäischen Ursprungs neigt dazu, dem *boom* eine gewisse Uniformität zuzuschreiben. Nichts ist weiter von der Warheit entfernt: das nervöse, diskursive, lyrische und entmystifizierende Stakkato eines Carlos Fuentes hat nichts zu tun mit der hedonistischen, spielerischen, doppeldeutigen und mysteriösen Vorstellungskraft eines Júlio Cortázar in *Rayuela* beispielsweise. García Márquez hat weder mit dem einen noch mit dem anderen etwas zu tun. Mario Vargas Llosa geht von einem brutalen Realismus aus und verzerrt ihn auf seine Weise durch die Vermischung von Erzählerbericht und Dialog, von zeitlichen und räumlichen Spielen, die sich durch fast sein gesamtes Werk ziehen. Onettis Darstellungen der Liebe, deren mitunter peinigende Visionen und die neurotischen und einsamen Wesen seiner Romane sind Lichtjahre entfernt von der maßlosen Liebe im Werk eines García Márquez, dessen einsame Wesen nicht dem alltäglichen Leben zu entstammen scheinen, sondern der Zeitlosigkeit der Legende. Donóso kommt nur auf den ersten Blick vom regionalistischen Realismus her, er ist mit dem nordamerikanischen Roman vertraut und verfeinert seine persönliche Sensibilität mit einer kauzigen »goyesken« Perspektive, die unter seinen Zeitgenossen ihresgleichen sucht. Cabrera Infante vermählt die Tropen mit dem Tropicana, dem berühmtesten Nachtclub Kubas, und vereint das Wortspiel seiner nächtlichen Kneipenzüge mit einer Tradition, die von Lewis Caroll herrührt, über James Joyce geht und sich mit Vladimir Nabokow trifft, wenn er versucht — und der Versuch gelingt — das

Topische der Sprache in tropische Semiologie zu verwandeln. Fast nichts schließlich haben diese Schriftsteller gemein, die sich an historischen, weit zurückliegenden und mitunter weit entfernten Vorbildern orientieren: García Márquez an der griechischen Tragödie und an Faulkner (und offensichtlich hat er nicht umsonst den Berührungspunkt zwischen griechischer Tragödie und Kriminalroman gefunden), Fuentes erinnert an das Labyrinth aus urbanen Fragmenten von Don Passos, Cortázar läßt nicht vom Abenteuer der Dadaisten und Surrealisten ab (Raymond Roussel, Jacques Vaché, Tristan Tzara, Marcel Duchamps) und nicht von seiner Nähe zu Poe und Borges.

Nur eines ist diesen Autoren gemein: sie bleiben ihrer Berufung, einem einmal erschaffenen persönlichen Universum, treu, und sie halten an stilistischen Optionen fest, die, für sich genommen, unverzichtbare Bestandteile ihrer Epoche sind. Der *boom* als Initiationszeremonie ist so notwendig wie überwindbar. Als sich die ersten Symptome seines Niedergangs zeigen, kann man damit beginnen, nacheinander die Werke jener Autoren zu analysieren, die seine Protagonisten gewesen sind. Die Schließung eines Klubs bedeutet nicht das Verschwinden seiner Mitglieder. In diesem Rahmen vollzieht sich die Entstehung und die Veröffentlichung von *Hundert Jahre Einsamkeit.*

Das Wunder von 1965

In seinem Haus im Viertel San Angel Inn, wo er mit seiner Frau und seinen beiden Söhnen lebt (der zweite Sohn, Gonzalo, ist mittlerweile geboren), versucht García Márquez, sich von der Obsession freizuschreiben, die ihn seit seinem achtzehnten Lebensjahr verfolgt hat, als er in jugendlichem Übermut *La casa*, den unausführbaren Roman, schreiben wollte. Seine Arbeit als Drehbuchautor hat er beendet. Seine journalistische Aktivität ist gleich null. Kein Artikel, keine Reportage, keine Chronik ist aus jener Zeit bekannt. Nachdem er *Prensa Latina* verlassen hat, hat er den Journalismus links liegen lassen, in der Werbung gearbeitet und enthusiastische Ausflüge in die Kinowelt unternommen. Seit der Veröffentlichung von *Die böse Stunde* ist keine literarische Arbeit mehr von ihm herausgekommen. Als Schriftsteller erlebt er eine Krise. Wer weiß, woher er jeden Monat die 200 Dollar nimmt, um die Miete für sein Haus in San Angel zu bezahlen. Seinen Arbeitsbereich im Haus hat er » Die Höhle der Mafia« getauft. Die Journalisten, die ihn ab 1967 besucht haben, erinnern sich an ein Bild, das an der Wand hing: dasselbe, das der Oberst verkaufen will, um dem Elend zu entgehen, nachdem er sich davor gedrückt hat, die Uhr und den Hahn zu verkaufen. Eine »üppige Matrone« ist darauf zu sehen, »in Schleier eingehüllt, auf Sofakissen hingegossen schlummernd, während kleine Cupidos Girlanden aus Rosen um ihren Schlaf flechten«. So beschreibt der Journalist Ernesto Schoo für die Zeitschrift *Primera Plana* dieses Gemälde.

Weder Kritiker noch Journalisten sind in der Lage, über den Entstehungsprozeß eines Werkes zu schreiben. Der Ursprung eines Werkes befindet sich unter der Oberfläche, und manchmal kann nicht einmal der Autor selbst sagen, auf welche Weise es im Unbewußten gewirkt hat, welche Räume der Erinnerung es dabei besetzt hat und in welchem Moment es als bereits fertige Vorstellung wie eine Offenbarung die Oberfläche seines Bewußtseins durchstoßen hat. Mehr als zwanzig Jahre lang hatte sich eine Vorstellung bemerkbar gemacht, war dann wieder versunken, hatte sich abgekapselt und Anlaß für die Entstehung anderer Obsessionen gegeben.

Im Januar 1965 sitzt García Márquez in dem Opel, den er mit den 3.000 Dollar des Literaturpreises für *Die böse Stunde* bezahlt hat. Er ist auf dem Weg von Mexiko-Stadt nach Acapulco. Das zumindest hat er jedes Mal wiederholt, wenn man ihn interviewt hat. In diesem Augenblick geschah das »Wunder«. Die schlafende Vorstellung war an die Oberfläche gekommen, unversehrt und vital. Ihm hatte sich offenbart, was einmal *Hundert Jahre Einsamkeit* werden sollte. »Ich hatte es so klar vor Augen«, sagte er später, »daß ich das erste Kapitel sofort einer Sekretärin hätte diktieren können.« Die Fahrt nach Acapulco wurde abgebrochen. Ob real oder fiktiv, die Anekdote gehört bereits zur Legende. Schon Monate vorher hatte er seinem Freund Mendoza gestanden: »Ich habe bis jetzt mit meinen Büchern immer den sichersten Weg eingeschlagen. Ohne etwas zu riskieren. Jetzt habe ich das Gefühl, daß ich am Rand entlanggehen muß (...) So ist alles auf der Grenze zwischen Erhabenem und Kitsch.« (S. 82) Gabriel hatte mit Plinio A. Mendoza über *Hundert Jahre Einsamkeit* gesprochen.

Im Januar 1965 stürzt sich García Márquez in dieses Abenteuer. Die erste Idee, und vielleicht auch die einzige, die ihn die schlafende Vorstellung jahrelang deutlich erkennen ließ, ist »ein Bild, das mir vor Augen steht – denn der Ausgangspunkt für ein Buch ist bei mir ein Bild, nicht eine Idee oder ein Konzept – und zwar das von einem alten Mann, der ein Kind mitnimmt, um das Eis kennenzulernen, das als Sehenswürdigkeit im Zirkus ausgestellt ist.« Erinnern wir uns an das Kind Gabriel José, das im Aracataca seiner Kindheit von seinem Großvater in den Zirkus mitgenommen wird. Dort lernt Gabriel in der Niederlassung der Bananengesellschaft das Eis kennen, in dem die Seebrassen gelagert werden.

In jenem Januar 1965 stand dieses Bild nicht mehr isoliert da, es rief andere Erinnerungen wach und regte ihn an. Achtzehn Monate lang — erzählt García Márquez, und die Chronisten wiederholen es — verwandelte sich die »Höhle der Mafia« in den Raum eines freiwilligen Gefangenen, der zusah, wie der Roman von ganz allein ins Rollen kam, wie sich die Schulden anhäuften, wie der Opel verkauft wurde und Rechnungen sich auf 10.000 Dollar summierten. Zwei oder drei Päckchen Zigaretten pro Tag. Acht bis zehn Stunden vor der Schreibmaschine. Die ersten fertigen Kapitel gelangen in die Hände von Freunden. Sie sind nicht mehr *work in progress,* sondern definitive Teile eines Romans, »der sich selbst schreibt«, wie es bei Romanen geschieht, bei denen der Autor den Weg verfolgt, den der Verlauf der Geschichte selbst ihm fast tyrannisch vorschreibt. Als Carlos Fuentes die ersten fünfundsiebzig Seiten erhält, antwortet er voller Bewunderung mit einem Artikel in *Siempre!:*

»Macondo wird zu einem universalen Territorium, zu einer fast biblischen Geschichte von den Anfängen, den Generationen und dem Verfall, einer Geschichte vom Ursprung und dem Schicksal der Zeit des Menschen und den Träumen und Wünschen, mit denen die Menschen sich erhalten oder sich zerstören.«

Anfang des Jahres 1966 bietet Editorial Sudamericana ihm an, seine früheren Bücher neu aufzulegen; García Márquez schlägt statt dessen den noch nicht beendeten Roman vor. Plinio A. Mendoza erzählt, daß Mercedes das Manuskript zur Post brachte. Wie die Frau des Obersts befürchtete sie, daß der Verleger möglicherweise kein Interesse daran haben könnte. Sie hatte so viele Schlappen erlebt, daß ihre Befürchtung gerechtfertigt erschien. Im Gegensatz dazu war der Autor »sicher, daß es gute Kritiken bekommen, nicht aber, daß es so ein Erfolg in der Öffentlichkeit werden würde«.

Im Juni 1967, nach phantastischen Gerüchten, die nach der Lektüre einiger Kapitel entstanden waren, erscheint bei Editorial Sudamericana *Hundert Jahre Einsamkeit*: Die ersten fünftausend Exemplare waren allein in Buenos Aires innerhalb von vierzehn Tagen verkauft. »Innerhalb von dreieinhalb Jahren«, so berichtet Vargas Llosa, »wurden fast eine halbe Million Exemplare verkauft, und die Neuauflagen der früheren Bücher von García Márquez erreichten ebenfalls bis dahin im spanischen Sprachraum unerreichte Auflagenhöhen.« Greifen wir vor, und berichten wir über die internationale Reaktion: 1969 erhält die italienische Übersetzung den »Chianchiano-Preis«, im selben Jahr wird *Hundert Jahre Einsamkeit* in Frankreich zum »Besten ausländischen Buch« erklärt. Ein Jahr später findet sich der Roman in der englischen Übersetzung von Gregory Rabassa unter den »zwölf besten Büchern des Jahres«. Im Sommer 1967 lernen sich García Márquez und Mario Vargas Llosa, der in Caracas den Preis »Rómulo Gallegos« für *Das grüne Haus* entgegennimmt, auf dem Flughafen kennen. Bislang hatte zwischen den beiden Schriftstellern nur eine Brieffreundschaft bestanden. Sie hatten sogar die Idee gehabt, gemeinsam, sozusagen »vierhändig« einen Roman zu schreiben, und zwar über den Marionettenkrieg zwischen Kolumbien und Peru im Jahre 1931, einen der aberwitzigsten und lächerlichsten Vorfälle in der Geschichte der beiden Länder. Einige Monate nach dem Erscheinen von *Hundert Jahre Einsamkeit* hatte Gabriel García Márquez gegen zwei ihn belastende Dinge anzukämpfen: seine Schüchternheit und seine rasant anwachsende Berühmtheit. Vargas Llosa erinnert sich, daß García Márquez weiterhin seine saloppe Kleidung trug, daß er ein Karibe mit bunten Hemden und karierten Jacketts war. Der Kontrast zwischen García Márquez und seinem gerade prämiierten Kollegen sprang geradezu ins Auge: die überschäumende Lebenskraft von García Márquez und die vom städtischen Lima geprägte Feinheit von Mario Vargas Llosa, die mit einem spürbaren Touch London versetzt war. *Camajan* nennt man an der kolumbianischen Karibikküste den typischen Mann aus dem *barrio* *, den trinkfesten Rumbatänzer, eine Mischung aus Zuhälter und kleinem Taschendieb. Er gleicht in etwa dem *pachuco* ** aus Mexiko. Zwischen dem einen und dem anderen muß sich das Bild bewegt haben, das García Márquez nach außen abgab. Aber die immense Schüchternheit war ihm geblieben, und mit den Jahren und der wachsenden Berühmtheit hat sie sich in Vorsicht und Mißtrauen verwandelt. Aber dort, beim Kongress in Caracas vermittelt er ein anderes Bild: das eines Mannes, der zum ersten Mal im Rampenlicht steht und der mit Verblüffung feststellt, wie berühmt er ist. Aber etwas von dem Galgenhumor aus seiner Zeit als Journalist und trainiertem Kneipenbummler aus dem »Happy« in Barranquilla und den Gelagen in *La Cueva* ist ihm geblieben, wo Alfonso, Germán und Álvaro von Faulkner und Hemingway sprachen und sich in trüben Kaschemmen bis zum Morgengrauen betranken. Beim Kongreß 1967 zeigt García Márquez seine Vorliebe für die *boutade* (die *mamadera de gallo* der Küstenbewohner) und verwirrt das Publikum. Er bekennt, seinen berühmten Roman habe in Wirklichkeit Mercedes geschrieben, er blödelt über Rómulo Gallegos (»In *Canaíma* gibt es eine Beschreibung eines Hahns, die sehr gut ist«, gibt Mario Vargas Llosa eine Bemerkung wieder). Um die Kritiker zu verwir-

---

* Vorstadt, ärmliches Viertel (Anm. d. Übers.)
** Kleiner Vorstadt-Macho (Anm. d. Übers.)

ren, die sich so verdientermaßen ernsthaft mit seinem letzten Roman auseinandersetzten, karikiert er sich selbst. In späteren Jahren sollte er diese Ausflucht zum System machen: er banalisiert das, was er insgeheim denkt, widerspricht früheren Erklärungen und erzählt nach Lust und Laune Märchen. Dieses Verhalten ist weniger ein bezeichnender Charakterzug seiner Persönlichkeit als eine Verteidigungsstrategie.

Gebildet und ausgezeichnet informiert, scheint er uns daran zu erinnern, daß die Bücher gelesen werden, um gleich darauf vergessen zu werden. Anti-intellektuell, zieht er vor, sich nicht in Konzepten oder Abstraktionen auszudrücken, sondern in Anekdoten. Er hatte seine Lektion doppelt gelernt – als Kind hatte er seinen Tanten und der Großmutter gelauscht, und in seiner Jugend wurde er im Journalismus unterrichtet. In jenem August 1967 enthüllt García Márquez eine weitere Eigenschaft seiner Persönlichkeit: wegen der Panik, die ihn überfällt, wenn er vor ein wie auch immer geartetes Publikum tritt, kultiviert er die Übertreibung, um seine Ideen zu verdeutlichen. Von Bogotá, wo er mit Mario Vargas Llosa und dem Kritiker José Miguel Oviedo ankommt, fährt er nach Lima und Buenos Aires. In Bogotá ist er Mittelpunkt eines beispiellosen Presseaufgebots. In Buchhandlungen und Konferenzräumen gibt er Autogramme, gegen seinen Willen, aber die Leser kommen spontan mit seinem Buch unter dem Arm zu ihm. In Lima führt er mit Mario Vargas Llosa ein langes Gespräch, aus dem biographische Daten und einige Deutungen zu seinen Romanen hervorgehen. Er kommt in Buenos Aires an, kehrt nach Bogotá zurück und entschließt sich, von Mexiko aus nach Barcelona überzusiedeln. Es ist ein neuer Abschnitt in seinem Leben. Nur diesmal ist es nicht der Sprung ins Nichts, den ein »Hungerkünstler« macht, sondern der Sprung eines Mannes, der mit 39 Jahren vom Ruhm überrascht wurde.

Hundert Jahre Einsamkeit

Vereinfachen wir: *Hundert Jahre Einsamkeit* ist die Geschichte einer Familie, der Buendía. Treiben wir die Vereinfachung noch weiter: der Roman beschreibt wie ein Kreis die Erschaffung einer Welt (Macondo) und ihren Untergang, der schon von Beginn an vorgezeichnet ist. Er ist Genesis und Apokalypse. Diese oberflächlichen Beschreibungen stimmen zwar, aber die Wahrheit des Romans, das, was innerhalb jenes Kreises geschieht, ist sehr viel komplexer und so reich, daß es schwierig wird, es auf eine Geschichte zu reduzieren. Aber diese Geschichte existiert, und sie ist so durchsichtig, daß lediglich die familiären Verzweigungen und die Ereignisse, in denen ihre Mitglieder die Hauptrollen spielen, den falschen Eindruck ihrer Nichtexistenz hervorrufen.

»Viele Jahre später sollte der Oberst Aureliano Buendía sich vor dem Erschießungskommando an jenen fernen Nachmittag erinnern, an dem sein Vater ihn mitnahm, um das Eis kennenzulernen.« (S. 9)*

Von Anfang an kündigt sich die Zeit des Romans in ihrer Kreisförmigkeit an. Es ist die Zeit, in der Macondo gegründet wird, und jenes Macondo »war damals ein Dorf aus zwanzig Häusern aus Lehm und Bambus am Ufer eines Flußes mit kristallklarem Wasser, das dahineilte durch ein Bett aus geschliffenen Steinen, weiß und riesig wie prähistorische Eier.« (S. 9) Die mystische Zeit des Romans (»biblische« Zeit behaupten einige Kritiker zu Recht) wird eröffnet mit der Ankunft der Gründer, sie setzt sich fort mit der historischen Zeit, die durch die Kriege des Obersts Aureliano Buendía in die Erzäh-

---

* Die Seitenzahlen beziehen sich auf die deutschen Ausgaben von 1970 und 1982 (KiWi 3).

lung eingeführt wird und die einen großen Teil für sich in Anspruch nehmen. Es folgt das Zeitalter des Überflusses und der Tod einiger Personen (der ersten), und der Leser erlebt den Zerfall oder das Versinken Macondos. Die Verbindung zwischen dem Mythos (zeitlos) und der historischen Zeit (genau erkennbar und meßbar) verdient eine genauere Betrachtung. Es ist nicht verwunderlich, daß das Auftauchen von Melchíades uns in die mystische Zeit einführt, denn schließlich verdankt man ihm und seinen skurrilen Erfindungen, die José Arcadio Buendía unablässig und bis zum Wahnsinn beschäftigen, daß alle möglichen Erfindungen der Menschheit Macondo erreichen. Von der Magie bis zur Alchimie — als ob Macondo von seiner Gründung an alle von der Menschheit durchlebten Epochen durchlaufen würde —, alles ist in jener Gründungsepoche enthalten. Das Fernglas und die Lupe und der Magnet werden von »jenem anmaßenden Wesen, das behauptete, den Schlüssel Nostradamus zu besitzen«, hergebracht. Alle seine Geheimnisse enthüllt er José Arcadio, der in dieser Beziehung »den Beginn einer großen Freundschaft« sieht. Und es ist auch nicht seltsam, daß der kaum fünfjährige Junge Aureliano für alle Zeit »und den Rest seines Lebens« sich an das erinnern soll, was Melchíades José Arcadio erzählt, und an die »phantastischen Berichte«, die ein anderer José Arcadio, sein jüngster Sohn nämlich, »seiner gesamten Nachkommenschaft« hinterlassen sollte.

Bereits auf den ersten Seiten von *Hundert Jahre Einsamkeit* beginnt die Saga der Buendía mit der Bestimmtheit einer nicht vorhersehbaren Projektion in der Zeit des Romans, die die Zeit oder die Nicht-Zeit des Mythos und die meßbare Zeit der historischen Realität ist. Mythologische oder auch biblische Zeit: »In jenem Paradies aus Feuchtigkeit und Schweigen vor dem Sündenfall, wo die Stiefel in die dampfenden Ölpfützen versanken und die Buschmesser blutende

Lilien und goldene Salamander köpften, wurden die Männer von ihren ältesten Erinnerungen heimgesucht.« (S. 20) Der Entdeckung von Macondo drängt sich die erste Konsequenz aller märchenhaften Entdeckungen auf: man muß den Dingen ihren Namen geben, nachdem man sie mit dem Finger bezeichnet hat. Wie in der Vorgeschichte der Menschen, stellt sich Oberst Aureliano Buendía Macondo als eine »von allen Wassern umgebene Insel« vor, eine Überzeugung, die José Arcadio selbst teilt.

Da sich die Menschen in der Welt, die sie erschaffen haben, allein fühlen und ohne den Schutz, den der Mensch gegenüber der Natur benötigt, ist es logisch, daß die von Melchíades mitgebrachte Wissenschaft José Arcadio bis zum Wahnsinn fasziniert. Wenn die Dinge von der »Pest des Vergessens« (den »unendlichen Möglichkeiten des Vergessens«, sagt der Erzähler) bedroht sind, muß man sie mit einem Namen festhalten. Gegenüber der unberührbaren Realität des Mythos nimmt die Notwendigkeit der Realität überhand. Das irdische Paradies nimmt eine vergnügte demographisch faßbare Form an:

»In wenigen Jahren war Macondo das ordentlichste und arbeitsamste Dorf von all denen, die seine dreihundert Einwohner bisher gekannt hatten. Es war wahrlich ein glücklicher Ort, in dem niemand älter als dreißig Jahre und in dem noch niemand gestorben war.« (S. 18)

José Arcadio Buendía ist der Begründer der dörflichen Organisation und der phantastischen Kulisse. Aber ausgerechnet er läßt sich von der Suche nach Erfindungen verführen, von seiner Sehnsucht, die Welt kennenzulernen, und zur Bestürzung von Ursula, die mit beiden Beinen auf dem Boden der Wirklichkeit steht, vernachlässigt er das Gemeinwesen völlig. José Arcadio interessiert sich nicht im geringsten dafür, seine Wurzeln zu suchen, was bedeuten würde, die Fähr-

te des Gründers, dem ersten Aureliano Buendía, zurückzu-
verfolgen. Jene Topographie ist in Wirklichkeit auf das Ge-
naueste zu erkennen (»die Sierra«, »die Sümpfe«, »die große
Halbinsel«). Auf dem Höhepunkt seiner Heldentaten weiß
José Arcadio, daß die einzige Route, die ihn interessiert, die
nach Norden ist. Alles fasziniert ihn in jener unerforschten
Welt, die er hartnäckig durchquert, bis er auf das Meer stößt,
eine Tatsache, die ihn zu der Überzeugung führt, Macondo
sei von allen Seiten von Wasser umgeben. Nur der Wirklich-
keitssinn Ursulas und die Existenz seiner beiden Söhne, die
er bis dahin kaum wahrgenommen hatte, hält ihn davon ab,
unbekannte Welten zu erforschen, und läßt ihn schließlich in
Macondo bleiben. Als die Zigeuner zurückkommen, hofft
José Arcadio darauf, Melchíades wiederzutreffen, aber Melchíades ist gestorben. Das erste Kapitel, das damit beginnt,
daß Aureliano Buendía sich daran erinnert, wie er das Eis
kennengelernt hat, endet mit der Beschreibung derselben
Entdeckung, diesmal aus der Sicht von José Arcadio. »Das
ist die größte Erfindung der Welt«, (S. 28) ruft José Arcadio
vor den Zigeunern aus, die ihn für die Erlaubnis, das Eis an-
zufassen, bezahlen lassen. Der erste konzentrische Kreis des
Romans hat sich geschlossen. Gleich darauf öffnet er sich
wieder, um auf die Vergangenheit zurückzugreifen, auf die
Umstände, die José Arcadio Buendía dazu bewegten, auszu-
wandern und jenes Dorf namens Macondo zu gründen. Er
hatte wegen einer Beleidigung Prudencio Aguilar getötet.
Die Gewissensbisse quälen ihn, und da Prudencio Aguilar
wie ein Gespenst immer wieder auftaucht, werden José Arcadios Gewissensbisse immer unerträglicher. In einer Welt,
in der die Grenzen zwischen der Wahrscheinlichkeit und der
ungeheuerlichsten Phantasie kaum zu erkennen sind, ist es
logisch, daß sich José Arcadio von seinem Opfer verfolgt
fühlt. Also macht er sich mit seiner Frau auf den Weg, zieht
über die Sierra, eine endlose und erschöpfende Reise und so

voller Ereignisse, daß man sie als zeitlos bezeichnen könnte. In Macondo phantasiert José Arcadio von einer gleißenden Stadt, erbaut aus Blöcken von Eis, während Ursula, die bereits drei Kinder geboren hat, die ungewöhnliche Männlichkeit ihres Sohnes José Arcadio entdeckt, der bereits ein »überdimensionaler junger Mann« ist. Hier führt García Márquez ein besonderes Element seines Romans ein: die ungewöhnlichen Liebesgewohnheiten der Familie Buendía. Die Sinnlichkeit, die Suche nach einem maßlosen Vergnügen, das Abenteuer der Körper, die jenseits der Entdeckung ins Unbewußte eindringen, enthüllt gleichzeitig eine inzestuöse Tendenz, die sich durch die gesamte Sippe ziehen sollte. Als der junge José Arcadio mit Pilar Ternera schläft, (»in einer undurchdringlichen Dunkelheit, in der seine Arme überflüssig waren, wo es nicht mehr nach Frau, sondern nach Ammoniak roch«, (S. 38), trifft er auf das Gesicht Ursulas, seiner Mutter. Pilar Ternera, Mädchen – Hure, »war ebenfalls bei dem Auszug dabeigewesen, der in der Gründung von Macondo gipfelte«. Der jüngere Aureliano wird von seinem Bruder José Arcadio in die wunderbaren Geheimnisse seiner Beziehung zu Pilar Ternera eingeweiht, die darauf ein illegitimes Kind von ihm zur Welt bringt. Die Wiederkehr der Zigeuner führt den feurigen José Arcadio in ein neues Abenteuer. Er ist zu jeder Untat bereit, die Natur hat ihn mit einem ungeheuren Schatz versehen. Die zarte Zigeunerin erliegt diesem Wunder, das erst Ursula, dann Pilar und nun sie entdeckt (wie Gargamelle ihrerseits die wunderbare Männlichkeit des Gargantua entdeckt), er ist ein junger Mann, der für die sinnlichen Genüsse wie geschaffen scheint. Er flieht mit den Zigeunern und erfüllt Ursula mit Gram, nicht jedoch José Arcadio Buendía, seinen Vater, der die Möglichkeit sieht, daß sein Sohn zum Mann wird. Ursula zieht hinter den Zigeunern und ihrem Sohn her, und ihr Mann folgt ihr bestürzt, nachdem er die kleine (neugeborene) Amaranta einer Am-

me anvertraut hat. Nach »drei Tagen ergebnisloser Suche«
kehrt er in das Dorf zurück. Verzweifelt über den Verlust
von Frau und Kind vertieft er seine Beziehungen zu seinem
Sohn Aureliano. Die überraschende Rückkehr Ursulas, die
schließlich den Zigeunern nicht weiter folgte, ist eine weitere
Überraschung in der Kette von unerwarteten Ereignissen,
die sich im Innern dieser konzentrischen Kreise, den Kapiteln des Romans, präsentieren. Ursula hat den Weg gefunden, den ihr Mann José Arcadio nicht hatte finden können,
und hat eine Reihe von Männern und Frauen mitgebracht,
die ebenfalls die in Macondo gesprochene Sprache sprechen.
Die nächste Episode verzeichnet die Ankunft von Rebeca,
einer entfernten Verwandten, die von den Buendías adoptiert wird. Gleichzeitig breitet sich die Pest der Schlaflosigkeit aus, und Aureliano, der von seinem Vater die Leidenschaft für die Alchimie und die Erfindungen geerbt hat, ist es
schließlich, der die geeignete Formel findet, um sich gegen
das Vergessen zu wappnen: man muß den Dingen Namen
geben und ihre Funktionen aufschreiben. Noch bedeutungsvoller allerdings ist die Ankunft des Landrichters Apolinar
Moscote, den José Arcadio Buendía wütend aus dem Dorf
vertrieben hatte und der zurückkommt; schließlich muß José Arcadio die Anwesenheit einer »übergeordneten« Autorität akzeptieren. José Arcadio sagt ihm unverhohlen den
Kampf an: »›Wir stellen Ihnen zwei Bedingungen‹, fügt er
unerbittlich hinzu. ›Die erste: Ein jeder darf sein Haus an-
malen, wie er will. Die zweite: Die Soldaten gehen sofort
heim. Wir bürgen für die Ordnung.‹« (S. 74)
Das ehemals idyllische und patriarchalische Dorf Macondo
hat in Zukunft mit einer neuen, störenden Präsenz zu rechnen. Indem es sich der Welt öffnet, das heißt, einer umfassenderen Realität, zu der auch die »übergeordnete« Präsenz einer Regierung gehört, ist Macondo nicht mehr das, was es
einmal war. Am Ende dieses Kapitels entdeckt Aureliano

Remedios, eine der Töchter des Landrichters. Die Fortsetzung dieses Vorspiels ist unschwer zu erraten. »Das Bild Remedios, der jüngsten Tochter des Landrichters, die dem Alter nach seine Tochter hätte sein können, schmerzte irgendwo in seinem Körper. Es war eine körperliche Empfindung, die ihn beim Gehen belästigte wie ein Steinchen im Schuh.« (S. 74)

Eine köstliche Festzeremonie, während der wir den »höchst kultivierten« Pietro Crespi und, bereits zu jungen Mädchen herangewachsen, Rebeca und Amaranta entdecken, führt uns in eine noch neue Welt von Formen und Formalitäten ein, die darauf hindeuten, daß Macondo bereits über die Subtilitäten und Ambiguitäten einer gesellschaftlichen Bildung verfügt. Auch wenn man Pietro Crespi trotz seiner äußerlichen Attraktivität für einen harmlosen »Schwulen« hält, sind es seine Manieren, seine Lehren und andere, so weltläufige wie extravagante Aktivitäten, die den Enthusiasmus seiner Schülerinnen hervorrufen. Man darf vermuten, daß der Autor hier mit subtiler Ironie die »aristokratische« Erziehung aufs Korn nimmt, die in Macondo gerade eingeführt wird. Bereits in der Episode, als Ursula, in Begleitung von Männern, Frauen, Mauleseln und mit Lebensmitteln eingedeckt, von ihrer Expedition zurückkehrt, ist die mystische Zeit zuende gegangen, und Macondo tritt in eine historische Dimension ein. Die Nachfahren der Gründer sind nun zu elfenhaften Wesen herangewachsen, die sich auf ein sozial »höhergestelltes« Leben vorbereiten. Die unschuldige Obsession Aurelianos für Remedios, die sein Laboratorium der seltsamen Erfindungen betritt (der wieder auferstandene Melchíades ist anwesend und hockt desinteressiert in seiner Ecke), verschlimmert sich noch angesichts der Flucht des jungen Mädchens. Aureliano verkörpert also die verrückte Liebe, die Verzweiflung des Liebenden, der zwischen seinen Hoffnungen und seiner Unschuld nichts anderes sieht und tun kann, als zuzusehen, wie der Kummer seine Liebesphantasien steigert. Er ist der Gegenpol zu seinem Bruder, dem Flüchtling, jenem José Arcadio mit seiner Männlichkeit, die ebenso eindrucksvoll ist wie sein Penis, der ihn in der Erinnerung Ursulas (seiner Mutter) und der beiden Frauen berühmt gemacht hatte, die er vor seiner Flucht aus Macondo besessen hatte: Pilar Ternera und die zarte Zigeunerin, die sein Verschwinden verursacht hatte. Die Zeit, die so unmerklich wie schwindelerregend verläuft, zeigt uns einen verrückt gewordenen José Arcadio, der Lateinisch redet und an den Stamm der großen Kastanie angebunden ist. Für ihn ist die Zeit stehengeblieben, es ist nach wie vor Montag, und er bemerkt keine Veränderung in der Natur. Sein Sohn Aureliano arbeitet weiter in seiner Goldschmiedewerkstatt und heiratet Remedios, die Verlobungszeit zwischen Rebeca und Pietro Crespi dauert an und der illegitime Sohn von Aureliano und Pilar Ternera wird geboren. »›Ich erkenne ihn an‹, sagte er. ›Er soll meinen Namen tragen‹.« (S. 95) Womit sowohl die Sippe weitergeführt als auch die Wiederholung der Namen zu einer nicht mehr aufzuhaltenden Familientradition wird. Aureliano José, der »Bastard«, wird von Remedios adoptiert. Zwischen den Moscote und den Buendía entstehen engere Beziehungen. Die Rückkehr von José Arcadio (»so arm, wie er ausgezogen war« [S. 111]), sein riesiger Körper, gigantisch und stark, führt erneut das ungehemmte Leben in eine Erzählung ein. José Arcadio »war fünfundsechzigmal um den Erdball gefahren« (S. 112) und noch am selben Tag, an dem er angekommen ist, geht er ins Bordell; er macht Eindruck mit seiner wunderbaren Männlichkeit und weiß, daß er *damit* leben kann, denn die Frauen verlosen ihn unter sich und stellen ihn wie eine Trophäe zur Schau. Die guten Manieren, die die Buendías sich zugelegt haben, werden von dieser monumentalen Bestie beleidigt, die ein gegrilltes Spanferkel verschlingt und rülpst. Seine Unflätigkeit ist ebenso ausufernd wie die Sinnlichkeit, die er verströmt. Seine eigene Schwester, Rebeca, »verlor die Selbstbeherrschung«, als José Arcadio ihr sagt: »Bist ein Mordsweib, Schwesterchen.« Der Inzest wird schließlich vollzogen, als Rebeca wie behext in das Zimmer von José Arcadio geht:

»Sie mußte sich übernatürlich anstrengen, um nicht zu sterben, als eine verblüffend beherrschte Zyklonenkraft sie an der Taille hochhob, sie mit drei Griffen ihrer Unterwäsche entledigte und sie zermalmte wie ein Vögelchen. Sie konnte noch gerade Gott für ihre Geburt danken, bevor sie in dem unbegreiflichen Genuß jenes unerträglichen Schmerzes das Bewußtsein verlor, während sie in dem dampfenden Sumpf der Hängematte plantschte, welche die Explosion ihres Blutes wie Löschpapier verschluckte.« (S. 113 f.)

»Drei Tage später heiraten sie während der Fünfuhrmesse.« Die Dauerverlobung zwischen Rebeca und Pietro Crespi hatte drei Tage vorher, genauer gesagt, am Tag der zyklonenhaften Besitzergreifung, ihr melancholisches Ende gefunden. Von Ursula aus dem Haus gewiesen, schlagen sich José Arcadio und Rebeca durch, und ihre Flitterwochen scheinen die Fortsetzung jenes ersten wilden Paarungsritus zu sein, als sie, auch in dem Glauben, sie wären Geschwister, nicht einen Moment gezögert haben, den Inzest zu vollziehen. In Wirklichkeit sind sie es nicht. Das verkündet Pater Nicanor von der Kanzel. Dem gekränkten Crespi bleibt nichts anderes übrig, als sich zum Trost mit Amaranta zu verloben. Zu diesem Zeitpunkt dringt das politische Element in den Roman, das bisher fast abwesend gewesen war — es läßt sich bereits als ruhestörendes Element im Leben Macondos erahnen. Apolinar Moscote erzählt Aureliano von dem Krieg, den die Liberalen gegen die Konservativen führen wollen. Aureliano versteht nicht, wie man sich »zu einem Krieg versteigen kann wegen Dingen, die nicht mit Händen zu greifen waren« (S. 118), aber er empfindet Sympathie für die Liberalen und ist anderer Meinung als Moscote, sein Schwiegervater, der für die Wahlen »sechs gewehrtragende Soldaten ins Dorf kommen ließ«. Aureliano ist anwesend, als sein Schwiegervater die Stimmzettel fälscht, und in dem Moment kommt er zu der Überzeugung, daß »die Liberalen in den Krieg gehen werden«. Hier führt der Roman endgültig in eine vollkommen bestimmbare historische Zeit ein. Aureliano läßt sich nicht vom Terrorismus des falschen Doktor Alirio Noguera verführen, auch wenn er insgeheim auf der Seite der Liberalen steht. Erst als ein Trupp Soldaten Macondo besetzt, bemerkt er, daß der Krieg ausgebrochen ist. Noguera wird auf dem Dorfplatz standrechtlich erschossen. »Die liberale Erregung erlosch in stummem Schrecken.« (S. 124) Der Moment der Entscheidung ist da und Aureliano trifft sie:

»›Bring die Jungens auf Trab‹, sagte er. ›Wir ziehen in den Krieg.‹ Gerineldo Márquez traute seinen Ohren nicht.
›Mit was für Waffen?‹ fragte er.
›Mit den ihren‹, erwiderte Aureliano.
Dienstag um Mitternacht nahmen einundzwanzig mit Tischmessern und geschliffenen Eisenbolzen bewaffnete, noch nicht dreißig Jahre alte Männer unter Aureliano Buendías Anführung die Garnison durch einen halsbrecherischen Handstreich, bemächtigten sich der Waffen und erschossen im Innenhof den Hauptmann und die vier Soldaten, die besagte Frau ermordet hatten.« (S. 124)

Arcadio (der illegitime Sohn von José Arcadio und Pilar Ternera) wird zum »Zivil- und Militärchef« Macondos ernannt. Aureliano wirft sich in »die Dummheit«, den Krieg, aber für ihn ist es keine »Dummheit«, sondern Krieg. »›Und nennen Sie mich nicht mehr Aurelito‹«, verlangt er von seinem Schwiegervater Moscote. Ab jetzt ist er Oberst Aureliano

Buendía. Der legendäre Held, der »zweiunddreißig bewaffnete Aufstände anzettelte und sie allesamt verlor«, ist geboren. Es ist der mythische, einsame und hartnäckige Held der Föderalen Kriege, den wir bereits in früheren Romanen García Márquez' haben auftauchen sehen. Aureliano erlebt sein illusorisches Abenteuer, und Arcadio setzt sich in Macondo mit dem Impuls eines Despoten durch. »Macht korrumpiert«, besagt ein alter Gemeinplatz. Und Arcadio, der despotische Chef, hat sich soweit korrumpieren lassen, daß er sogar von Ursula abgelehnt wird. Die melancholische Liebe zwischen Pietro Crespi und Amaranta findet keine Erfüllung, und der Italiener mit den Musikmaschinen bringt sich verzweifelt um. Es ist die *Romanze* in der Erzählung, die spirituelle Natur der lyrischen Liebe, der Gegenpol zur primitiven Natürlichkeit eines José Arcadio. Macondo hat keinen Raum für illusorische Leidenschaften, wenn sie nicht gerade mit dem Krieg oder der Leidenschaft des Wissens zu tun haben, die im Verfall und der Verrücktheit von José Arcadio Buendía münden. Dieser wird neben Melchíades begraben. Arcadio, der kein Buendía ist, obwohl er es hätte sein können, nährt seine Leidenschaft für Pilar Ternera, seine Mutter. Und diese, obwohl die Lust sie kitzelt, lebt in einem Sumpf von Zweifeln, in der atavistischen Angst vor dem Inzest. Was den Krieg angeht, so treffen immer mehr Nachrichten von Niederlagen der Liberalen ein. Arcadio kommt schließlich über seinen Despotismus zu Fall. Vor dem Erschießungskommando ruft er ein »Hoch« auf die liberale Partei, nicht ohne vorher seinen letzten Wunsch geäußert zu haben: wenn sein Kind mit Santa Sofía von der Frömmigkeit ein Mädchen wird, dann soll man sie Remedios nennen.
Als der Krieg dem Ende entgegengeht, wird Oberst Aureliano Buendía gefangengenommen. In seiner bewachten Zelle ist der Oberst über die häuslichen Geschehnisse im Bilde: »Über Pietro Crespis Selbstmord, über die erlittene Willkür

und Arcadios Erschießung, über José Arcadio Buendías Unerschrockenheit unter der Kastanie. Er wußte, daß Amaranta ihre jungfräuliche Witwenschaft der Erziehung von Aureliano José widmete..« (S. 149) Als Oberst Aureliano Buendía vor dem Erschießungskommando steht, gelingt ihm die Flucht.

In der Zwischenzeit hat sich die Sippe durch die Geburt der Zwillinge vergrößert, den Söhnen von Santa Sofía von der Frömmigkeit, die auf die Namen José Arcadio Segundo und Aureliano Segundo getauft werden. Der Krieg ist damals ein unendlicher Neuanfang. Es ist nicht die Mutlosigkeit, die sich in der Seele von Oberst Aureliano Buendía breitmacht, sondern etwas Beunruhigenderes, dem Überdruß Vergleichbares.

»Eines Nachts fragte er Oberst Gerineldo Márquez:
›Sag mir eins, Gevatter: wofür kämpfst du?‹
›Wofür man kämpfen muß, Gevatter‹, erwiderte Oberst Gerineldo Márquez. ›Für die große liberale Partei.‹
›Sei froh, daß du es weißt‹, entgegnete er. ›Mir dagegen wird erst jetzt bewußt, daß ich aus Stolz kämpfe.‹« (S. 163)

Zwischen dem Krieg und der Entwicklung der Sippe besteht das Leben in Macondo aus einem Netz von Beziehungen, die sich wiederholen oder sich scheinbar wiederholen, als seien sie von jeher vom Schicksal vorher bestimmt gewesen. Der Inzest kommt in der ganzen Familie vor, die fast unmerklich verstreichende Zeit wird nur dann gespürt, wenn die Kinder nicht mehr Kinder sind, sondern Männer, die die Frau begehren, die sie großgezogen hat (Amaranta und Aureliano José). Nur Ursula widersetzt sich dem Altern. Die eiserne Gegenwart der Gründerin, die Stütze der Sippe, hält das Gleichgewicht einer Waage, die mal zum Wahnsinn oder zu dem schrecklichen Ort ausschlägt, an dem die Männer Opfer von Leidenschaften sind, die zunächst noch sinnvoll erscheinen (der Krieg), bevor sie im Skeptizismus (Oberst Aureliano Buendía) oder in der Melancholie (José Arcadio an der Kastanie angebunden) untergehen. Dieser Krieg, der »humanisieren« soll, tränkt sie noch mehr in Blut. Sogar Oberst Gerineldo Márquez nahm die »Leere des Krieges« wahr. Die »unwiderstehliche Leidenschaft seiner Jugend« (der Krieg) wird zu einem »fernen Bezugspunkt«. In Amarantas Nähstube, der Kulisse für eine weitere nutzlose, wenn auch gelassene Leidenschaft, verkörpert der »zivile und militärische Chef Macondos«, Oberst Gerineldo Márquez, dieselbe Agonie, die man bei seiner Rückkehr während des Augustregens an Oberst Aureliano Buendía feststellen wird.

Enttäuscht vom Krieg, verraten von ihren Mitkämpfern, die beschlossen haben, einen Pakt mit den Feinden zu schließen (»sie hatten geheime Bündnisse mit den konservativen Großgrundbesitzern geschlossen, um die Revision der Grundbesitztitel zu verhindern«), ziehen sich die Helden in die Enttäuschung zurück. Oberst Aureliano gelangt zu dem traurigen Schluß, »seine einzigen glücklichen Augenblicke seit dem fernen Nachmittag, an dem sein Vater ihn mitnahm, um das Eis kennenzulernen, hatte er in der Goldschmiedewerkstatt verbracht, wo seine Zeit beim Herstellen von goldenen Fischchen vergangen war.« (S. 200) Er geht also den entgegengesetzten Weg, und auf diesem Weg muß er auch auf die Grausamkeit zurückgreifen. Er kämpft »für seine eigene Befreiung«, und das bedeutet, das Eingestehen seiner Niederlage.

Die historische Zeit der Kriege ist einwandfrei nachvollziehbar und die Geschichte Kolumbiens beweist, daß García Márquez nichts anderes getan hat, als ihr die Daten für seine Fiktion zu entlehnen. Sobald sie in das unermeßliche Universum der Fiktion eingeführt sind, erhalten diese Daten eine klare und tragische Bedeutung. Es ist das tragische Gefühl von Aureliano Buendía, das allein Ursula versteht: »Die

Gefühle sind ihm verfault.« Nachdem er die Kapitulation unterschrieben und das Inventar der Güter seiner Truppe abgeliefert hat, »schoß er sich eine Pistolenkugel in den Jodkreis, den sein Leibarzt ihm auf die Brust gezeichnet hatte.« (S. 210) Aber die Kugel fügt ihm nicht den allerkleinsten Schaden zu. Der Jodkreis war eine gutgemeinte Kriegslist des Arztes gewesen. Mit dieser zum Lachen reizenden Episode, kehrt der Oberst ins Leben zurück, versehen mit dem traurigen Stigma eines Helden.

Die Sippe vermehrt sich weiter. Der erste Sohn von Maria Fernanda und Aureliano Segundo ist geboren, und er wird José Arcadio genannt:

»(...) Ursula hingegen konnte ein unbestimmtes Gefühl der Unruhe nicht verbergen. In der langen Familiengeschichte hatte die hartnäckige Wiederholung der Namen ihr erlaubt, Schlüsse zu ziehen, die ihr gültig erschienen.«

Jetzt ist sie zu der Überzeugung gekommen:

»Während alle Aurelianos verschlossen, aber gescheit waren, stellten die José Arcadios Impulsivität und Unternehmungslust zur Schau, hatten dafür aber eine Neigung zum Tragischen. Die einzigen nicht einreihbaren Fälle waren José Arcadio Segundo und Aureliano Segundo. In ihrer Kindheit waren die beiden einander so ähnlich und ausgelassen, daß nicht einmal Santa Sofía von der Frömmigkeit sie unterscheiden konnte.« (S. 214)

Zu dieser Zeit widmete sich Aureliano Segundo der Aufgabe, die von Melchíades hinterlassenen Manuskripte zu entziffern. Und Melchíades, gestorben und verjüngt, scheint ihm mit seiner Gegenwart beizustehen. Vielleicht ist jetzt die Gelegenheit, darauf hinzuweisen, daß die Anwesenheit von Melchíades, sei sie nun real oder gespenstisch, immer im Hin und Her der Erzählung spürbar gewesen ist.

»Aureliano Segundo erkannte ihn sofort, weil diese Erberin-
nerung sich von einer Generation auf die andere übertragen
hatte und vom Gedächtnis des Großvaters auf ihn gekommen war.« (S. 217)

Melchíades weigert sich, seine Manuskripte zu übersetzen,
als wollte der Erzähler sich weigern, eine noch nicht beendete Geschichte abzubrechen. Seine Anwesenheit ist für Ursula und die anderen unsichtbar, nicht jedoch für Aureliano
Segundo, der ihn jahrelang neben sich spürt. Petra Cotes
wird währenddessen seine Geliebte und die seines Bruders,
José Arcadio Segundo. Ursula ist schon fast hundert Jahre
alt, am Altersstar erkrankt und fast blind (wie die Großmutter von García Márquez im Haus in Aracataca). Im Glanz
seines Wohlstands ist Macondo ein friedliches Dorf. Aureliano Segundo heiratet Fernanda, ohne sein Abenteuer mit
Petra Cotes abzubrechen. Selbst als er verspricht, diese
Geliebte zu verlassen, die ihn in die Geheimnisse der Liebe
eingeweiht hatte, weiß er, daß er zu ihr zurückkehren wird,
denn mit Fernanda verbindet ihn nichts Aufregendes, da sie
»als Frau für das Leben verloren war«. »Sie war tausend Kilometer vom Meer entfernt geboren worden in einer düsteren
Stadt, durch deren gepflasterte Gäßchen die Karossen der
Vizekönige in Alptraumnächten ratterten.« (S. 240)

Die Sippe wird größer durch die unerwartete Ankunft der
siebzehn illegitimen Kinder des Obersts Aureliano Buendía.
Alle sind von der Aura der Einsamkeit umgeben und haben
die mystische Persönlichkeit des Vaters. Die Moderne gelangt mit der Lokomotive ins Dorf, mit dem elektrischen
Licht und dem von Don Bruno Crespi geführten Kino. Es
ist, als würde wie in der wirklichen Zeit Macondo den Übergang von einem Jahrhundert ins andere vollziehen. Große
zylindrische Grammophone kommen an und das Telefon.
Das Dorf ist von der Vorgeschichte seiner Gründung in die

Realität der Föderalen Kriege übergegangen und befindet sich plötzlich an der Schwelle unserer Zeit. Mr. Herbert und Mr. Brown kommen an und mit ihnen die unselige Bananengesellschaft. Es kommen Agronomen, Hydrologen, Topographen und Landvermesser, und das Dorf verwandelt sich in ein »Lager aus blechgedeckten Holzhäusern, bewohnt von Fremden, die aus der halben Welt im Zug angereist kamen, nicht nur auf den Sitzen und Plattformen des Zuges, sondern auch auf dem Dach der Wagen.« (S. 264)

Mit ihnen kommt der *Laubsturm,* auf den bereits im ersten Roman des Autors angespielt wurde. Der skandalöse Wohlstand, den Macondo erlebt, wird von Verschwendung und Aufschneiderei begleitet. Im Schoß der Familie jedoch gehen die Dinge ihren trügerischen Weg. Remedios die Schöne verzaubert die Fremden; ihr »Todesduft« verdreht ihnen den Kopf und hinterläßt Opfer. Eines Tages im März steigt Remedios zum Himmel auf, mit einem weißen Leintuch, eine Episode, die wie die Levitation des Priesters die Grenzen zwischen Realität und Imagination verwischt. Die Fremden haben eine derartige Unordnung über Macondo gebracht, daß Oberst Aureliano Buendía seinen Unmut nicht mehr zurückhalten kann:

»›Eines Tages‹, schrie er, ›werde ich meine jungen Leute bewaffnen, damit sie mit diesen Scheißgrünhörnern aufräumen!‹« (S. 278)

Die Ausrottung der siebzehn Söhne des Obersts Aureliano Buendía, die im Küstengebiet verstreut sind, schafft neue Verwirrung im Dorf und im Bewußtsein des Patriarchen und Gründers. Nur noch wenig Kraft ist ihm geblieben, um sich dem »ausländischen Eindringling« entgegenzustellen, denn nicht einmal Oberst Gerineldo Márquez ist bereit, ihm zu sekundieren.

»›Ach, Aureliano‹, seufzte er [Gerineldo Márquez], ›ich

wußte ja, daß du alt bist, aber jetzt merke ich, daß du viel älter bist, als du aussiehst.‹« (S. 284)

Als Oberst Aureliano Buendía stirbt (»Steckte den Kopf zwischen die Schultern wie ein Küken und blieb, die Stirn an den Stamm gelehnt, regungslos stehen«, S. 310), deutet sich der Anfang vom Ende der Sippe an. Meme, die Tochter von Aureliano Segundo und Fernanda durchbricht den Kreis der Absonderung von den Gringos und freundet sich mit Patricia Brown an, und zwar zur selben Zeit, als Amaranta mit außergewöhnlicher Resignation stirbt. Macondo ist bereits eine Stadt mit Automobilen und verleugnet seine alten ländlichen Bräuche. Meme bezeichnet einen Wendepunkt — ihre Erfahrungen außerhalb von Macondo und ihre Kultur machen sie zu einem entscheidenden »Faktor der Veränderung« für Sitten, die ihre Großeltern und Urgroßeltern mit maßlosem Entsetzen erfüllt hätten. Sie verliebt sich rasend in den arroganten Mauricio Babilonia. Aus dem Mund der greisen Pilar Ternera (ihrer Urgroßmutter) erfährt sie, daß ihre »rastlose Verliebtheit nur im Bett zu stillen« sei. (S. 334) Ihre Leidenschaft für Mauricio Babilonia grenzt an eine Verrücktheit, die in der Familie bereits seit Generationen wie ein von der Vorsehung gesetztes Zeichen erscheint.

»Widerstandslos gab sie sich Mauricio Babilonia hin, schamlos, formlos, dazu mit so natürlichem Freimut und so bewußter Einfühlung, daß auch ein argwöhnischerer Mann als er ihr Gebaren mit der reifsten Erfahrung hätte verwechseln können.« (S. 335)

Mauricio Babilonia, jener Mann, der Meme heimlich geliebt hat und der immer von Schwärmen von gelben Schmetterlingen begleitet ist, wird ein Opfer der Polizei, die ihm die Schulter durchlöchert. Er bleibt bis ans Ende seiner Tage gelähmt.

»Er starb alt und einsam, ohne eine Klage, ohne ein Aufbegehren, ohne seinem Geheimnis untreu zu werden, gefoltert von seinen Erinnerungen und den gelben Faltern, die ihm keinen Augenblick Frieden ließen, und öffentlich als Hühnerdieb gebrandmarkt.« (S. 336)

Aber er hat seinen Samen in Memes Leib zurückgelassen, die der Familie also einen weiteren Grund der »Schande« liefert.

Die Situation der Bananenarbeiter ist unerträglich geworden, und José Arcadio Segundo ruft sie zum Streik auf. Dieser verworrene Mann erscheint Fernanda plötzlich wie ein Anarchist. Ursula, hundertjährig und blind, erinnert er an Oberst Aureliano Buendía, und sie ist davon überzeugt, daß »es ist, als würde die Zeit nicht vergehen, sondern sich im Kreis drehen.« Es überrascht uns schon nicht mehr, daß die Geschichte der Buendía parallel zu den Veränderungen verläuft, die in Macondo vor sich gehen. José Arcadio Segundo betätigt sich unermüdlich als heimlicher Provokateur. Verhaftet und wieder freigelassen, nimmt er mit noch größerem Schwung seine Tätigkeit wieder auf. Bis der »Große Streik« ausbricht. Der Roman nähert sich damit einer seiner makabersten Episoden. Es ist die historische Erinnerung von García Márquez. Die Spannung erreicht ihren Höhepunkt, den Terror. Das Massaker an der Eisenbahnstation geschieht.

»Der Hauptmann gab den Befehl zum Feuern, und vierzehn Maschinengewehrnester antworteten. Doch alles schien nur eine Posse zu sein. Es war, als seien die Maschinengewehre mit Platzpatronen geladen, denn man hörte zwar ihr keuchendes Geknatter, man sah ihr weißglühendes Spucken, aber man merkte nicht die geringste Reaktion, nicht eine Stimme, nicht einmal ein Seufzen in der festgefügten Menge, die von augenblicklicher Unverwundbarkeit versteinert schien.« (S. 351)

»Als José Arcadio Segundo erwachte, lag er mit dem Gesicht nach oben im Dunkeln. Er merkte, daß er in einem endlosen, schweigsamen Zug fuhr, daß sein Haar blutverklebt war und daß ihn alle Knochen schmerzten. Er fühlte unerträgliche Müdigkeit. Bereit, viele Stunden zu schlafen, beschirmt gegen Terror und Horror, bettete er sich auf die am wenigsten schmerzende Seite, und erst jetzt entdeckte er, daß er auf Toten lag.« (S. 352)

»Es waren mehr als dreitausend«, das ist alles, was der Überlebende murmeln kann. So unwahrscheinlich war der Terror, daß es dreitausend, zweitausend, tausend oder... keiner gewesen sein konnte. Als es zur Legende geworden ist, wird das Massaker fast sofort aus dem kollektiven Gedächtnis getilgt. Oder, das andere Extrem, man schnürt es mit Übertreibungen zu. Die tatsächliche Geschichte ist sehr viel konkreter: »Es waren etwa dreitausend«. Die Version der Regierung sagt, daß »es keine Toten gegeben habe«. Aufgrund des Massakers stellt die Bananengesellschaft ihre Aktivitäten ein. Die Plünderungsgesellschaft ist am Ende, mit einem blutigen Epilog, so blutig, wie ihn Macondo in seinem hundertjährigen Leben oder seiner unmeßbaren Lebenszeit nicht erlebt hat. Sie hinterläßt ein besetztes Dorf, die Barbarei der militärischen Repression, die Ausrottung der »Übeltäter«.

»›Muß ein Traum gewesen sein‹, betonten die Offiziere beharrlich. ›In Macondo ist nichts passiert, passiert nichts und wird auch nichts passieren. Es ist ein glückliches Dorf.‹ So vollendeten sie die Ausrottung der Gewerkschaftsführer.«
»Der einzige Überlebende war José Arcadio Segundo.« (S. 356 f.)

Der Regen, der »vier Jahre, elf Monate und zwei Tage« andauerte, ist die zweite Pest, die Macondo heimsucht seit der Pest der Schlaflosigkeit.
Der Regen läßt ein ruiniertes Macondo zurück. Das Ende

der Sippe kündigt sich mit dem Tod von Ursula an, die versprochen hat, zu sterben, wenn der Regen aufhört. In der Zwischenzeit liest José Arcadio Segundo wieder in den Manuskripten des Melchíades. Alles in der Stadt ist ruiniert, die den gewaltigen und künstlichen Glanz gekannt hatte, den die Besatzer mitgebracht hatten.

»Die verzauberte Landschaft, die José Arcadio Buendía zur Zeit der Gründung erforscht hatte, und wo bald darauf die Bananenpflanzung geblüht hatte, war ein Morast verfaulter Stauden, an dessen fernen Horizont man mehrere Jahre hindurch den stummen Schaum des Meeres sehen konnte.« (S. 379)

Der Tod Ursulas geht ohne jede Dramatik vor sich, als seien alle insgeheim davon überzeugt gewesen, dieses Ende sei das lange und glücklich herbeigesehnte.

»›Armes Ururgroßmütterchen!‹« sagte Amaranta Ursula. ›Sie ist an Altersschwäche gestorben.‹
Ursula fuhr zusammen.
›Ich bin noch am Leben.‹ sagte sie.
›Siehst du‹, sagte Amaranta Ursula, ihr Lachen unterdrückkend, ›sie atmet nicht mal mehr.‹
›Ich spreche doch!‹ schrie Ursula.
›Sie spricht nicht mal mehr‹, sagte Aureliano. ›Sie ist wie ein Grillchen gestorben.‹
Nun ergab sich Ursula dem Anschein. ›Mein Gott‹, rief sie leise aus. ›Das ist also der Tod.‹ Und sie begann ein endloses Gebet, ein überstürztes, tiefes, das über zwei Tage andauerte und am Dienstag in ein Gewirr von Bitten zu Gott und praktischen Ratschlägen ausartete, damit die bunten Ameisen nicht das Haus zum Einstürzen brachten, damit die Lämpchen von Remedios' Daguerreotyp nicht ausgingen, damit Sorge getragen werde, daß kein Buendía einen gleich-

blütigen Ehepartner heirate, weil sonst die Kinder mit einem Schweineschwanz geboren würden.« (S. 392)

In jenem Macondo in Ruinen vertieft Aureliano seine Kenntnisse des Sanskrit, der Sprache, in der die Manuskripte des Melchíades verfaßt sind. Die gespenstische Anwesenheit des Melchíades ist so deutlich, daß Aureliano sogar jenes »Ich bin in Singapurs Sümpfen am Fieber gestorben« hört. (S. 408) Nach dem Tod Aureliano Segundos ist er möglicherweise wenn nicht der letzte, so doch einer der letzten Mitglieder der Sippe. In dem Maße, wie die Lektüre der Pergamente voranschreitet, erscheint ihm die Interpretation ihres tatsächlichen Inhalts immer undurchsichtiger. Die historische Zeit des Romans nähert sich der autobiographischen Zeit von García Márquez: auf den letzten Seiten finden sich seine Freunde Germán, Alfonso und Alvaro und er (Gabriel) mitten unter ihnen, wie einer der letzten aus dem Paradies Vertriebenen, das schon nicht mehr Macondo ist. Da ist die Figur des katalanischen Weisen, eine Erinnerung an eine Jugend voller Bücher und Kneipenbesuche, und Mercedes, die Apothekerin und Verlobte. Da ist der legendäre Liebesakt zwischen Aureliano und Amaranta Ursula, und als die Freunde des letzten Aureliano einer nach dem anderen aus jenem Macondo in Ruinen verschwinden, wo niemand sich mehr an seine alte Vergangenheit erinnert, wird der Sohn mit dem Schweineschwanz geboren, wie der seherische Weitblick Ursulas es befürchtet hatte. Der Tod von Amaranta Ursula läßt Aureliano allein und den Pergamenten ausgeliefert zurück, die in dem Maße, wie sie entziffert werden, enthüllen, daß das, was er liest, zu nichts anderem als zu seinem eigenen Leben gehört, wie es auch, sobald der Moment gekommen ist, zu seinem Tod gehört, der in den von ihm entzifferten Papieren festgehalten ist.

»Macondo war bereits ein von der Wut des biblischen Tai-

funs aufgewirbelter wüster Strudel aus Schutt und Asche, als Aureliano elf Seiten übersprang, um keine Zeit mit allzu bekannten Tatsachen zu verlieren, und begann den Augenblick zu entziffern, den er gerade duchlebte, und enträtselte ihn, während er ihn erlebte, und sagte sich im Akt des Entzifferns selbst die letzte Seite der Pergamente voraus, als sähe er sich in einem sprechenden Spiegel.« ...
[Er begreift,] »daß er nie aus diesem Zimmer gelangen würde, da es bereits feststand, daß die Stadt der Spiegel (oder der Spiegelungen) vom Wind vernichtet und aus dem Gedächtnis der Menschen in dem Augenblick getilgt sein würde, in dem Aureliano Babilonia die Pergamente endgültig entziffert hätte.« (S. 476 f.)

Macondo stirbt. Es stirbt in dem Moment, da Aureliano sich selbst liest, »weil die zu hundert Jahren Einsamkeit verurteilten Sippen keine zweite Chance auf Erden bekamen.« (S. 477)
Die kreisförmige Zeit jener Erzählung, die mit der Gründung (Genesis) begonnen hat, endet mit ihrem totalen und definitiven Verschwinden (Apokalypse). Es ist nicht nur die Zeit der Familie Buendía, der unwiederholbaren Sippe, sondern die reale Zeit einer fiktiven Gesellschaft, des Macondos, das wir wachsen und leiden gesehen haben, als wenn die Zeitalter der Menschheit sich im abgeschlossenen Kreis einer kleinen Welt wiederholen würden. Die Geschichte jener Familie, die versucht, »das Kind mit dem Schweineschwanz« zu verhindern, wurde nicht von einem anonymen Erzähler erzählt, einem durch die Anonymität und die Spitzfindigkeit der Allgegenwart geschützten Erzähler. Die Geschichte wird von Melchíades erzählt, schriftlich niedergelegt in seinen Pergamenten. Es ist Melchíades, der sich selbst in seinen periodischen Reisen sieht, in seinen Toden und Wiederkünften, und der Gabriel der letzten Seiten dient ihm als Medium.

Hundert Jahre Einsamkeit ist etwas mehr als das, was seine Handlung wiedergibt. Es vereint Historie und Imagination in einer weit gefaßten Metapher, mit einem biographischen Augenblinzeln des Autors. Die Geschichte Kolumbiens, ein Jahrhundert der Kämpfe, wird eingeführt in die Odysee einer Familie. Auf das Konto der Männer gehen Erfindungen, Kriege und »ausschweifende Gelage, und die Frauen halten die Welt in der Schwebe, damit sie nicht auseinanderfällt, während die Männer versuchen, die Geschichte voranzutreiben«. Der Roman ist die wunderbare Kraft des Instinkts und des Versagens des Menschen auf der Suche nach der vollkommenen Weisheit. Es ist die Realität, aber auch der Traum der Menschen, die Hartnäckigkeit all ihrer Beweggründe und die Dunkelheit ihrer Alpträume. Das Schicksal, das sie sich auswählen und von dem sie ausgewählt werden. Es ist das Heldenepos von der Gründung, von den Anstrengungen, die die Menschen darauf verwenden, eine Welt zu erschaffen, und von der Tragödie und dem Ende. Die Einsamkeit und die Solidarität. Der blinde Schwung der Macht und die Korruption, die mit ihrer maßlosen Ausübung einhergeht.

Hundert Jahre Einsamkeit fordert noch weitere Interpretationen heraus. Die Anthropologie wird ebenso fündig werden wie die Soziologie und die Geschichtswissenschaft oder die schlichte Suche nach Stilmitteln, die den Autor dazu gebracht haben, eine auf den ersten Blick flüssige Geschichte zu erzählen, die gleichzeitig von so tiefer Komplexität ist. Personen aus *Laubsturm* und *Der Oberst hat niemand, der ihm schreibt,* aus *Die böse Stunde* und aus den Erzählungen aus dem *Leichenbegängnis der Großen Mama* tauchen in manchmal bedeutungsvolleren Episoden wieder auf. Die Repression von offizieller Seite und die Verschwörung der Bevölkerung; die Pestepidemien und die mysteriöse Handlungsweise der Natur. Die achtzehn Monate, die der Autor benötigte, um dieses Buch zu schreiben, waren nicht nur der Gestaltung eines ambitionierteren Romans als den vorangegangenen gewidmet, sondern auch der Zeit, in der sich die Gespenster seiner ersten Bücher ein Stelldichein gaben. Der Kampf des Instinkts und der Kultur (der Hang zum Inzest und die Angst davor, ihn zu vollziehen), die Besonnenheit und die Verrücktheit (Oberst Aureliano Buendía und die Realistin Ursula, die Stütze des Romans), alles, was wir im »primitiven« oder »zivilisierten« Leben der Menschen entdecken wollen, ist in diesem Buch enthalten.

Barcelona: Ruhm und Vermögen

Der Schriftsteller, der wenige Monate vor der Veröffentlichung von *Hundert Jahre Einsamkeit* noch befürchtet hatte, daß er nie die Schulden würde zurückzahlen können, die sich in den achtzehn Monaten angehäuft hatten, in denen er sich zurückgezogen hatte, um seinen Roman zu schreiben, ist innerhalb weniger Monate in der Lage, sich ausschließlich der Literatur zu widmen. Im Oktober 1967 läßt er sich in Barcelona nieder. Ein Jahr nach seiner Ankunft wird er dort von Journalisten belagert, die Interviews von ihm wollen, und das soll auch in den nächsten Jahren so bleiben. In Barcelona schließt er Freundschaften mit Schriftstellern und Verlegern und führt einen täglichen Kampf, um sein Privatleben zu erhalten. Es muß allerdings noch einen weiteren Grund gegeben haben, nach Barcelona überzusiedeln, als der Wunsch nach Tapetenwechsel. Das gestand García Márquez auch Fernández-Brazó, dem Autor einer kurzen Monographie.

»Ich war dazu bestimmt, in Barcelona zu leben. Es war nur natürlich. Ein katalanischer Buchhändler, der in Kolumbien gelebt hatte, Ramón Vinyés, hat mich sehr stark beeinflußt. Er führte den Stammtisch im ›Cafe Colombia‹ an.«

Wie bereits erwähnt: Vinyés und jene Gruppe von Unruhestiftern und unersättlichen Lesern, bestehend aus Álvaro Cépeda Samudio, Germán Vargas und Alfonso Fuenmayor, spielte eine entscheidende Rolle für die literarische Bildung von García Márquez und für seine Lebenserfahrung. In Mexiko war er auch häufig mit Katalanen zusammen, und zweien von ihnen (Jomí García Ascot und Maria Luisa Elio) widmete er *Hundert Jahre Einsamkeit*. Ein weiterer Grund für Barcelona: Katalanin ist auch seine Literaturagentin Carmen Balcells, die damals allerdings noch nicht die Bedeutung abzuschätzen vermochte, die ihre Agentur, die zur allmächtigen Quelle für spanische und lateinamerikanische Verlage werden sollte, in der spanischsprachigen Welt haben würde. Die Jahre des Journalismus hat er hinter sich gelassen — ein Metier, zu dem er einige Jahre später wieder zurückkehren sollte, als er sich dazu entschlossen hat, seinen Ruhm zu nutzen, um unmittelbar in die Politik einzugreifen.

Im Grunde seines Herzens, gab es gewichtige Gründe, in Barcelona zu leben; einige davon werden deutlich, wenn man die letzten Seiten von *Hundert Jahre Einsamkeit* liest. Der »katalanische Weise« reist ab, um in Lerida, seinem Geburtsort zu sterben; der letzte Buendía will nichts vom Tod des Weisen wissen, weil er ihn errät und genau weiß, daß ihm in dem Brief, den er nicht öffnet, die unselige Nachricht mitgeteilt wird. Aber abgesehen von gefühlsbedingten Loyalitäten, ist Barcelona nicht das Paris von 1955 - 1957, jenem schönen Schatten in der Erinnerung des Schrifstellers, der dort vom Hunger verfolgt wurde und den Verschwörungen der Einsamkeit, die noch viel schrecklicher sind, wenn sich Einsamkeit mit Armut verbindet.

Für Spanien, das er 1955 aus Solidarität mit seinen republikanischen Freunden nicht kennenlernen wollte, gibt es noch einen weiteren Grund: seine Kenntnisse der spanischen Literatur, seine Leidenschaft für die Ritterromane, seine Vertrautheit mit der spanischen Poesie aller Epochen, die der traurige Küstenbewohner und Schüler im Colegio Nacional in Zipaquirá verschlang. Und weitere Gründe: ab 1967 wird er immer mehr zu einer Art Flüchtling. Dadurch entsteht in seiner Umgebung sehr bald das Bild eines Mannes, der nie anzutreffen ist. Viele Jahre später, beim Filmfestival in Cannes 1982, erzählte mir ein Journalist des deutschen Fernsehens: »In der Bundesrepublik nennen wir ihn ›den weißen Elefanten‹.« Seit García Márquez berühmt ist, sagte er sinngemäß immer wieder Folgendes, was er dem Journalisten Daniel Samper Pizano gegenüber äußerte:

»Zu allerletzt kannst du schreiben: ich gebe keine Interviews mehr, weil ich sie endgültig satt habe. Ich bin nach Barcelona gekommen, weil ich geglaubt habe, daß mich hier niemand kennt, aber das Problem geht hier weiter. Prinzipiell habe ich immer gesagt: Radio und Fernsehen nicht, aber Presse ja, denn die von der Presse sind meine Kollegen. Aber jetzt ist auch damit Schluß. Auch keine Presse mehr. Denn es ist immer dasselbe: die Journalisten kommen, wir betrinken uns bis morgens um zwei, und sie schreiben dann alles, was ich ihnen außerhalb des Interviews gesagt habe. Und außerdem, ich schicke keine Richtigstellungen herum.«

Das Interview fand im Dezember 1968 in Barcelona statt, also knapp eineinhalb Jahre nach der Veröffentlichung seines berühmten Romans. In jenen Jahren in Barcelona wurde er zu allen Ereignissen der *tribu* * gebeten, denn schließlich schmückt nichts mehr als eine Berühmtheit. Auch die Verleger. In diesem Zusammenhang kursiert immer noch eine Geschichte, deren Wahrscheinlichkeit verbürgt ist: ein katalanischer Verleger hatte das Original von *Hundert Jahre Einsamkeit* in Händen gehabt und abgelehnt — aus Gründen, die immer noch im Dunkeln liegen, ebenso wie der Name des Lektors und die Umstände, unter denen dieses »Huhn mit den goldenen Eiern« abgelehnt wurde.

Ein ausführliches Bild, gerade recht für den kolumbianischen Geschmack, zeichnet Samper Pizano in der bereits zitierten Reportage. Natürlich das eines Schriftstellers, dessen Leben sich durch den Ruhm von heute auf morgen schlagartig geändert hatte.

* der Clique (Anm. d. Übers.)

»Er schreibt den Vormittag über auf ganz bestimmtem Papier, und um ein Uhr hört er auf und hat entweder eine perfekt beendete Seite oder knüllt sie zusammen, wirft sie in den Papierkorb und verliert dadurch fünf oder sechs Stunden Arbeit. Er raucht nicht mehr so viel. Früher zündete er sich eine Zigarette an der Kippe der vorherigen an, aber heute überlegt er, bevor er sich die nächste anzündet und tut es nur, wenn er merkt, daß er wirklich Lust zu rauchen hat.«

Nur die morbide Neugier, die durch den Ruhm in der Umgebung seiner Auserwählten hervorgerufen wird, kann erklären, daß ein Schriftsteller seine persönlichen Gewohnheiten in der Öffentlichkeit dargestellt sieht. Und mit dieser enormen Last muß er sich abfinden.

»Wenn er Besuch bekommt, gibt es ein immer gleiches Programm: gegessen wird in ›La Puñalada‹ (...), und zwar zuerst Entenmuscheln — unbeschreibliche prähistorische Fingernägel, die bis oben hin mit einer grünen Flüssigkeit gefüllt sind und von denen man noch nicht weiß, ob sie Tiere, Pflanzen oder Mineralien sind, die die Spanier aber essen, denn es gibt keine Meeresfrucht, die die Spanier *nicht* essen würden; das Essen wird mit einem Wein gewürzt, der, wenn er auch nur ein bißchen moussiert, das Risiko eingeht, zurückgeschickt zu werden (...); weiter geht's mit einem fast rohen Stück Fleisch, und den Abschluß bilden *crêpes suzettes,* denn diese elende Süßspeise ist so schwierig zuzubereiten, daß der Koch jedesmal wütend wird, wenn ein Kunde sie bestellt, und darum geht es.«

Das Bild kann nicht pittoresker sein. Nachdem er García Márquez' übliche nächtliche Streifzüge durch die Kneipen des Chinesischen Viertels aufgedeckt hat, weidet der Chronist noch andere Angewohnheiten des Schriftstellers aus. In seinem selbstgewählten Exil in Barcelona gibt García Márquez, jedes Mal mit mehr Panik und weniger Lust, Inter-

139

views jeder Art, gescheite und langweilige, weltläufige und solche, von denen man nicht genau weiß, welche Absichten sie haben.

1969 erscheinen zwei Bücher mit Rezensionen über sein Werk: *Nueve asedios a García Márquez* in Santiago de Chile, und *Valoración Múltiple sobre la obra de García Márquez*, herausgegeben von der *Casa de las Americas* in Havanna. Beide Bände versammeln Rezensionen und Kritiken, die in den vorangegangenen beiden Jahren über *Hundert Jahre Einsamkeit* erschienen waren. In den folgenden Jahren sollten noch weitere Bücher dieser Art folgen. Eine Lawine von Übersetzungen in andere Sprachen ebenfalls.

Der *boom* ist auf seinem Höhepunkt, und die Treffen von García Márquez mit einigen seiner Schriftstellerkollegen finden regelmäßig in Barcelona oder Paris statt. Mario Vargas Llosa, Julio Cortázar, Carlos Fuentes, Alejo Carpentier (eher ein »Vorläufer« des *boom* und jemand, der weniger spektakuläre Schlagzeilen machte) kommen und gehen, als sollten sie die solide Konstruktion jenes Privatclubs von Freunden erhalten. Im Barcelona jener Jahre leben außer García Márquez noch José Donóso und Mario Vargas Llosa. Ein Jahr nach der Veröffentlichung von *Hundert Jahre Einsamkeit* sind etwa 180.000 Exemplare verkauft worden.

Eine Journalistin der Zeitung *Madrid* faßt 1969 die Situation des Schriftstellers folgendermaßen zusammen:

»Als García Márquez anfing, ein berühmter Mann zu werden, entschloß er sich, nach Barcelona überzusiedeln, eine ruhige und angenehme Stadt, wo niemand ihn kannte. Aber bald erfuhren wir von seiner Berühmtheit, und alle waren wir hinter ihm her, und es ging soweit, daß alles, was er irgendwann sagte, zu einer interessanten Nachricht wurde. Den ganzen Tag hing er am Telefon, Interviews, öffentliche Veranstaltungen und soziale Verpflichtungen von früh bis spät, als gehörte das zu seinem Beruf, bis man ihn sogar soweit brachte, brillant über Dinge zu urteilen, über die er von sich aus nie etwas gesagt hätte, und am allerwenigsten öffentlich.«

Derselben Journalistin antwortete er wie jedem, der ihn interviewte:

»Ich habe als Journalist gearbeitet, und Sie wissen so gut wie ich, wo man bei diesen ganzen Dingen landen kann. Ich habe mich tausendmal gefragt, warum ich eigentlich über meine Bücher sprechen soll. Wer wissen will, was ich denke, soll sie lesen, und auf diese Weise gibt es dann später weder Enttäuschungen noch falsche Kommentare. (..) Wenn der Verleger mir nicht beim Schreiben hilft, warum sollte ich ihm dabei helfen, zu verkaufen?«

Auf den Wogen der Berühmtheit scheint offensichtlich auch eine gewisse Bitterkeit mitzuschwimmen; das zumindest klingt in den Erklärungen des Schriftstellers an, vor allem, wenn er von den Verlegern spricht. Erinnert er sich an das Schicksal seiner ersten Bücher? Doch 1969 sind bereits die nordamerikanische, französische, italienische, dänische und deutsche Ausgabe von *Hundert Jahre Einsamkeit* auf dem Markt. Die russische Übersetzung soll bald erscheinen und wird sehr bald Gegenstand einer äußerst unangenehmen Affäre. In der Übersetzung wurde der Originaltext gekürzt, vor allem um die Passagen mit erotischem Charakter. Aus unerklärlichen moralischen Gründen nahmen die Sowjets (der Übersetzer oder die Verantwortlichen des Verlages) für sich in Anspruch, die etwas ungewöhnlichen Liebespraktiken der Buendías zu »säubern«. In den nächsten Jahren erscheinen mehr als zwanzig Übersetzungen. Es wundert nicht, daß Pablo Neruda, sein Freund, *Hundert Jahre Einsamkeit* als den *Don Quijote* Lateinamerikas bezeichnet hat.

Obwohl er von den Journalisten belagert wurde, reiste er regelmäßig durch Europa (nicht ganz so oft, wie er es vorgesehen hatte); es stimmt, daß García Márquez während seiner Jahre in Barcelona weder an Symposien noch an Konferenzen teilgenommen hat. Er versuchte, soweit es eben ging, sein Privatleben zu erhalten und Zeit zu gewinnen, um den Stoff für den nächsten Erzählungsband zu ordnen, während die Idee von *Der Herbst des Patriarchen* langsam und unmerklich Gestalt annahm, ein Roman, der stilistisch und, was seinen Aufbau angeht, in eine völlig andere Richtung geht.

1970/71 sieht sich García Márquez in den ersten politischen »Skandal« verwickelt, der mit der kubanischen Revolution zu tun hatte, deren Entwicklung er Anfang der sechziger Jahre aus der Nähe verfolgt hatte, aber zu der er seit seinem Rücktritt bei *Prensa Latina* keinen Kontakt hatte. Die Angelegenheit verdient, zumindest kurz erwähnt zu werden, denn sie war der Anlaß für einige Meinungsverschiedenheiten, mit denen sich die literarische »Intelligentsia« Lateinamerikas auseinanderzusetzen hatte. Anlaß für den Skandal war die Veröffentlichung des Gedichtbandes *Außerhalb des Spiels* von Heberto Padilla, einem kubanischen Lyriker, der sich in seinem Land bald in eine Diskussion verwickelt sah, deren Konsequenzen weitreichender waren als vorherzusehen. Padilla wurde von einem Teil der Revolutionären Streitkräfte kritisiert, ein Gutteil seiner Kollegen verteidigte ihn, und der »Fall Padilla« entwickelte sich zu einer Bombe mit beachtlicher Sprengkraft. Vor allem, weil Padilla 1971 verhaftet wurde und nach seiner Freilassung öffentliche Selbstkritik übte. Zunächst warf der »Fall Padilla« Fragen auf und hatte eine gewisse internationale Solidarität zur Folge. Nur wenige Persönlichkeiten der lateinamerikanischen Literatur (vor allem, wenn sie zum *boom* gehörten) unterließen es, ihre Besorgnis über den von der kubanischen Revolution eingeschlagenen Weg zu äußern, unabhängig davon, ob sie die Positionen Padillas teilten oder nicht. García Márquez unterschrieb keins der an Fidel Castro gerichteten Telegramme. Mit Sicherheit kann man sagen, daß die Beziehung innerhalb dieser homogenen Gruppe von Schriftstellern danach nicht mehr dieselben waren, zumindest, was ihre jüngsten Stellungnahmen und ihr politisches Bewußtsein anging, und im Januar 1971, als der »Fall Padilla« auf die Feuilletonseiten Lateinamerikas und Europas übersprang, kam es zum Ende des *boom.*

1971 erschien auch die monumentale Arbeit von Mario Vargas Llosa, die García Márquez gewidmet ist: *García Márquez: Historia de un deicidio.*

Wie verläuft nun das Leben eines Schriftstellers, nachdem er berühmt geworden ist und nichts anderes tut, als dem von seinem Beruf vorgezeichneten Weg zu folgen? Trotz der gesellschaftlichen Diskretion in Barcelona, die wohl im Charakter der Katalanen begründet ist, kann sich García Márquez kaum den Journalisten entziehen, die ihn seit 1967 verfolgen. Eine Frage wird ihm in allen Interviews immer wieder gestellt: Warum lebt er nicht in Kolumbien? Die Antwort ist immer dieselbe:

»Wer sagt denn, daß ich nicht in Kolumbien lebe? Ich bin zwar tatsächlich vor vierzehn Jahren dort weggegangen, aber ich lebe weiterhin in Kolumbien, denn ich bin bis ins letzte über alles, was im Land passiert, informiert; ich habe regelmäßigen Briefkontakt, lese Zeitungsartikel und bin über alles, was dort geschieht, auf dem laufenden (...) Im Ausland erfreut sich der Schriftsteller einer gewissen Straflosigkeit.«

Ein Ergebnis seines langen Aufenthalts in Spanien ist ein journalistischer Text, einer der schönsten, die er bis 1982 geschrieben hat.

(...) »Und wirklich entdecke ich, wie Don Antonio Machado es gesagt hatte, daß die Felder von Soria dürr und kalt waren, mit kahlen Bergen und aschgrauen Hügeln, zwischen deren

Gräsern der Frühling eine duftende Spur aus weißen Margariten zurückgelassen hatte. Ich erkannte die Dörfer Andalusiens wieder, die aussehen, als seien sie mit der Feder gezeichnet, und bei Sonnenuntergang hörte ich die Glocken der Lämmer und sog den Duft des von der Herde zertrampelten Thymians ein. Ich sah Vögel, von denen ich bis dahin nur gelesen hatte, und Bäume, die ich für Phantasieprodukte gehalten hatte, wie die Schwarzpappeln am Ufer der Flüsse, und ich hörte in weiter Entfernung Stimmen von Kindern, die ich auf den Feldern von Moguer nur vom Hörensagen kannte, und ich verstand das Drama der Geschichte Kastiliens in einer einzigen Januarnacht im Escorial, dessen Einsamkeit und Kälte nur noch denen des Todes vergleichbar sind.«

Sein Aufenthalt in Barcelona ist der Ausgangspunkt, um dieses intuitiv erfaßbare Spanien kennenzulernen, das er 1955 aus Solidarität nicht besucht hatte, obwohl ihm sein Freund Caballero Bonald dazu geraten und gesagt hatte, das »ewige Spanien« sei so großartig, daß es »trotz General Francos noch immer so sei«. In gewisser Hinsicht — würde der Romanschriftsteller Jahre später sagen — vielleicht, als er vom Bild des Diktators besessen war, sei er nach Spanien gekommen, um den Tod General Francos zu erleben. In *Der Herbst des Patriarchen* * erinnern das Alter und die Agonie seines Diktators ein wenig an den schon zu Lebzeiten toten Caudillo, der seine Bleifüße hinter sich her zieht, schleppend und bei seinen letzten öffentlichen Auftritten aufgebaut wird wie ein Gespenst.

»In Granada suchte ich die *Calle Elvira*, um zu sehen, ob es stimmt, daß dort die *manolas* wohnen, wie García Lorca schrieb. Ich habe sie nicht gefunden, aber dafür hatte ich das Glück, die Alhambra zu sehen, wie die Kalifen sie gerne ge-

* Deutsch: Köln 1978.

144

sehen hätten: in einem sturzbachähnlichen Platzregen. Als im Zugfenster eine der schönsten Städte der Welt sichtbar wurde, konnte ich eine tiefe Erschütterung nicht unterdrükken: Córdoba, entlegen und einsam, hinter deren Mauern der Tod lauerte, wie der Dichter sagte (...)«

Diese Hommage ist gleichzeitig eine Erinnerung an die exilierten Spanier, die García Márquez auf seinem Weg kennengelernt hatte.

»Ich weiß nicht, ob den spanischen Flüchtlingen in Lateinamerika inmitten so vieler verschiedener und verworrener Wahrheiten bewußt geworden ist, daß sie mit einem Wind der Erneuerung grundlegende Dinge bei uns verändert haben: die Universitäten, die Buchhandlungen, den Journalismus und vor allem unsere politischen Konzepte. Ob ihnen klar ist, auf welche Weise sie uns gelehrt haben, für immer ein weniger zwanghaftes und deshalb humaneres Spanien zu lieben, als es jenes Spanien des Rizinusöls war, das uns grobe Geistliche in der Grundschule mit Gewalt eingeflößt hatten (...).«

Spanien bedeutet 1982 für García Márquez »die Nostalgie der Nostalgie«. Während »unser berühmter Schriftsteller« — wie ihn seine beiden Söhne liebevoll nennen — zufrieden in Barcelona lebt und nach Lust und Laune den Ruf der Journalisten erhört, gibt es für ihn eine dieser Feuerpausen, die jedesmal zwischen einem Roman und dem nächsten liegen und während derer er Kurzgeschichten schreibt. Seit 1981 hatte er nur eine einzige Erzählung *Das Meer der verlorenen Zeit* geschrieben. Die anderen entstanden zwischen 1968 und 1972 in Barcelona. Aus dem Jahr 1972 stammt *Die unglaubliche und traurige Geschichte von der einfältigen Eréndira und ihrer herzlosen Großmutter*, die zunächst als Drehbuch für einen Kinofilm geplant war, der aber erst 1983 gedreht wurde. Gleichzeitig arbeitet García Márquez am

Roman über den Diktator, er ist besessen von verschiedenen Bildern, die ihm seit seiner Ankunft in Caracas im Januar 1958 durch den Kopf gehen.

Er nähert sich wieder stärker der kubanischen Revolution an, Zielscheibe harter Kritiken, vor allem, nachdem der »Fall Padilla« für maßlosen Aufruhr gesorgt hat. »Ich glaube jeden Tag an die kubanische Revolution«, erklärt García Márquez gegenüber dem Journalisten Gonzales Bermejo im November 1971. Einige seiner Freunde (z.B. Carlos Fuentes, Mario Vargas Llosa, Juan Goytisolo) haben sich dazu entschieden, ihre unterschiedlichen Ansichten deutlich zu machen (die eher vorsichtigen), oder sie haben ihren Widerspruch offen zum Ausdruck gebracht, was manchmal zu einer wirren Theoretisierung über den Totalitarismus führte (wie bei O. Paz). Zwischen 1961 und 1971 ist García Márquez nicht mehr nach Kuba gereist, obwohl ab 1961 lateinamerikanische und spanische Schriftsteller unablässig nach Kuba reisten, meistens auf Einladung der *Casa de las Americas* oder dem Künstler- und Schriftstellerverband *(UNEAC)*. Doch García Márquez verheimlicht nun González Bermejo gegenüber seinen Wunsch nicht, dorthin zu fahren. »Wenn ich nicht eher nach Kuba gefahren bin, dann aus rein praktischen Gründen: ich mußte meinen Roman fertigschreiben.« Fast unmerklich lockern sich einige Freundschaftsbande, und die Meinungsverschiedenheiten mit einigen seiner Freunde treten in den Vordergrund, die sowohl in ihm wie auch in Julio Cortázar »Bedingungslose« sehen, die in düsterer Absicht vom Castro-Regime an der Leine geführt werden. Von der alten Pleiade der Berühmtheiten (abgesehen von Onetti und Rulfo) sind nur Cortázar und García Márquez der kubanischen Revolution treu geblieben. Und es ist kein Zufall, daß es auch diese beiden Schriftsteller sind, die abgesehen von Kuba und unabhängig vom individuellen Verlauf ihres Werkes wenige Jahre später ein politisches Leben führen, in dem sie offen die lateinamerikanischen Diktaturen denunzieren, die sich wie eine Landplage über die Länder des Cono Sur ausgebreitet haben. Hier ist nicht der Ort, um die Fronten zwischen den ehemaligen Freunden zu skizzieren, noch, um die Gründe der einen oder der anderen Seite zu durchleuchten. Das Verhalten von García Márquez orientiert sich an zwei Kriterien: an den umfassenden und direkten Informationen aus zum Teil öffentlich nicht zugänglichen Quellen über die kubanische Revolution und an seinem Verständnis von Loyalität. In manchen Phasen seiner politischen Aktivität, die er nach dem Militärputsch in Chile und der Ermordung Salvador Allendes verstärkte, scheint García Márquez einer seiner Romanfiguren zu gleichen, vor allem, was die Festigkeit seiner Überzeugungen angeht: dem Oberst im *Laubsturm* und dem in *Der Oberst hat niemand, der ihm schreibt.* Wenn er seine geheime diplomatische Tätigkeit in Mittelamerika aufnimmt, ähnelt er dem Aureliano, der die Arbeiter der Bananengesellschaft aufwiegelt, dem Zeugen und Überlebenden des unglaublichen Massakers.

Er reist durch die Karibik und besucht fast alle Inseln und wundert sich kaum noch darüber, wenn außer *Hundert Jahre Einsamkeit* noch ein anderes seiner Bücher in irgendeine andere Sprache übersetzt wird. Er knüpft eine enge Freundschaft zu Pablo Neruda, und auf ausdrücklichen Willen des letzteren ist García Márquez einer der wenigen Schriftsteller, die 1971 mit dem Autor von *Aufenthalt auf Erden* die Verleihung des Nobelpreises für Literatur feiern. García Márquez hatte Pablo Neruda 1958 in Caracas kennengelernt, aber damals war er, obwohl ein bekannter Journalist, der den Sturz des Diktators Perez Jimenez miterlebt hatte, ein schüchterner junger Mann, der sich dem großen Poeten nur näherte, um ihm seine Bewunderung auszudrücken. Die Veröffentlichung von *Hundert Jahre Einsamkeit* achtzehn Jahre später vertieft eine feste Freundschaft und die gegenseitige Bewunderung. García Márquez erzählt, Neruda habe unermüdlich die Werbetrommel für *Hundert Jahre Einsamkeit* gerührt. Er habe den Roman dem damaligen französischen Staatspräsidenten Georges Pompidou zu lesen gegeben.

»Einmal rief er [Pablo Neruda] mich in Barcelona an. ›Du mußt mit deiner Frau unbedingt morgen nach Paris kommen und mit mir zu Abend essen.‹ Ich protestierte: ›Pablo, du weißt, daß ich nach Paris nicht fliege, ich fahre nur mit dem Zug hin.‹ Dann wurde seine Stimme so gefühlvoll, daß sie einen fast zum Weinen reizte, und ich sagte ihm, in Ordnung. ›Komm‹, sagte ich zu meiner Frau, ›Pablo hat einen Anfall, und wir müssen morgen mit ihm in Paris zu Abend essen.‹ Als wir aus dem Flugzeug stiegen, erfuhr ich es: Man hatte ihm den Nobelpreis verliehen, und das erste, was er den Journalisten gesagt hatte, war: ›Eigentlich hätte García Márquez den Nobelpreis verdient.‹ Da verstand ich, warum er unbedingt wollte, daß wir mit ihm zu Abend essen.«

Am 11. September 1973 stürzt der Militärputsch unter dem Kommando von General Augusto Pinochet die verfassungsmäßige Regierung des Sozialisten Salvador Allende. Allende wird mit einigen seiner Mitarbeiter in der Moneda, dem Regierungspalast, ermordet. Die von den Putschisten entfesselte Repression kam für dieses Land, das auf eine lange demokratische Tradition zurückblickte, nicht nur überraschend, sie übertraf auch alle Vermutungen, was ihre Methoden anging. 1975 antwortete García Márquez auf die Frage, mit welchen politischen Optionen er seine politischen Aktivitäten wieder aufnehme:

»Meine Option ist ziemlich alt, denn ich glaube, auf die eine oder andere Weise habe ich immer eine sehr konsequente Position gehabt. Trotzdem, seit dem Militärputsch in Chile ist sie deutlicher geworden, sie ist viel aktiver und auch militanter, vielleicht durch ein Gewissensproblem seit dem Militärputsch in Chile. Ich hatte plötzlich den Eindruck, mich verzettelt zu haben: Während der Regierungszeit der Unidad Popular war ich der Überzeugung, daß dieses Vorhaben gelingen würde, daß es sich tatsächlich halten könne, und ich tat nichts, was auf irgendeine Art und Weise dazu beigetragen hätte, zu verhindern, daß es zerstört wurde. Da habe ich mich geirrt. Also hatte ich ein Gewissensproblem, als ich am 11. September um acht Uhr abends in Bogotá erfuhr, daß es vorbei war, daß es auf diese Weise kaputtgegangen war (...) und daß sie viel weiter gegangen waren, als man es für möglich gehalten hätte, daß sie sogar den Präsidenten der Republik umgebracht hatten. In diesem Augenblick begann ich zum ersten Mal in meinem Leben das, was ich in der Politik bewirken kann, für wichtiger zu halten als das, was ich in der Literatur tun kann.«

Wenn man diese Zeilen wörtlich nimmt, könnte der Eindruck entstehen, García Márquez würde seine Rolle, die er für den ersehnten Sieg der Unidad Popular spielen könnte, möglicherweise überschätzen. Das ist nicht der Fall: »Ich weiß, daß ich nichts hätte tun können, um das, was geschehen ist, zu verhindern«, antwortete er den Journalisten der Zeitschrift *Seuil* aus Brüssel, »aber bei einer ganzen Reihe von Vorkommnissen habe ich dazu beigetragen, sie vor der Weltöffentlichkeit zu denunzieren.« Letzten Endes ist die Rolle, die ein Schriftsteller in einem Prozeß spielen könnte, der von Tausenden von Menschen oder von einer Handvoll Verschwörern entschieden wird, die aber mit Macht und Waffen ausgerüstet sind, vergleichsweise unbedeutend. García Márquez weist mit seiner Erklärung auf die ethische und nicht zu unterschätzende Wirkung hin, die ein berühmter Autor bei seinen Lesern erzielen kann. García Márquez besitzt eine ungeheure Popularität, er hat Millionen von Lesern in aller Welt. Sein Klassenbewußtsein, das in früheren Jahren eher instinktiv und einfach gewesen war, entwickelte sich mit den Jahren zu aktiver Militanz. Wenige Monate nach dem Putsch in Chile stirbt der von García Márquez verehrte Pablo Neruda in seinem Refugium Isla Negra, nachdem Soldaten sein Haus geplündert haben. Die Militärs können die schweigende Entrüstung Tausender Chilenen, die an seiner Beerdigung teilnehmen, nicht verhindern. Sie können auch nicht verhindern, daß man zwischen der Ermordung Salvador Allendes und dem (»natürlichen«) Tod Nerudas durchaus einen alles andere als zufälligen Zusammenhang sieht.

Erwähnt sei noch, daß García Márquez 1971, zehn Jahre nach seiner letzten Reise nach New York, dorthin zurückkehrt, denn die Columbia University hat ihm den Ehrendoktor in Geisteswissenschaften verliehen; der einzig wirksame Grund für das State Department ausnahmsweise den Personen ein Visum auszustellen, die auf der »schwarzen Liste« stehen.

Die unglaubliche und traurige Geschichte von der einfältigen Eréndira und ihrer herzlosen Großmutter*

Seit 1970, als *Der Bericht eines Schiffbrüchigen* (die Reportage über den Matrosen Velasco, die sechzehn Jahre zuvor in *El Espectador* erschienen war) als Buch herausgekommen war, hatte García Márquez nichts mehr veröffentlicht. Tatsächlich bietet García Márquez jedoch dem Publikum erst 1972 mit der Veröffentlichung eines neuen Bandes mit Erzählungen die Ergebnisse einer seiner jüngsten Arbeiten an. Zwischen *Der Oberst hat niemand, der ihm schreibt* und *Die böse Stunde* hatte er *Das Leichenbegängnis der Großen Mama* veröffentlicht. Jetzt, zwischen *Hundert Jahre Einsamkeit* und dem, was einmal *Der Herbst des Patriarchen* sein wird, schieben sich die zwischen 1968 und 1972 geschriebenen Erzählungen — mit Ausnahme von *Das Meer der verlorenen Zeit*, einer Erzählung, die bereits 1961 entstanden war. Die Erzählung ist in vieler Hinsicht aufschlußreich. Wahrscheinlich ist aus ihr die Idee entstanden, mit einer ganz anderen Perspektive zu schreiben — nicht mehr mit dem lakonischen Unterton, der in den meisten Erzählungen des Bandes *Das Leichenbegängnis der Großen Mama* mitschwingt. Eigentlich wollte García Márquez in diesem Band Erzählungen für Kinder zusammenfassen. Das Buch, das 1972 schließlich veröffentlicht wird, ist allerdings weniger ein Buch mit Kindergeschichten — es sei denn, man wolle darunter eine überbordende Phantasie verstehen, die von auf den ersten Blick unwahrscheinlichen Dingen in die Normen des Realismus hinübergleitet.

---

*Diese und alle folgenden Erzählungen enthalten in: *Das Leichenbegängnis der Großen Mama*, Köln 1974.

Das ist die Atmosphäre von *Ein sehr alter Herr mit riesen-*
großen Flügeln (1968). Pelayo findet einen alten Mann, »der
mit dem Gesicht im Schlamm lag«, und er stellt fest, daß der
Mann »riesengroße Flügel« hat. Es ist kein Alptraum, nur
die überraschende Erscheinung eines sehr alten Mannes mit
riesengroßen Flügeln, den einige für einen Engel halten. Er
wird zum Mittelpunkt des öffentlichen Interesses, und man
sperrt ihn in den Hühnerstall, wo er — eine ungewöhnliche
Person, deren Existenz die Leute verblüfft — sein Leben fri-
stet. Aber dann kommen fahrende Gaukler ins Dorf, und
mit ihnen die Frau, »die wegen Ungehorsams ihren Eltern
gegenüber in eine Spinne verwandelt worden war« (S. 212),
eine Erklärung, die allerdings an Fabeln für Kinder erinnert.
Sie zieht nun die Dorfbewohner in ihren Bann, und der
Engel, der vorher Gegenstand endloser Untersuchungen
und diverser theologischer Spekulationen war, hat jede
Anziehungskraft eingebüßt. Die dem »Engel« zugeschriebe-
nen Wunder waren ohnehin unsinnig und unpassend.* Die
Anwesenheit des »Engels« wird alltäglich, er gehört mittlerweile zum Dorf, und das einzig Verwirrende an ihm ist die
unwahrscheinliche Perfektion seiner Flügel. Dieser »Engel«
erträgt die Härte des Winters und lebt wie ein »herrenloser
Sterbender«, aber es wachsen ihm neue Federn an seinen
Flügeln, und er singt Seemannslieder vor sich hin, während
die anderen ihn für widerwärtig altersschwach halten. Eines
Tages beobachtet Elisenda seine ersten Flugversuche, er war
nahe daran, »den Schuppen mit den Schlägen seiner unwür-
digen Flügel einzureißen, die im Licht ausglitten und keinen
Halt in der Luft fanden« (S. 216). Aber er entschwebt,

---

* »Wie das Wunder an dem Blinden, der zwar nicht sein Augenlicht wieder-
gewann, dem aber drei neue Zähne wuchsen, oder das des Lahmen, der
zwar nicht wieder gehen konnte, aber drauf und dran war, in der Lotterie
zu gewinnen, und das des Aussätzigen, an dessen Schwären Sonnenblu-
men sprossen.« (S. 213) Anm. d. Übers.

wenn auch »mit dem unheilvollen Geflatter eines altersschwachen Aasgeiers«. Sie ist erleichtert, denn nun sind sie von seiner störenden Anwesenheit befreit: der »Engel« hat für immer das Dorf verlassen.

Die Fabel hat sicherlich einiges mit anderen Erzählungen für Kinder gemein. Möglicherweise kann man sie so verstehen. Auffällig ist die Erzählweise, sich einer imaginären Situation zu nähern und die Gesetze, die sie verlangt, zu befolgen, um das zunächst unwahrscheinlich Anmutende in eine exemplarische Fabel zu verwandeln. Zur Transparenz der Handlung gesellt sich eine Art »Moral«. Dank des »Engels«, dessen aufsehenerregende Anwesenheit ausgebeutet werden kann, und dank des maßlosen Aberglaubens, der bei der Bevölkerung verbreitet ist, macht Elisenda ein Geschäft, das nur noch von der Ankunft der in eine Spinne verwandelten Frau übertroffen wird. Mehr als die Geschichte selbst oder die praktischen Anregungen, die man aus ihr ziehen könnte, verführt ihr poetischer Akzent.

Die nächste Erzählung *Das Meer der verlorenen Zeit*, geschrieben 1961, mutet wie eine Fingerübung zu *Hundert Jahre Einsamkeit* an. Die Erzählung hätte als Episode auch im Roman selbst auftauchen können. Obwohl sie eine selbständige Erzählung geblieben ist, verliert sie ihre subtile Verbindung mit der großen Saga der Buendía nicht. In ihr gibt es Wesen mit seherischen Kräften, Frauen, die von ihrem eigenen Tod besessen sind, besänftigende Lieben im Herbst des Lebens und gewisse mysteriöse Vorahnungen wie den Rosenduft, den Tobias riecht und den auch Clotilde riecht, als sie darum bittet, man möge sie lebendig begraben, »wie anständige Leute«. (S. 116) *Das Meer der verlorenen Zeit* macht den Leser mit Don Máximo Gómez bekannt, »der zwei Bürgerkriege unversehrt überlebt und im dritten nur ein Auge gelassen hatte«. (S. 117) Gómez ist ein Held aus Macondo und wird ebenfalls von Vorahnungen heimgesucht.

Eine weitere Gegenwart (das Meer ohne Blumen, das mehr Unruhe verbreitet als Zufriedenheit) ist ein weiteres Element im dramatischen Aufbau der Erzählung. Zunächst nur ein vager Eindruck, breitet er sich dann überall aus — der Rosenduft, der vom Meer kommt. Der Wohlgeruch der Rosen legt sich als Vorzeichen des Todes über das ganze Dorf. Die Nachricht darüber verbreitet sich, und es kommen Fremde, »leichtlebige Frauen« und sogar ein Priester, der behauptet, das sei der Geruch Gottes.

Mister Herbert taucht schließlich auf. Er ist unvorstellbar reich und behauptet, er könne »die Probleme des Menschengeschlechts lösen« (S. 125), und zwar mit einer einzigartigen Form von Wohltätigkeit: er verteilt das Geld nicht ohne Gegenleistung, sondern er verlangt dafür eine Probe von irgendeiner Tätigkeit, die die so Begünstigten am besten beherrschen. Die Formel ist sehr einfach: er »löst« die Probleme nicht philantropisch, sondern er bezahlt für eine Arbeit. Sogar für die kleine Hure, die eine beträchtliche Summe Geld benötigt, findet er eine Lösung: Mister Herbert schickt ihr soviel Kunden, wie sie braucht, um die gewünschte Summe zusammenzubekommen. Auch der alte Jakob sucht Mr. Herbert auf. Das einzige, was er kann, ist Dame spielen. Aber er verliert, und schließlich schuldet er Mr. Herbert die astronomische Summe von fünftausendsiebenhundertzweiundvierzig Pesos und dreiundzwanzig Centavos. »Machen Sie mit mir, was Sie wollen«, sagt Jakob zu dem mysteriösen Mann, der auf diese Weise in den Besitz von Jakobs Haus kommt. »Übrigens kam er auch zu Häusern und Besitztümern anderer, die ebensowenig ihre Verpflichtungen erfüllen konnten, ordnete jedoch eine Woche mit Musik, Feuerwerk und Seiltänzern an und leitete höchstpersönlich das Fest.« (S. 130)

Die Methapher enthüllt die Realität: Mr. Herbert ist kein »Philantrop«, sondern ein gemeiner Ausbeuter. Auch diese

Episode hätte in *Hundert Jahre Einsamkeit* passieren können, als Macondo den trügerischen Wohlstand des Bananenfiebers erlebte. Oder sie reduziert in der Metapher den Bananenboom auf seine brutalste Erscheinungsform, wie er sie im Macondo der Buendía hatte. Als Mr. Herbert in einen scheinbar endlosen todähnlichen Schlaf fällt, wird das Dorf voller glückloser Gestalten und Merkwürdigkeiten wieder zu dem, was es vor seiner Ankuft gewesen war. Da der Rosenduft die Ankunft von Mr. Herbert angekündigt hatte, verschwindet er, während er schläft.

Als Mr. Herbert aufwacht, bemerkt er, daß das Dorf noch größeren Hunger leidet als er. Er schlägt Tobias vor, auf dem Grund des Meeres, der voll ist von »sehr alten Toten«, nach Eßbarem zu suchen. Als sie in das Dorf zurückkommen, erklärt Mr. Herbert, daß er nun endgültig abreise. Im Dorf bleibt das Gefühl zurück, einer Sinnestäuschung aufgesessen zu sein. Von einer anderen, konzentrierteren Dimension aus ist dies auch der Schluß, den man in Macondo zieht, nachdem die Bananengesellschaft abgezogen ist und dreitausend Tote im Meer und eine Spur von Trümmern im Andenken der Überlebenden zurückgelassen hat.

Ähnlich ist die Konzeption von *Der schönste Ertrunkene von der Welt*. Jener riesenhafte, fremde Tote bringt einen unerwarteten Hauch in das Dorf. Er läßt die Illusionen und Träume der Dorfbewohner wieder aufleben, und sie begraben ihn mit allen Ehren. Sie akzeptieren, daß von nun an in ihrem Dorf alles großartiger sein wird, daß die Häuser fröhlicher sein werden, die Hoffnungen höher gesteckt, denn die Anwesenheit des »schönsten Ertrunkenen von der Welt« wird das anonyme Dorf — das zur Legende wird — in eine glücklichere Zukunft führen.

Beständiger Tod über die Liebe hinaus ist eine Erzählung, die mit dem Zauber der vorherigen bricht. García Márquez hält sich an seine politischen Phantome, und die Züge des Senators Onésimo Sánchez weisen auf eine Art von Übertreibung hin, die García Márquez in der Titelerzählung* wieder aufgenommen hat. Onésimo Sánchez ist eine Verkörperung des allmächtigen Politikers, des Demagogen und Demiurgen, der von seiner Macht ebenso gefesselt ist wie von der Einsamkeit der Liebe, die ihn in die Arme von Laura Farina führt, der Tochter eines Flüchtlings aus Cayenne, der keine ordentlichen Papiere besitzt. Dieser serviert dem Senator seine Tochter auf dem Silbertablett — allerdings trägt sie ein Vorhängeschloß, das ihre Jungfräulichkeit schützt. Die Erzählung gleicht einer *boutade* (wie *An einem dieser Tage*), als Sánchez bemerkt, daß die junge Laura das Schloß noch zwischen den Beinen trägt und daß er den passenden Schlüssel nur dann bekommt, wenn er verspricht, die Papiere ihres Vaters in Ordnung zu bringen. Er stirbt (»sechs Monate und elf Tage später«), ohne jemals mit ihr geschlafen zu haben, offensichtlich infolge eines Herzanfalls und »weinend vor Wut, daß er ohne sie starb«. (S. 227)

Der Bruch mit dem, was die erwünschte Einheit des Buches wäre, vollzieht sich in der folgenden Erzählung, *Die letzte Reise des Gespensterschiffs*. García Márquez antizipiert hier *Der Herbst des Patriarchen*, schöpft die Möglichkeiten eines ausgedehnten Monologs aus und führt mehrere Erzählerstimmen ein, die die Geschichte entwickeln. In kleinerem Stil ist es derselbe Kunstgriff wie in seinem Roman über den Diktator. Die erzählte Handlung ist einfach: ein Mann will hartnäckig die Vision noch einmal erleben, wie es schon früher geschehen ist, daß ein Überseedampfer am Dorf vorbeifährt. Dazu braucht er nichts anderes zu tun, als abzuwarten, bis ein anderer Dampfer vorbei kommt, ihn von seiner Rou-

---

* der spanischen Ausgabe: *Die unglaubliche und traurige Geschichte von der einfältigen Eréndira und ihrer herzlosen Großmutter.*

te weglocken und ihn auf den gewünschten Weg bringen, bis er zu Füßen des Dorfes strandet, an denselben Klippen »gegenüber der Kirche«. Die Figur ist in der Personengalerie von García Márquez bekannt: er ist die personifizierte Hartnäckigkeit, die auch Züge der Verblendung trägt.

Die Monologform von *Blacamán der Gute, Wunderverkäufer* bleibt früher angewandten Kunstgriffen in Abwandlungen treu. Die Geschichte jenes Jungen »mit dem dummen Gesicht«, der zum Helfer eines äußerst geschickten Quacksalbers wird, der seine »Wunder« sogar glaubhaft machen kann, bewegt sich zugleich auf den Wegen der Parodie. Der Lehrling des Quacksalbers ist aber noch dreister als sein Meister. Die Anwesenheit der nordamerikanischen *marines* wird am Rande erwähnt, weist aber auf eine Episode des nächsten Romans hin. Blacamán »der Gute«, das heißt, der Schüler, läuft durch jenes Gebiet, wo die ganze Karibik in einer einzigen Gegend zu finden ist, und die Beschaffenheit der Orte legt die Vermutung nahe, daß es sich um die kolumbianische Halbinsel *La Guajíra* handelt, aber es kann ebenso gut irgendeine andere Insel in diesem Gebiet sein. Die maßlosen Bekenntnisse des Erzählers wirken wie ein Feuerwerk. Der Halunke verbündet sich mit dem betrügerischen Phantasten. Vargas Llosa hatte Recht, als er erklärte, daß diese Erzählungen »ein Experiment sind, das nach einer neuen Sprache sucht«.

Die Sprache der Erzählung *Die unglaubliche und traurige Geschichte von der einfältigen Eréndira und ihrer herzlosen Großmutter,* die dem Band den Titel gibt, ist nicht neu, und man muß sie tatsächlich als Erzählversion eines Kinodrehbuchs verstehen. Daher der Überfluß an Bildern, die Vorliebe für die Dinge, für den schrulligen Aufzug, der die Figur der Großmutter umgibt, die zwar weder so reich, noch so mächtig ist wie die *Große Mama,* aber aus demselben Holz geschnitzt. Sie ist die größte Kupplerin, die der Autor seit den

Zeiten der Pilar Ternera* ersonnen hat, einer Hure und Kupplerin mit seherischen Fähigkeiten, die aber längst nicht eine so schlimme Hure und Kupplerin war wie diese Großmutter. Das Stilmittel ist aus dem früheren Werk von García Márquez bekannt: die »Realität« wird in einen unmäßigen Korpus verwandelt, eins ums andere werden — bis zur Sättigung — Elemente aufgeschichtet, die die Vorzüge oder Nachteile der Figuren wie auf einer überdimensionalen Leinwand oder in einem Zerrspiegel entblößen. Es ist ein Stilmittel in der Erzähltradition und der phantastischen Einfälle des Volkes. Möglicherweise wirkt sich auch die Lektüre des *Amadís* darin aus, die frühzeitige Entdeckung von *Gargantua und Pantagruel*. Sicher ist, daß die »herzlose Großmutter« kein Fremdkörper im Universum des Autors ist. Einen Schnitt oder einen deutlichen Bruch gibt es nicht: er bewegt sich weiterhin innerhalb der Galerie seiner persönlichen Geschöpfe.

Alles ist sehr glaubhaft maßlos in der »unglaublichen und traurigen Geschichte« dieses 12jährigen Mädchens, das von seiner Großmutter auf die übelste Art und Weise ausgebeutet wird, nachdem ein Unglück den prunkvollen Krimskrams und das Eigentum der Großmutter in Schutt und Asche verwandelt hat.

»›Armes Kind‹, seufzte sie. ›Dein Leben wird nicht lang genug sein, um mir diesen Verlust zu bezahlen.‹
Noch am selben Tag begann sie, sich im Regengeprassel den Verlust zurückzahlen zu lassen, als sie Eréndira zum Krämer des Dorfes mitnahm, einem knochenmageren, frühzeitigen Witwer, der in der Wüste dafür bekannt war, daß er gute Preise für Jungfräulichkeit zahlte.« (S. 234)

Eréndira wird gewogen und nach Gewicht verkauft — das ist

---

* Figur aus *Hundert Jahre Einsamkeit* (Anm. d. Übers.)

158

nur der erste Schritt auf ihrem Weg vom Mädchen zur Hure, einer der Wechselfälle im Leben des jungen Mädchens.

»Als im Dorf kein Mann mehr übrig war, der etwas für Eréndiras Liebe hätte zahlen können, entführte die Großmutter sie in einem Lastwagen in die Jagdgründe der Schmuggler.« (S. 236)

Aber jetzt ist Eréndira die kleine Nutte, die am Wegesrand verkauft wird, aufgesucht von gierigen, schwerarbeitenden Männern aus der ganzen Region, als wäre sie eine einzigartige Jahrmarktsattraktion. Die Großmutter verkauft sie, feilscht um ihren Preis, bietet sie hastigen Männern an, die auf der Straße Schlange stehen, während sie ihre »primitive Kapitalakkumulation« betreibt, die sich in dem Maße vervielfältigt, wie die Rechnungen steigen – und sie kommt zu dem Schluß, daß ihre Enkelin ihr immer noch etwas schuldet. Sie schleppt sie durch die Wüste von La Guajíra, wo die Schmuggler wohnen; sie geht ihre Rechnungen noch einmal durch und läßt in ihren kalten Wuchermanövern nicht einen Funken Erbarmen aufblitzen – eine verabscheuungswürdige Matrone. In diesem Schmutz erscheint die selbstlose Liebe des engelhaften Jünglings Ulysses als Gegenpol. Er ist der Sohn eines Holländers, der irgendwann auf der Halbinsel hängengeblieben ist. Zwischen Eréndira und ihm entwickelt sich eine uneigennützige Leidenschaft, als sei die Unschuld dieses Paares unerlässlich, um das Geschäft der Großmutter noch abstoßender erscheinen zu lassen.

Nichts hält die Großmutter von ihrem »schmutzigen Geschäft« ab, auch nicht die Ermahnungen der Missionare. Allerdings muß sie vorübergehend deren Drohungen nachgeben, und schließlich nehmen die Missionare Eréndira mit. Aber auch das führt zu nichts. Die Missionare, die seit dreihundert Jahren dort leben (die Erzählung ist gespickt mit historischen und augenzwinkernden literarischen Anspielungen) könnten sie nur dann befreien, wenn sie volljährig wäre. Eingeschlossen im Nonnenkloster, ist Eréndira davon überzeugt, daß sie glücklich ist, daß ihre Großmutter sie um nichts in der Welt bewegen kann, diese friedliche Gelassenheit und die Wonne, die ihr die liturgische Musik bereitet, aufzugeben. Währenddessen heckt die Großmutter eine nützliche Strategie aus: Eréndira mit dem erstbesten Leichtgläubigen zu verheiraten, der ihr über den Weg läuft. Sie bezahlt ihn dafür, und Eréndira läßt sich mit dem Unbekannten verheiraten, was gleichzeitig die Rückkehr in ihr früheres Leben als Hure bedeutet. Und wieder steht sie unter dem Bann der autoritären Großmutter; und wieder bekennt der junge Ulysses seiner Mutter, wie sehr seine Seele in Flammen steht. Er folgt seiner Geliebten und bringt ihr eine Apfelsine mit, an einem Kern haftet ein Diamant — eine der Apfelsinen, die sein Vater in der Gegend schmuggelt.

»›Aber es sind doch gewachsene Orangen‹, rief Eréndira aus. ›Natürlich‹, lächelte Ulysses. ›Mein Vater pflanzt sie an.‹« (S. 264)

Das Niemandsland der Halbinsel Guajíra ist das Reich von Schmugglern und anderem Gesindel, der unterworfenen Eingeborenen und einer despotischen Obrigkeit, die sehr viel despotischer als die feindliche Natur ist. In derselben Gegend hatte der junge Journalist von *El Heraldo* versucht, Enzyklopädien zu verkaufen — eines seiner Jugendabenteuer.

Der verliebte junge Mann träumt davon, seine Geliebte zu entführen, wie in den Versen einer alten Romanze. Der Senator Onésimo Sánchez taucht flüchtig in der Erzählung auf. Die Großmutter übt wie immer ihre despotische Macht über die Enkelin aus, aber Eréndira hat beschlossen, mit Ulysses zu flüchten. Die Erzählung hat etwas von einem Abenteuerroman, in dem weder die verrückten Lieben fehlen, noch die Komplizenschaften oder die Verfolgungsjagden. Nun setzt der Bürgermeister mit einem Trupp Soldaten den Flüchtenden nach. Als er sie eingeholt hat, trifft die Leidenschaft der beiden jungen Menschen auf die unüberwindlichste Klippe.

In der Erzählung vollzieht sich ein Bruch. García Márquez selbst taucht auf und gibt sich als Erzähler zu erkennen:

»Ich lernte die beiden Frauen um jene Zeit, die Epoche ihres größten Glanzes, kennen, wenn ich auch die Einzelheiten ihres Lebens erst viele Jahre später erforschen sollte, als Rafael Escalona in einem Lied den schrecklichen Ausgang des Dramas enthüllte und ich es für ratsam hielt, ihn zu erzählen. Ich reiste damals als Verkäufer von Enzyklopädien und medizinischen Büchern durch die Provinz Riohacha. Álvaro Cépeda Samudio, der gleichfalls die Gegend bereiste und Bierautomaten verkaufte, nahm mich in seinem Lieferwagen in die Wüstendörfer mit, um mit mir von Gott weiß was für Dingen zu reden, und wir redeten über so viele Nichtigkeiten und tranken dabei soviel Bier, daß wir, ohne zu wissen wann und wie, die ganze Wüste durchquerten und bis zur Grenze kamen. Dort stand das Zelt der fahrenden Liebe unter hängenden Spruchbändern: *Eréndira ist besser Geh und komm wieder Eréndira erwartet Dich Kein Leben ohne Eréndira.*«

Es ist das erste Mal, daß sich der Autor so offen mit einer autobiographischen Bemerkung vorstellt, noch offener, als er es in der Person des Gabriel auf den letzten Seiten von *Hundert Jahre Einsamkeit* getan hatte.

Durch ihre Zuhältergeschäfte ist die Großmutter mittlerweile unmäßig reich geworden, und sie verspricht der Enkelin ein opulentes Leben mit einem eigenen Haus in einer bedeutenden Stadt. »Das war ein neues, unvorhergesehenes Zukunftsbild.« (S. 276) Dem Willen ihrer Großmutter un-

terworfen, ahnt Eréndira nicht die Möglichkeiten jener
verheißenen Zukunft, noch nicht einmal, als sie ans Meer
gelangen. In ihren Träumen malt die Großmutter ihr eine
Zukunft als Königin aus. Als Eréndira sie wie üblich in heißem Wasser badet, sinnt sie auf Rache, die gleichzeitig ihre
Befreiung sein soll: sie will die Großmutter mit kochend
heißem Wasser übergießen. In ihren Träumen ruft Eréndira
nach Ulysses, und dieser »erwacht jäh im Haus der Oran-
genpflanzung«. Es ist ein Dialog der beiden Liebenden über
die Entfernung, Ulysses folgt seiner Geliebten, und nicht
einmal sein Vater kann es verhindern. Als er zum Zelt von
Eréndira kommt, ist die Großmutter in Erinnerungen an die
beiden »Amadisse« (ihren Mann und ihren Sohn, die beide
gestorben sind) und in phantastische Visionen versponnen.
Im Delirium zieht ihre Vergangenheit an ihr vorbei. Ulysses
und Eréndira beschließen, sie zu töten. Als die Großmutter
den Jungen entdeckt, läßt sie sich von seinen Lügen besänfti-
gen (»Ich komme, um Sie an Ihrem Geburtstag um Verzei-
hung zu bitten«), und sie akzeptiert, daß er bei ihnen bleibt.
Aber nicht einmal die monströse vergiftete Torte macht
ihrem Leben ein Ende: sie bewirkt nur, daß sie im Delirium
blutige Ereignisse rekapituliert. Ulysses geht weg und kehrt
zwei Wochen später mit einer neuen Methode zurück, um
sie umzubringen: er will das Zelt mit Dynamit in die Luft
jagen. Auch diese Methode verfehlt ihr Ziel: die widerliche,
phantasierende Kreatur scheint unsterblich zu sein. Statt
dessen erhöhen die durch die Explosion verursachten Schä-
den das Schuldkonto Eréndiras. Der unermüdliche Ulysses
fällt schließlich mit einem Messer über die Alte her und sticht
auf sie ein, obwohl sich die Großmutter mit Titanenkräften
wehrt. Es ist ein fürchterliches Gemetzel. Als er mit der
Plackerei endlich fertig ist, sucht er nach seiner geliebten
Eréndira, aber sie ist mit dem Goldwams, das die Großmutter immer getragen hatte, weggelaufen, »und nie traf die

geringste Nachricht von ihr ein, noch fand sich je die winzigste Spur ihres Unglücks«. (S. 289)

Die unerfüllte Liebe findet ihr Ende. Man würde sagen, daß das junge unterdrückte Mädchen bis zum Äußersten jede nur denkbare Art von Gemeinheiten ertragen hat, so daß sie letzten Endes in liebender Loyalität ihr Joch trägt. Anders läßt sich ihre Flucht vor dem Verliebten nicht erklären, der sie aus der Schande rettet. Die Romanze, die sich parallel zu den abscheulichen Geschäften der Großmutter entwickelt hat, endet als eine Fabel über Enttäuschung und Verrat.

In dieser Erzählung werden keine wesentlich neuen Stilelemente eingesetzt im Gegensatz zu den vorangegangenen. Die Geschichte verläuft mehr oder weniger linear (bis auf die Szenen, in denen die Großmutter über ihre glorreiche Vergangenheit und ihre legendäre Herkunft deliriert), vielleicht, weil sie ursprünglich als Drehbuch geplant war. Der Erzähler zeigt das gleiche »unbewegte Gesicht«, das die Großmutter und die Tanten von Gabriel José aufsetzten, wenn sie ihm alle möglichen Geschichten erzählten, denn *wenn* überhaupt jemand eine Geschichte glauben soll, dann wohl zuallererst *der*, der sie erzählt. Es ist die Erzählweise aus *Hundert Jahre Einsamkeit*, es ist die alte Lehre, die er aus der Lektüre von Kafkas *Verwandlung* gezogen hat. García Márquez tritt nicht etwa in die eigenen Fußstapfen, indem er seine Stilmittel schlichtweg wiederholen würde. Er lotet ihre Möglichkeiten aus und bereichert sie, er balanciert mit ihnen am Rand entlang, an jener gefahrvollen Grenze, bei der ein einziger Bestandteil zuviel, ein einziger falscher Schritt sein Vorhaben ernsthaft hätte verderben können. Die Anhäufung von Widerwärtigkeiten im Metier der Großmutter hätte sich nach wenigen Seiten erschöpft, aber durch die Erfahrung eines parallel ablaufenden Abenteuers (die Liebe zwischen Eréndira und Ulysses) wird ihre Ausdehnung gerechtfertigt. Das Ende selbst ist eine Überraschung, frustrierend für diejenigen, die für das Ende der Erzählung auf die glückliche, aber effiziente Erfüllung gehofft haben. *Die unglaubliche und traurige Geschichte* ... ist das Bindeglied zwischen *Hundert Jahre Einsamkeit* und *Der Herbst des Patriarchen.*

Die Entstehung von »Der Herbst des Patriarchen« und die Unbillen des Ruhms

Es war zu erwarten gewesen, daß der 1972 veröffentlichte Band mit Erzählungen nicht das Echo von *Hundert Jahre Einsamkeit* haben würde. Dennoch, García Márquez ist bereits so berühmt, daß eine ausländische Ausgabe auf die andere folgt und die Auflagen die eines x-beliebigen »Erfolgsschriftstellers« übertreffen. Aber die Leser warten auf den angekündigten Roman über den Diktator. García Márquez klagt immer wieder, wie sehr ihm der Ruhm zu schaffen macht. »Ich bin es müde, García Márquez zu sein«, hatte er schon einige Jahre zuvor in Barcelona gesagt. Der Journalistin Rita Guitart erklärte er 1971 in New York anläßlich seines Besuches dort:

»Ich weiß nicht mehr, wo man mich einmal gefragt hat, was der Unterschied zwischen *vor* und *nach* diesem Buch sei. Auf jeden Fall habe ich geantwortet, ›nachher gibt es immer etwa vierhundert Personen mehr‹. Das heißt, vorher hatte ich meine Freunde, und jetzt gibt es eine enorme Menge von Leuten, die mich sehen wollen, die mit mir sprechen wollen: Journalisten, Professoren, Leser. Seltsam... sehr viele Leser wollen gar keine Fragen stellen, sie wollen viel lieber über das Buch sprechen (...) Ich würde ja gern alle zufriedenstellen, aber da das nicht geht, muß ich die Leute hinters Licht führen, und zum Beispiel sagen, daß ich abreise, während ich in Wirklichkeit nur das Hotel wechsle. Diese Dinge kennt man von Stars, ich habe das immer gehaßt. Ich will nicht wie ein Star sein, das ist eine Vorstellung, die mich stört.«

Eine Situation, die nicht wieder rückgängig zu machen ist. Nichts breitet sich so schwindelerregend aus wie der Ruhm, und das ist für den Schriftsteller, einen eigentlich schüchternen Menschen mit wenigen Freunden, eine Qual. Das, was als schmeichelhafte Situation empfunden werden könnte, verursacht jemandem, der sich nicht zu Publikumsrummel und gesellschaftlichen Verpflichtungen hingezogen fühlt, richtige Kopfschmerzen. Ende 1974, als García Márquez *Der Herbst des Patriarchen* schreibt, hat er eine ungeahnte Berühmtheit erlangt, obwohl Barcelona eine liebenswerte Stadt ist, die wenig zu Klatsch und Tratsch neigt. Lateinamerika, und hier insbesondere Kolumbien, wäre das Extrem. Vielleicht zögert er aus diesem Grund Jahr für Jahr seine Rückkehr hinaus. In Ländern, wo die Reichen reicher und die Armen ärmer sind als anderswo, wird der Ruhm wie eine Speise auf dem Tablett präsentiert, über die alle herfallen und von der sich jeder — und sei es, mit Hauen und Stechen — ein Stückchen erkämpfen will. Gesellschaftliche Verpflichtungen haben ihren festen Platz und ihre eigenen Ehren, ihre eigenen Rituale, und sie sind in sich abgestuft, so daß der Übergang von einer Gruppe zur anderen nur sehr selten erlaubt wird. In Kolumbien dagegen nicht, dort ist jede wie auch immer geartete Berühmtheit willkommen, und wenn es der Ruhm eines vom Glück begünstigten Schriftstellers ist, um so besser. Das Leben von García Márquez wäre dort einem unvorstellbaren öffentlichen und privaten Druck unterworfen. Hat jemand eine politische Überzeugung, dann verlangt man von ihm mehr, als ein Mensch zu tun in der Lage ist; hat jemand Freunde, dann sollen sie sich möglichst vervielfältigen; hat jemand Geld, dann erwartet man von ihm, es in christlicher Nächstenliebe doch bitteschön mir oder unserer guten Sache zu schenken. Geht jemand zu einem Fest, dann bitte, warum nicht auch auf meins? Im Reich der Maßlosigkeit im Verhalten, wie es die Tropen sind, ist niemand so vielen maßlosen Forderungen so sehr ausgesetzt wie ein berühmter Mensch.

García Márquez wäre heute nicht, was er ist, hätte er sich in den gesellschaftlichen Rummel in seinem Land verwickeln lassen; zumindest hätte er doch noch größere Anstrengungen unternehmen müssen als in Barcelona, um die Zeit herauszuschinden, die man für literarische Arbeit braucht, oder sich die Ruhe zu erhalten, die ein Familienleben und einige Freundschaften erfordern. In seinen Gesprächen mit Plinio Apuleyo Mendoza kommt er immer wieder auf dieses Thema zurück.

»Die Berühmtheit schüchtert mich ein, und weihevolle Zeremonien erinnern an den Tod, und deshalb nehme ich nur sehr ungern an öffentlichen Veranstaltungen teil. Ich habe deshalb auch nie irgendeine Werbeveranstaltung für meine Bücher mitgemacht. Ich begreife, daß das erschreckend enden kann. Vor ein paar Tagen sagte mir eine Frau am Ausgang eines Theaters ins Gesicht: ›Es gibt Sie gar nicht‹.«

1974, kurz bevor er *Der Herbst des Patriarchen* beendet hatte, definierte García Márquez selbst seine politische Position, die sich in den nächsten Jahren noch radikalisierte und noch mehr Polemiken unter seinen europäischen Kollegen auslöste.

»Ich bin ein Kommunist, der zwischen allen Stühlen sitzt. Aber abgesehen davon glaube ich, daß der Sozialismus eine reale Möglichkeit ist, daß er eine gute Lösung für Lateinamerika ist und daß man noch viel aktiver kämpfen muß. Ich habe zu Anfang der kubanischen Revolution versucht, diesen Kampf zu führen, und habe für die Revolution, wie du dich erinnerst, etwa zwei Jahre lang gearbeitet, bis ein vorübergehender Konflikt mich vom Fenster verschwinden ließ. Das hat aber nichts an meiner Solidarität mit Kuba geändert, die beständig, verständnisvoll und nicht immer leicht gewesen ist, aber sie machte mich zu einem versprengten, harmlosen Freischärler.«

Einige Jahre später, nach der Veröffentlichung von *Der Herbst des Patriarchen*, gehört er dem »Russel-Tribunal« an, das die

Weltöffentlichkeit über die von den lateinamerikanischen Diktaturen begangenen Verbrechen informiert, als die Akte über die politischen Gefangenen und die Verschwundenen im Cono Sur* eröffnet wird. In die Konflikte in Mittelamerika greift García Márquez durch seine subtile diplomatische Vermittlung noch aktiver ein. Er hatte mal gesagt, er fühle sich überall fremd, nur nicht in der Karibik; nun teilt er mit, dem MAS ** in Venezuela beizutreten. Die mit dem Preis Rómulo Gallegos verbundene Geldsumme hatte er bereits dem MAS überwiesen. 1975, kurz nach der Veröffentlichung von *Der Herbst des Patriarchen* erklärt er, warum er — wie Julio Cortázar — beim Russel-Tribunal mitgearbeitet hat.

»(...) Das Russel-Tribunal bot mir die Möglichkeit einer konkreten Arbeit im Rahmen einer konkreten Organisation, womit ich mich nützlicher fühle. Das, was mir am Russel-Tribunal am interessantesten erschien und erscheint, ist seine Reichweite, die es als Werbetrommel für die Probleme Lateinamerikas hat. Es wirkt wie ein Resonanzkörper. (...) Brutal gesagt: es ist ein gigantisches Theaterstück, das wir inszeniert haben, damit Informationen über die Situation Lateinamerikas bekannt werden.«

Während dieser Zeit machten Gerüchte die Runde, García Márquez würde sich möglicherweise als (Oppositions)kandidat bei den Präsidentschaftswahlen aufstellen lassen, was aber vom Autor dementiert wurde.

»In keinem Land drängt man mir Verpflichtungen auf, denn in keinem Land kann man von mir verlangen, ich solle Präsident dieses Landes werden. Nur in Kolumbien. Man bittet mich, man erwartet es von mir. Um es ganz frisch und frei

---

* Südspitze des lateinamerikanischen Kontinents mit den Ländern Chile, Argentinien, Uruguay. (Anm. d. Übers.)
** *Movimiento al Sozialismo* — Bewegung für den Sozialismus. (Anm. d. Übers.)

heraus zu sagen, ich bin deshalb nicht in Kolumbien, um der permanenten Anforderung zu entfliehen, politischer Führer werden zu müssen.«

Politischer Führer werden wollte er nicht, als er sich 1974 der frischgegründeten Zeitschrift *Alternativa* in Bogotá anschloß, einem Organ der politischen Opposition. Auch nicht, als er kurze Zeit später dieser Publikation Geldmittel zur Verfügung stellte, da sie sich nur mit der Unterstützung ihrer Leser gerade so über Wasser halten konnte. Aber die Politik der Aufdeckung, die diese Zeitschrift systematisch verfolgt hatte, machte sie nicht nur der Rechtspresse (Liberale und Konservative) des Landes suspekt, sondern auch der Regierung. Im November 1975 wird ein Anschlag auf die Redaktionsräume verübt, der die Archive und die Einrichtung schwer beschädigt. Es ist notwendig, die Stellungnahme des Schriftstellers hier zu veröffentlichen, denn sie wird Jahre später Ursache für einen Vorfall sein, der zum gegebenen Zeitpunkt internationale Beachtung finden wird.

»Unser einziger Feind ist die Reaktion, und diese hat sich behaglich in diesem System eingerichtet, und zwar vor allem im Oberkommando der Streitkräfte, deren Oberbefehlshaber verfassungsgemäß Präsident der Republik ist. Das verleitet zu der Annahme, das Attentat gegen *Alternativa* sei das Werk professioneller Sprengstoff-Attentäter, deren Mentalität sichtbar wurde, als die Oberkommandanten der drei Waffengattungen in einer öffentlichen und feierlichen Erklärung die Schließung dieser Zeitschrift verlangten, und deren Doktrin General Camacho Leyva in einem Gorilla*-Hexensabbat à la Montevideo vorgetragen hatte.
Allein diese Spezialisten der Repressionskunst verfügen über

---

* Bezeichnung sogenannter ultralinker Organisationen für die Diktaturen Lateinamerikas. (Anm. d. Übers.)

die technische Virtuosität und den politischen Schwachsinn, uns durch die Zündung einer Bombe mit derartiger Schlagkraft zu ehren. Wir wissen selbstverständlich, daß es innerhalb der Streitkräfte noch andere Tendenzen gibt, die allerdings in der Hierarchie und in den Kanälen der öffentlichen Verlautbarungen keine Rolle spielen; erst, wenn diese Kräfte ihr Anrecht auf Initiative und Beteiligung an den internen Entscheidungsprozessen erkämpft haben, darf man auf eine gewisse Entspannung in diesem Klima der militärischen Barbarei hoffen (...).«

Bei einem seiner Besuche in Bogotá lernt García Márquez 1975 den damaligen Generalsekretär der PSOE* Felipe González kennen. Antonio Caballero, Enrique Santos Calderón und García Márquez interviewten den jungen und dynamischen sozialistischen Funktionär für *Alternativa*.
Vor der Veröffentlichung von *Der Herbst des Patriarchen* verläßt García Márquez Barcelona und siedelt nach Mexico-Stadt über, in ein Haus »im Pedregal von San Angel, einem luxuriösen Villenviertel, das ins vulkanische Gestein gebaut ist. Dort leben Expräsidenten, Bankiers und Leute vom Film, die Geld gemacht haben«.** Der Mann, der Jahre vorher auf die Frage der Journalisten, »was die revolutionäre Aufgabe des Schriftstellers sei« geantwortet hatte, »gut schreiben«, startet eine Art politische Karriere, deren Uneigennützigkeit ebenso ins Auge fällt, wie die Absicht, zu nützen.

* Sozialistische Arbeiterpartei Spaniens (Anm. d. Übers.)
** *Der Geruch der Guayave*, S. 116.

Der Herbst des Patriarchen

Wenige Tage nach dem Erscheinen von *Der Herbst des Patriarchen* * im Mai 1975 verkündete die Zeitschrift *Cambio 16* aus Madrid, die erste Auflage des Romans habe eine halbe Million Exemplare betragen. Von *Hundert Jahre Einsamkeit* waren bis zu diesem Zeitpunkt schätzungsweise zwei Millionen Exemplare verkauft worden. Diese Zahlen überraschen besonders im spanischen Sprachraum, da dort normalerweise nur eine gewisse Art von »Konsumliteratur« Auflagen dieser Art erlebt und sich die gute Literatur erheblich schlechter verkauft. Acht Jahre hatte das Schweigen gedauert, nur unterbrochen durch den Erzählungsband *Die unglaubliche und traurige Geschichte von der einfältigen Eréndira und ihrer herzlosen Großmutter,* und in dieser Zeit hatten Kritiker und Leser ihre Erwartungen immer wieder hinausgeschoben und gemutmaßt, der Autor von *Hundert Jahre Einsamkeit* sei nicht in der Lage, »Vergleichbares« zu schreiben. Kritiker wie Leser fielen einem alten Mißverständnis zum Opfer, der Annahme nämlich, daß sich alle Arbeiten eines Autors immer an dem Werk messen lassen müßten, das den größten Erfolg gehabt oder das seine Zeitgenossen am stärksten fasziniert hatte. Das Werk eines Schriftstellers besteht nicht darin, eine Formel zu finden und sie dann auf dem Markt oder bei den Lesern durchzusetzen; es ist vielmehr ein mit gebrochenem Arm geführter Kampf mit den Gespenstern seines bisherigen eigenen Werkes. Man schreibt nicht, um der Vorstellung, die die Leser sich von einem gemacht haben, zu entsprechen. Man schreibt (obwohl man immer »dasselbe Buch« schreibt), um einen Sprung nach vorn zu tun, und nicht, um in die alten Fußstapfen

---

* Deutsch: Köln 1978. Nach dieser Ausgabe wird im folgenden zitiert.

zurückzukehren — gleichgültig, ob sie vom Erfolg oder vom Mißerfolg gekennzeichnet sind.

Dies und mehr sollte man bedenken, wenn man sich mit *Der Herbst des Patriarchen* auseinandersetzt.

Wie soll man den Roman zusammenfassen, um sich nicht in diesem Labyrinth zu verlaufen, das nur auf den ersten Blick überschaubar wirkt, da der Patriarch bereits zu Anfang ebenso alt wie tot ist, ebenso erbärmlich wie auch von der ehemaligen Großartigkeit eines einsamen Despoten umgeben ist? Warum sollten wir nicht von vornherein davon ausgehen, wie es der Autor Jahre zuvor gesagt hat, daß der Roman auf einem früheren Erlebnis beruht?

»Kamst du, nachdem du mit ihm (dem Hofmarschall des Diktators Pérez Jiménez) gesprochen hattest, auf den Gedanken, den Roman zu schreiben?«

»Nein, erst an dem Tag, an dem die Regierungsjunta dort in Miraflores zusammentrat, zwei oder drei Tage nach dem Sturz von Pérez Jiménez, weißt du noch? Irgend etwas sollte passieren, wir Journalisten und Fotografen warteten im Vorzimmer des Präsidenten. Es war fast vier Uhr morgens, als die Tür aufging und wir einen Offizier im Kampfanzug mit schmutzigen Stiefeln und einer Maschinenpistole in der Hand rückwärts herauskommen sahen. Er schob sich zwischen den Journalisten durch...« (S. 104 f.)

Das sagte García Márquez im Gespräch mit Plinio Apuleyo Mendoza. Eine zeitlang bestätigte García Márquez, daß das einzige Bild, das er klar vor Augen hatte, das eines »unbegreiflich alten Diktators« war, »der allein in einem riesigen Palast voller Kühe übriggeblieben ist«. (S. 107)

Wie soll man die Handlung des Romans wiedergeben oder die verschiedenen Episoden, die wie Kettenglieder einen zentralen Korpus umschließen? Versuchen wir es mit einer allerdings schematischen Annäherung: *Der Herbst des Patriarchen* ist ein Roman »über« die Einsamkeit der Macht. Diese Abstraktion sagt überhaupt nichts. Sie ist lediglich eine äußerst knappe Zusammenfassung, so konzentriert, daß sie nichts nutzt, und wenn es etwas gibt, dem sich literarische Schöpfungen verweigern, so sind es Vereinfachungen von Ideen. Ist *Der Herbst des Patriarchen* eine Bestandsaufnahme von Ungeheuerlichkeiten, die dieser düstere Despot begangen hat? Ja und nein. Wie kann er so lange Zeit überleben, umgeben von Verrätern, die ihm schmeicheln, während sie auf seinen Tod warten? Welche seltsame Zärtlichkeit führt ihn zum Haus seiner Mutter, Bendición Alvarado, Analphabetin und wenig vertraut mit den Spielen der Diplomatie oder den Sitten des weitläufigen Palastes? Kann es tatsächlich eine solche Anhäufung von Macht geben, daß es nicht mehr notwendig sein sollte, zu befehlen, sondern daß schon die bloße Anwesenheit bei den ihm unmittelbar Untergebenen Panik auslöst? Kann ein Diktator existiert haben, der fähig gewesen wäre, zweitausend Kinder, die ihm lästig geworden waren, einzuschiffen, sie auf hohe See bringen zu lassen und das Schiff mit Dynamit in die Luft zu sprengen, um sich von der Gegenwart derer zu befreien, die ihm dazu gedient hatten, *immer* im Lotteriespiel zu gewinnen? Kann man tatsächlich die Episode für wahr halten, in der ein Verräter, einer der engsten Vertrauten des Patriarchen als schmackhaftes Gericht dem Ministerrat serviert wird, und dieser gezwungen ist, ihn Häppchen für Häppchen zu verspeisen, und nehmen Sie sich doch noch, meine Herren?

Bei der Lektüre dieses Buches wird sich immer wieder die Frage nach der Logik des Erzählten stellen, aber die »Logik« von *Der Herbst des Patriarchen* ist keine historische, obwohl die Geschichte von Beispielen ähnlicher Ungeheuerlichkeiten nur so wimmelt, sondern es ist die Logik einer Fiktion, die aufgebaut und wieder demontiert wird, die einen Schritt vorwärts macht und dann wieder einen zurück,

173

um gleich darauf wieder zwei Schritte nach vorn zu gehen. Die konzentrischen Kreise werden immer größer, das ist die Struktur von *Der Herbst des Patriarchen*. Man könnte sagen, daß der Roman bereits am Anfang »verraten« wird, denn wir erfahren gleich zu Anfang, daß der Patriarch alt ist, uralt und tot. Und daß die Neugier oder die Überraschung, mit der man Seite um Seite umblättert, enttäuscht würde. Aber genau das geschieht nicht: von einer Episode zur nächsten bestehen die »Überraschungen« nämlich nicht im logischen Lebensweg des Patriarchen, sondern in seinen Amtshandlungen, in der Ausübung seiner unermeßlichen Macht. Sogar Mitleid erweckt er beim Erzähler oder den Erzählern, die sich die Aufgabe teilen, sich einen Weg durch den Roman zu bahnen, damit dessen Ablauf bis zum Ende, das gleichzeitig der Anfang ist, nicht unterbrochen wird.

»Während des Wochenendes fielen die Aasgeier über die Balkone des Präsidentenpalastes her, zerrissen mit Schnabelhieben die Drahtmaschen der Fenster und rissen mit ihren Flügeln die innen erstarrte Luft auf, und im Morgengrauen des Montags erwachte die Stadt aus ihrer Lethargie von Jahrhunderten von der lauen, sanften Brise eines großen Toten und einer vermoderten Größe.« (S. 7)

Der erste Satz bereits macht klar, daß der Patriarch tot ist. Als die ersten Zeugen zum Palast kommen (vielleicht gehören sie der letzten Generation an, die unter der Last seiner Macht zu leiden hatte), als der Tote tatsächlich tot ist, glaubt man die Gewissheit zu haben, dies sei das Ende. Vorher war man verschiedentlich der Sinnestäuschung erlegen, einem Ende beizuwohnen, das keins war. In diesem Augenblick, als klar wird, daß der Patriarch allein, inmitten der Erhabenheit seines Palastes und der vulgären Gegenwart seiner Kühe gestorben ist, kann man damit beginnen, die Vergangenheit zu rekonstruieren und das Bild des Patriarchen anhand des pathetischen Bildes seines Todes zusammenzusetzen.

Das, was die Zeugen sehen, sind die Spuren der Pracht, die tote Erhabenheit seines höfischen Szenarios und die Verwüstungen, die die Tiere in den verfallenen Räumen angerichtet haben. Man muß den Ablauf der Zeit umkehren, um dem Ablauf des Romans zu folgen, der in einer Art rückblickender Beschwörung immer neue Elemente enthüllt. Zum Beispiel, wenn wir erfahren, daß das Leben bereits seit geraumer Zeit erloschen war, daß kein äußeres Anzeichen darauf hinwies, in diesem Palast könne sich auch nur ein einziges Lebewesen befinden. Oder wenn klar wird, daß der Diktator mehrfach seinen Tod simuliert hat — Tricks mit denen er die Loyalität seiner Minister und Berater auf die Probe stellte. Es hatte einen ersten simulierten Tod gegeben und einen zweiten, noch glaubwürdiger simulierten. Wir bemerken, daß die Zeit des Patriarchen nicht unsere Zeit ist, weil die Zeitalter in seiner Bestandsaufnahme nicht zählen, denn er hat den Ablauf des Kalenders geändert, den Lauf der Flüsse, den Lauf der Natur. In seiner unendlichen Macht ist er Gott, denn sogar den Gewalten, die Gott seinen Stellvertretern auf Erden verliehen hat, bietet der Diktator die Stirn, als sie sich weigern, seine allerheiligste Mutter Bendición Alvarado heiligzusprechen, eine analphabetische Bäuerin, die er in ein Elendsviertel zwischen Geiern und Palastwachen verbannt hat. Seine Macht war so unermeßlich und so unermeßlich seine Angst, daß er Patricio Aragonés zu seinem Doppelgänger macht, damit dieser seine Einsamkeit und seine Angst teile. Damit er sie mit General Rodríguez de Aguilar teile, seinem Verteidigungsminister und ihm am nächsten stehenden Beschützer. Der Roman ist eine Art Beschwörung. Scheinbar erfährt der Roman eine Steigerung, während die Beschwörungen zunehmen. Der Patriarch ist Analphabet, und im Gestrüpp seiner Macht akzeptiert er keine Form

»übergeordneter« Weisheit, obwohl er mit der Kirche paktiert. Die einzige Stätte des Friedens ist die, die ihm seine Mutter bietet, denn sogar seine Lieben sind widersprüchlich, wie die unmögliche Liebe zu Manuela Sánchez. Seine Konkubinen sind Teil des Alltags seiner Macht, und er benutzt sie mit seniler oder jünglingshafter Eile. Er simuliert seinen Tod, und als er sich selbst in dem Leichnam sieht, der statt seiner dort liegt, ist es, als würde er sich selbst in einem Spiegel sehen, »verletzt vom Grauen und der Scham«. Er inszeniert seine eigene Farce. Er rottet seine Gegner mit abschreckenden Strafen aus, und in der zeitlosen Zeit seiner Macht sieht er die Karavellen von Kolumbus.

Jeder Roman bietet einen Schlüssel zur Lektüre an, und einer der Schlüssel oder Wege, die uns García Márquez anbietet, ist die Willkürlichkeit der Zeit. Mit einem Wort, der Anachronismus: der Zeitpunkt und die Logik der Ereignisse ordnen sich der Wirklichkeit der Erzählung unter. Dieser Patriarch, der seine ungeheuren Hoden hinter sich her schleift, die so schwer sind wie seine Füße, hat die verstorbene Ehefrau durch die Mutter ersetzt. Die ganze Aufschneiderei der Macht wird im Verlauf der Erzählung enthüllt, die immer wieder in die Vergangenheit oder in die Zukunft springt und sich den Lesegewohnheiten des »normalen« Lesers widersetzt. Will man sich auf die Logik dieses Romans einlassen, muß man nur diese Lesegewohnheiten über Bord werfen, denn die Logik ist überhaupt nicht kompliziert: man darf nur nicht erwarten, daß ein Ereignis seine Fortsetzung im nächsten findet. Man muß die Ereignisse selbst »zusammensetzen«, sie in eine Reihenfolge bringen, die der Leser während des Lesens mit Hilfe seines Gedächtnisses entwerfen muß. Der Roman ist am Ende geschaffen, wenn die letzte Heldentat der Macht aufgedeckt wird, bevor ihr Symbol (der Patriarch) schließlich und endlich stirbt.

Dann wissen wir, daß er mit den ausländischen Besatzern

paktiert hat, daß er den Pomp seiner Macht verloren hat, daß er das Meer verkauft hat und daß die Ausländer ihn schließlich mit seinem Scheißland haben sitzen lassen, nachdem sie es ausgesaugt haben, denn sie sind davon überzeugt, daß es besser sei, den Patriarchen mit seiner ewigen Macht fallen zu lassen. Dann wissen wir, daß Bendición Alvarado noch immer glaubt, sie sei arm und nichts von dem unermeßlichen Reichtum ihres allmächtigen Sohnes weiß. Eine Geschichte überdeckt die vorhergehende. Bendición Alvarado weiß nichts von der Macht ihres außerhalb der Zeit stehenden Sohnes, obwohl seine Macht und sein Reichtum natürlich auch von ihr stammen. Aber der Patriarch, der kalte Despot, ist in seiner grenzenlosen Greisenhaftigkeit auch zur Liebe fähig; da wäre seine alberne Leidenschaft für Manuela Sánchez, seine jünglingshaften Besuche, aber auch das, was er tut, um sie in ihrem Viertel der Hundekämpfe einzusperren. Der Patriarch verwandelt seine unerwiderte Liebe für die arme Vorstadt-Schönheit in etwas Erhabenes, wie er das, was sie umgibt, verächtlich macht. Der Patriarch, der zu Anfang tot ist, »erwacht« im Romanverlauf zu neuem Leben. Nichts entgeht seiner Macht, bis auf die Liebe, und auf sie versteift er sich (zu Bendición Alvarado, zu Manuela Sánchez), denn sie ist das einzige, was er nicht bekommt, und auch seine Minister und seine Spürhunde können sie ihm nicht beschaffen. Das ist das Stigma seiner Einsamkeit. Er kann Francisca Linero verführen, er kann den Mann, der sie gerade geheiratet hat, zerstückeln lassen, aber er muß sich mit der toten Hand der Macht begnügen, die sich auf die feste Hand von Manuela Sánchez legt. Der Patriarch wird internationalen Organisationen die Einreise gestatten, die untersuchen wollen, was mit den zweitausend Kindern geschah, die in unterirdischen Verliesen eingeschlossen sind, und er erreicht, daß die Kommissionen mit der Überzeugung wieder abreisen, es sei nichts geschehen, es handele sich lediglich um von der Opposition in Umlauf gebrachte Gerüchte. Hochmütig wird er die zu ihm geflüchteten Despoten anderer Länder beköstigen; er bemitleidet sie, denn er begreift nicht, daß sie nur das Pech gehabt hatten, zu überleben. Den Tod aber verlacht er, er simuliert ihn, um ihn auszutreiben. General Rodrigo de Aguilar will ihn in ein Altersheim sperren, aber der Patriarch deckt die Verschwörung auf. Er ruft seine Minister zusammen und serviert den Verräter »auf einer silbernen Platte in seiner ganzen Länge auf einer Garnitur aus Blumenkohl und Lorbeer ruhend, eingeweicht in Gewürzen, im Ofen goldgebräunt, zubereitet in seiner Uniform mit den fünf goldenen Mandeln für feierliche Anlässe (...).« (S. 157)

Kehren wir zum Anfang des Romans zurück, wenn dieser seinen ganzen Schwung entfaltet. Es geht darum, das fehlende Bild zusammenzusetzen, und dazu muß man das Leben und das Werk des Patriarchen rekonstruieren, der in den ersten Zeilen des Romans tot aufgefunden wird. Kehren wir also zu ihm zurück, als er, unvorstellbar alt, die Erinnerung an seine verstorbene Frau, Letitia Nazareno, beschwört. Er hat sie durch seine Mutter, Bendición Alvarado, ersetzt, und diese wird zu Beginn eines neuen Jahrhunderts sterben. Die Stimme des kollektiven Erzählers (wie der Chor der griechischen Tragödie) vermischt sich mit denen anderer Erzähler.

»Keiner von uns war alt genug, um Zeugnis von jenem Tod abzugeben, aber der donnernde Nachhall des Leichenbegängnisses hatte bis in unsere Zeit nachgewirkt, wir verfügten über wahrheitsgetreue Nachrichten, daß er nie mehr der alte sein würde, sein Leben lang, niemand hatte das Recht, weit über die hundert offiziellen Trauertage hinaus seine Waisenschlaflosigkeiten zu stören (...)« (S. 170)

Hier erfährt der Leser, woher und aus welchem Morast der Patriarch gekommen war, aus dem Morast der Bürgerkriege, aus den Reihen der Liberalen. Wie recht hatte García Márquez doch, als er annahm, daß Aureliano Buendía, nachdem er in seinen Kriegen gesiegt hatte und am Leben geblieben war, sich auch in einen Despoten hätte verwandeln können. Der Patriarch hat seinen Ursprung in dieser Epoche, Bendición Alvarado wird nicht heiliggesprochen werden. Der Gesandte der Kirche offenbart ihm das Netz von Täuschungen, die fingierten Wunder der für wundertätig gehaltenen Mutter. Man hatte ihn getäuscht. Trotzdem kommt der Patriarch nicht zu dem Schluß, daß die Macht nicht nur seine Opfer entfremdet. Sie entfremdet auch ihn.

Die Zeit der Erzählung läuft rückwärts. Als der Patriarch tot ist, beginnt der Kampf um die Macht, die Streitereien und das Gerangel der Nachfolger. Im nächsten Akt wird der Faden, der zum Patriarchen führt, wieder aufgegriffen. Die religiösen Ordensgemeinschaften, die der Patriarch in seiner Wut darüber, daß man seine allerheiligste Mutter nicht heiliggesprochen hatte, vertrieben hatte, kehren heimlich ins Land zurück. Sie werden entschädigt, und die weltlichen Gesetze werden abgeschafft. Die Historie schließlich befindet sich in einem Teufelskreis. Der Autor zwinkert dem Leser zu, und dieser sieht den Dichter Rubén Darío vorbeiflanieren, und eine Stimme führt in die Akkorde seines »Triumphmarsches« ein, die man im Rahmen einer operettenhaften Flitter-Zeremonie gehört hatte. Der ganze Flitter der Macht, ihre abergläubische Wundergeschichte und ihre Grausamkeit, ihre verfeinerten Foltermethoden und der Palast voller Folterer passieren im Roman Revue. Der Roman ist, alles in allem, eine Bestandsaufnahme. Die Verschwörungen werden niedergeschlagen, ihre Rädelsführer als abschreckendes Beispiel geviertelt, José Ignacio Sáenz de la Barra, der raffinierte Folterer, wacht über die Sicherheit des Landes und die des Patriarchen. De la Barra erweitert noch die Methoden seiner minutiösen Grausamkeit. Auch er konspiriert gegen den Patriarchen, und er läßt ihn weiterhin in dem Glauben, daß er allein Macht ausübt. Und die, die Macht ausüben, sind auch diejenigen, die die Verdächtigen aus dem Weg schaffen und sie massakrieren. Der Schwachsinn der Macht findet seine sinnbildhafte Verkörperung in dem Patriarchen, obwohl die tatsächliche Macht von seinen Mitarbeitern ausgeübt wird. Der Patriarch ist das Symbol, die Abstraktion der Macht. Und das Symbol ist notwendig, damit die tatsächliche Ausübung der Macht einen Sinn bekommt. Wie jede Nacht schiebt der Patriarch »die drei Schubriegel seiner Schlafzimmertür vor, die drei Sperrklinken, die drei Schließhaken« und schläft in seiner ungeheueren Einsamkeit. Die senile und obszöne Liebe, die ihn zum Körper eines Schulmädchens treibt und zum täglichen Ritual mit ihr, vermag nicht die Begierde seiner Einsamkeit zu stillen. Das 12jährige Mädchen beschwört in seinem Monolog das flüchtige Glück, das ihr der Patriarch gegeben hat, es beschwört seine Unschuld und zugleich die Lüsternheit des Impotenten mit dem Hodenbruch. Als das Mädchen vierzehn Jahre alt ist und sich nach der einzigen Art von Liebe verzehrt, die der Patriarch ihr aufgezwungen hat, wird es aus dem Land verbannt. Die engsten Mitarbeiter des Patriarchen streuen ihm Sand in die Augen. Er selbst übt keine Macht aus, aber er ist die Ursache, daß die Macht seiner Heere funktioniert, daß Sáenz de la Barra den Terror durchsetzt und die Verfeinerung der Folter zu einer alltäglichen Praxis macht. Ebensowenig wird niemand verhindern können, daß Sáenz de la Barra ein weiteres Opfer seiner Exzesse wird. Der letzte und einzige Exzeß ist der Patriarch, und Sáenz de la Barra hat der Versuchung nachgegeben, zu einem Verschwörer zu werden. Und der »blutdürstige Zivilist« wird Opfer seiner eigenen Erfindung. Entweder landen die Marinesoldaten, oder sie nehmen das Meer mit. Und im April nehmen sie das Meer mit. Alt, noch älter als sein eigenes Alter, stirbt der Patriarch in seinem Palast mit den Kühen, die auf den Teppichen weiden. Und, wie gesagt, wir werden Zeuge einer Bestandsaufnahme, der Summe aller Exzesse.

»Mein Bestreben war immer, eine Synthese aller lateinamerikanischen Diktatoren und besonders der aus der Karibik zu schaffen«, (S. 106) sagte García Márquez zu seinem Freund Plinio Apuleyo Mendoza. In dieser Summe kann man die historisch belegbaren Züge eines Juan Vincente Gómez (Venezuela), eines Duvalier (Haiti), eines Trujillo oder eines Ubico erkennen, aber auch die der zivilen Despoten, die ihnen zur Seite standen. Diese Summe deutet auf eine weitere Realität hin: die Abhängigkeit. Allmächtig ist der Diktator ausschließlich auf seinem Territorium. Außer ihm gibt es noch eine übergeordnete Macht, eine ausländische Macht. García Márquez nennt sie nicht beim Namen, aber man errät auch so, daß die *marines* nicht aus dem Kongo stammen, daß die sich ablösenden Botschafter, je nach der Herkunft ihrer Namen, auf die verschiedenen Phasen der Oberhoheit hinweisen. Sie kann nordamerikanisch, englisch, französisch oder holländisch sein. Diese ausländische Macht, die den Patriarchen zwingt, sich zwischen den *marines* oder dem Meer zu entscheiden, ist die einzige, die er, ohne daß sie ihn bedroht hätte, wie in einem vom Ursprung der Macht besiegelten Pakt anerkennt. Das, was der Roman an Unwahrscheinlichem enthält, wird wahrscheinlich, wenn man es als Summe versteht, als ein schreckliches Fresko von oder über die Geschichte der Diktaturen. Der Roman »balanciert« auf dem Hochseil, das auch zu seiner Sprache wird. Die sich selbst parodierende dichterische Sprache bewirkt, daß sich jeder Satz über den folgenden schiebt, daß sich jedes Fragment der Geschichte zusammensetzt aus der Summe der Fragmente, wie auch die Biographie des Patriarchen und die Ereignisse während seiner Herrschaft montiert werden: mittels einer schwindelerregenden Überlagerung von verschiedenen Ereignissen. Das Hochseil reißt nicht. Neben der niederträchtigen Grausamkeit des Patriarchen ist da noch das Erbarmen des Erzählers, beziehungsweise der verschiedenen Erzähler. Denn der Patriarch ist auch als Despot Opfer seiner eigenen Erfindung. Es verwundert kaum, wenn er sich in die mütterliche Liebe flüchtet, wenn er unter dem Gleichgewicht einer unerfüllbaren Liebe zusammenbricht, wenn er wie ein Hund mit leiser Stimme in seinen hastigen Orgasmen aufheult. Er hat das grenzenlose Gebiet der Macht erfunden, und um es zu erhalten, wird er zum Sklaven. *Der Herbst des Patriarchen* steht dem epischen Gedicht näher als dem Roman, auch wenn er bei letzterem den Entwurf der Personen entliehen hat. Es handelt sich hier nicht um Personen, die von innen nach außen definiert sind; wie der Patriarch selbst sind sie Sinnbilder, Symbole, Charaktere und Karikaturen, denn zuallererst ist *Der Herbst des Patriarchen* eine Satire. Und deshalb wohl ist diese Sprache der Superlative nötig, diese atemberaubende Syntax, der Zickzackverlauf der Handlung. Ein Schritt vorwärts und zwei zurück, und immer so fort. Einen einzigen Fixpunkt gibt es: der Patriarch, der endgültig tot ist. Man könnte sagen, der Autor hat die dichterische Freiheit bis zum Äußersten ausgenutzt. Doch das wäre nicht ganz richtig, denn die »Freiheiten« im Stil, die er sich erlaubt hat, beeinträchtigen die Verständlichkeit der Geschichte nicht. Im Gegenteil, sie tragen zu ihrer Kohärenz bei. *Der Herbst des Patriarchen* ist eine in Bilder übersetzte Reflektion über die Macht.

Das politische Kapital des Ruhms

»Ich glaube, daß man ein Buch schreibt, um es nicht noch einmal schreiben zu müssen: man schreibt, um das Buch loszuwerden, wie jemand, der einen Tumor entfernt«, erklärte García Márquez 1975 in Mexiko, einige Monate, nachdem *Der Herbst des Patriarchen* erschienen war. Er hatte »den Tumor entfernt«, der sich seit dem Januar 1958 bösartig in seine ständig vorhandenen schriftstellerischen Vorstellungen eingenistet hatte. 1975 formuliert er eine seiner polemischsten Erklärungen: er würde nichts mehr schreiben, bevor Pinochet nicht gestürzt sei.

1977 erläuterte García Márquez der uruguayischen Journalistin Maria Esther Gilio:

»Ich wollte damit sagen, daß ich so damit beschäftigt sein würde, gegen Pinochet zu arbeiten, daß mir wohl keine Zeit mehr bliebe, etwas anderes zu tun. Und da ich glaube, daß ich mehr Leser habe als Pinochet Anhänger, versuche ich, meine Leser aufzuwiegeln.«

Ob seine Ankündigung nun wörtlich oder im übertragenen Sinn gemeint war, der Autor machte sie in den nächsten Jahren wahr. Zu diesem Zeitpunkt etwa, als er bereits mit den Präsidenten von Venezuela (Carlos Andrés Pérez), Mexiko (López Portillo) und dem starken Mann Panamas (Omar Torríjos) befreundet war und sich der Sandinistischen Befreiungsfront Nicaraguas angenähert hatte, die die Diktatur von General Anastasio Somoza bekämpfte, ging García Márquez von schweigender Solidarität zu kämpferischem Engagement über. Er intensivierte seine persönlichen Beziehungen zu Fidel Castro (den er während seiner Arbeit für *Prensa Latina* 1961 kennengelernt hatte) und diese Entwicklung, die den Autor mit Genugtuung erfüllte, interpretierten viele Schriftsteller und Intellektuelle als bedingungslosen Ausrutscher in die Richtung »Sektierertum«. Vielleicht sollten wir den Weg, den García Márquez eingeschlagen hat, genauer ansehen. In einer eindeutig von Blöcken geprägten Politik setzt sich García Márquez mit dem »Hauptfeind« auseinander, wie ein Marxist es nennen würde, er investiert seine gesamte Energie und einen großen Teil seines Renommees in zwei grundlegende Themen: die systematische Aufklärung über die Repression, unter der Lateinamerika und insbesondere die Länder des Cono Sur leiden, und, mit derselben Eindringlichkeit, die Verteidigung der kubanischen Revolution. Aus der einen wie der anderen Aktivität leitet sich sein Antiimperialismus ab.

Niemandem ist entgangen, daß die Diktaturen Lateinamerikas von den USA eingesetzt und unterstützt werden, daß die Blockade gegen Kuba — unter der Carter-Administration etwas gelockert und von Reagan wieder verschärft — die Bemühungen der Revolutionsregierung um Normalisierung torpediert. Seit 1961 dient die Blockade einer Zermürbungsstrategie.

Diese Ideen tauchen immer wieder in den Erklärungen von García Márquez auf, sie haben seine Artikel über Angola beeinflußt, und daher rührt auch der Plan, ein Buch »über den Alltag unter der Blockade« zu schreiben. Zu diesem Zweck reist er häufig nach Kuba. Die 1961 »eingefrorenen« Beziehungen (seit er seine Arbeit bei *Prensa Latina* niedergelegt hatte) sind ab 1975 wieder aufgelebt. Und er reist auf Einladung von General Torrijos, den er 1973 als Demagogen kritisiert hat, nach Panama, um dessen Pläne aus der Nähe kennenzulernen. Zwischen Spannungen, Rückschlägen und Schritten in die richtige Richtung verkörpert Torrijos den Willen Panamas, die Souveränität über den Kanal zu bekommen. García Márquez wird bald zu einem Vertrauten Torrijos' und wirbt für dessen nationalistische Politik. Die

Beziehung erlebt 1978 einen Höhepunkt: García Márquez wird zusammen mit Graham Greene von Torrijos eingeladen, an der Unterzeichnung des Vertrags über den Panama-Kanal in Washington teilzunehmen. Aus Gründen, die mehr mit Humor zu tun haben als mit dem internationalen Ansehen der beiden großen Schriftsteller, händigt Torrijos seinen beiden Zeugen, die normalerweise nur eine beschränkte Einreiseerlaubnis in die Vereinigten Staaten erhalten, offizielle Pässe von Panama aus.

Die Episode ist bedeutungsvoller, als es oberflächlich den Anschein haben mag: García Márquez hatte angefangen, eine Rolle als »Geheimdiplomat« im karibischen Raum und Mittelamerika zu spielen. Er trifft sich mit Sandinisten, die nach Costa Rica oder Havanna geflohen sind (vor dem Sieg der Sandinisten) und entfaltet etwa von Mexiko aus kämpferische Aktivitäten, die aber keineswegs seine Kontakte mit Präsidenten verhindern, die mehr aus dem bürgerlichen Lager stammen, wie z.B. seine Freunde López Michelsen, Carlos Andrés Pérez, Omar Torrijos und López Portillo, Liberale, Sozialdemokraten oder Nationalisten, die die entscheidende »Achse« bilden. Hinzu kommen seine Kontakte zur Sozialistischen Internationalen, die sich bereits anläßlich des Attentats gegen die Zeitschrift *Alternativa* wenn nicht offiziell, so doch mittels einiger ihrer führenden Mitglieder zeigten.

Es handelt sich natürlich nicht um einseitige Aktivitäten, die ausschließlich auf seine engen freundschaftlichen Beziehungen mit Fidel Castro fixiert sind. Seine Aktivitäten beziehen sich auch auf andere Tendenzen im demokratischen Spektrum. So überrascht es weder, daß ihn Frankreichs Staatspräsident François Mitterand 1981 in die Ehrenlegion aufnimmt, noch, daß der Schriftsteller und der Staatsmann freundschaftliche Beziehungen anknüpfen, die weiterreichen als die gegenseitige Bewunderung. Im Kabinett von Mitterand fand

García Márquez einen weiteren Bundesgenossen: Kultur-minister Jack Lang; nicht zu vergessen seine alte Freund-schaft mit Régis Debray, dem Berater der französischen Regierung für lateinamerikanische Angelegenheiten.

Mit diesem Netz von Beziehungen ist seine politische Rolle — oft kämpferisch, in anderen Fällen praktisch und schlich-tend — vor jedem »lyrischen Selbstbetrug« gefeit.

Als er 1980 wieder für *El Espectador* zu schreiben beginnt, geschieht das, um eine wöchentlich erscheinende Kolumne zu haben, die in verschiedenen Zeitungen Lateinamerikas und Europas nachgedruckt wird. Ohne einen ausgesprochen literarisch und mitunter autobiographisch geprägten Journa-lismus aufzugeben, nützt García Márquez diese Tribüne als Plattform für die Verbreitung seiner politischen Betrachtun-gen. Obwohl einige seiner Leser und einige Schriftstellerkol-legen die Radikalisierung seiner Positionen nicht gerade mit Wohlwollen betrachten, bleibt García Márquez seiner Soli-darität mit Kuba unter Bedingungen treu, die alles andere als einfach sind. 1977, als die Madrider Zeitung *Pueblo* ihn über die Gefängnisse in Kuba befragte, antwortete er mit einer Aufrichtigkeit, die seine politischen Feinde gern überhören. Auf die Frage »Konntest du die Gefängnisse besuchen?« ant-wortete er:

»Nicht nur die Zuchthäuser, auch die Untersuchungsgefäng-nisse, die Verhörräume. Natürlich, wenn sie dich an diese Orte führen, werden sie dir keine Folterinstrumente zeigen oder dich etwa in den Raum bringen, wo die Kinder gevier-teilt werden, noch irgendwohin sonst, wo es so etwas dieser Art gibt. Ich bin nicht so naiv, zu versichern, es gäbe keine Folter, weil ich sie nicht gesehen habe.«

Er macht aus seiner Bewunderung für Fidel Castro keinen Hehl. »Er ist der sanfteste Mann, den ich kenne. Und er ist der schärfste Kritiker der Revolution und von unerbittlicher

Selbstkritik«, schloß er. Erklärungen dieser Art verursachen seinen »Feinden« Kopfschmerzen.

Ein brennend aktuelles Thema wurde im Verlauf jenes Gesprächs angesprochen, die Pressefreiheit.

»Als großes Problem hat sich in Kuba dauernd die Frage gestellt, auf welche Weise die an der Macht befindliche Klasse, in diesem Fall das Proletariat, die Massenmedien einsetzen kann, um ihre Interessen zu verteidigen. Ich glaube, daß diese Klasse genau dazu die Volksmachtorgane hat, aus ihnen müßte eine Volkspresse entstehen, die die offizielle ergänzt.«

Die Antwort ist umfassend, doch sie wirft neue Fragen auf. Und wenn diese Klasse des Volkes mit ihren Organen, die unabhängig von der offiziellen Macht sind, eine unabhängige Presse oder Gewerkschaft bilden, wie im Fall Polens, auf welche Schwierigkeiten stößt sie dann? Es ist nicht leicht, Simplifizierungen aus dem Weg zu gehen, und der Journalismus scheint seinem Wesen nach das Medium zu sein, das am anfälligsten für Vereinfachungen ist. Bei realistischer Betrachtung stößt man auf einen Teufelskreis: da die Revolution immer noch angefeindet wird, ist es nur recht und billig, wenn sie sich zu ihrer Verteidigung in permanenter Alarmbereitschaft hält; und dieser Zustand strapaziert ihre Mittel der Selbstverteidigung bis aufs äußerste. Ihre Feinde wissen das: wenn sie die Revolutionäre anfeinden, treiben sie nicht nur ihre Kosten in die Höhe (denn sie zwingen sie, sich zu bewaffnen, Kräfte aus dem Produktionsprozeß abzuziehen), sie halten auch das Bild vom »Totalitarismus« lebendig. Es wird folglich keine »freie Presse« geben, jede Initiative, die sich von den offiziellen Entscheidungen entfernt, wird unter dem Vorwand abgewürgt werden, sie sei »vom Feind« in die Welt gesetzt. Wäre die Revolution freizügiger und blühender, wäre der Kampf allmählich verloren, scheinen die Feinde der Revolution mitunter zu kalkulieren. Man muß der Revolution also die Möglichkeit nehmen, sich selbst aufzubauen, man muß sie mit Dynamit in die Luft jagen und sie hetzen. Für Kuba wie für Nicaragua gilt dieselbe Strategie.

Es besteht kein Zweifel, daß García Márquez diese Situation von Grund auf kennt und daß er es vorzieht, sich nicht auf die von seinen politischen Gegnern angezettelten »Polemiken« einzulassen — auch wenn er deshalb wie ein kritik- und bedingungsloser Anhänger erscheinen mag. Er zieht sich nicht auf »ausgewogene Argumentationen« zurück, wenn er das kubanische Engagement in Angola verteidigt, aber er verhehlt auch nicht seine Besorgnis, wenn man ihn zu Afghanistan befragt. Über den ersten Punkt erklärte er 1976 gegenüber *Prensa Latina*:

»Die Niederlage des Imperialismus in Angola ist der schwerste Schlag, den der Westen in seiner ganzen bisherigen Geschichte hinnehmen mußte. Und außerdem wird er davon getroffen, als er am wenigsten damit gerechnet hat, als es ihm am wenigsten gepaßt, als er es am wenigsten gewollt hat: kurz vor den Wahlen der Vereinigten Staaten (...) Es ist hervorragend, daß die kubanischen Verantwortlichen so außerordentlich gewitzt und besonnen waren, daß sie mit der gebotenen Schnelligkeit und Geistesgegenwart handelten und sich der Konsequenzen bewußt waren (...).«

Während dieser ganzen Jahre gibt es kein Thema der internationalen Politik, für das sich der im freiwilligen »Streik« befindliche Autor nicht interessierte. Einer seiner Freunde, ein »abtrünniger« Linker beziehungsweise jemand, der immer noch auf der Welle des lyrischen Selbstbetrugs schwimmt — der bequemsten aller Handlungsweisen für einen Franktireur — hat dennoch die zutreffendste Erklärung des Schriftstellers gefunden:

»(...) Es fällt nicht leicht, García Márquez politisch zu verstehen. Für ihn sind Breschnew und Fidel Castro zwei ganz verschiedene Fälle, auch wenn allgemein anerkannt ist, daß viele Züge des kubanischen Regierungssystems vom sowjetischen Modell inspiriert sind. (...) Auf jeden Fall hat García Márquez nichts mit einem orthodoxen Kommunisten gemein. Außer seinen engsten Freunden kennen nur wenige die wichtige politische Rolle, die er in der Karibikzone als ehrenamtlicher, inoffizieller Botschafter spielt. Er hat enge Beziehungen zu Vertretern von sozialdemokratischen und fortschrittlich liberalen Strömungen.« (S. 120)

Man wird unschwer erraten, daß dieser Freund Plinio Apuleyo Mendoza ist.
1981 erschien, gleichzeitig in Lateinamerika und Spanien, sein Roman *Chronik eines angekündigten Todes* *. In Santiago de Chile war General Pinochet weiterhin so lebendig wie der Patriarch während eines seiner schrecklichen simulierten Tode. Genau in diesem Jahr, als García Márquez sich entschlossen hat, zeitweilig wieder in Kolumbien, in Bogotá zu leben, gerät er erneut in die internationalen Schlagzeilen, allerdings nicht etwa aufgrund der Million Exemplare, die als erste Auflage seines neuen Romans ausgeliefert worden sind.
Am 26. März 1981 sind Gabriel García Márquez und seine Frau in Bogotá. Ein Auto mit Diplomatenkennzeichen, in dem Funktionäre der mexikanischen Botschaft sitzen, fährt zum Flughafen *El Dorado*. Im Wagen reisen unter diplomatischem Schutz García Márquez und seine Frau Mercedes, die das Flugzeug Richtung Mexiko-Stadt nehmen wollen. In diesem Moment sind bereits alle in Bogotá akkreditierten internationalen Nachrichtenagenturen davon unterrichtet, daß García Márquez sich entschlossen hat, politisches Asyl in Mexiko zu beantragen.
Der Zwischenfall hat eine Vorgeschichte, die möglicherweise

---

* Deutsch: Köln 1981.

einen Zeitraum von mehreren Jahren umfaßt. Sicher gibt es mehr als nur einen Grund, als da wären: *Alternativa*, die vom Schriftsteller unterstützte Zeitschrift; seine Freundschaft zu Kuba und seine immer deutlicheren Enthüllungen über die militärischen Gewalttätigkeiten in Lateinamerika (einschließlich Kolumbiens). Jedem sind seine Beziehungen zu Gruppen und Parteien der Linken bekannt gewesen, vor allem dem Geheimdienst der kolumbianischen Streitkräfte. Monate vorher waren Guerilleros von der immer stärker werdenden Bewegung *M-19*, die den Streitkräften geschickte Schläge versetzten, gefangen genommen worden. Einer von ihnen hatte unter der Folter »gestanden«, was seine Folterer von ihm hören wollten: daß nämlich García Márquez direkte Verbindungen zu *M-19* habe. Eine »Anklage« wurde vorbereitet, wie man eben solche »Anklagen« vorzubereiten pflegt; mit dieser »Anklage« setzte das Oberkommando der Streitkräfte Präsident Turbay Ayala unter Druck, um die Verhaftung des Schriftstellers zu betreiben, eine unfaßbare und angesichts des enormen internationalen Ansehens und der Popularität von García Márquez in Kolumbien sehr unkluge Maßnahme.

Tag und Zeit standen bereits fest. García Márquez sollte verhaftet und verhört werden. In diesem Moment sickert diese Information durch (über welche Kanäle? Über den Präsidenten selbst, der sich den Militärs nicht widersetzen konnte, der aber ebensowenig den Prestigeverlust für seine Regierung hinnehmen konnte?), und García Márquez wird gewarnt. Hätten die Streitkräfte gewagt, mehr als ein Routineverhör durchzuführen? – das hätte bedeutet, die Legitimität der Methode und die übergeordnete Autorität des Hohen Generalstabs anzuerkennen. Ungeachtet des Routinecharakters dieses »Treffens« – welche Art Dialog hätte zwischen dem Schriftsteller und seinen Verhörern stattfinden können? Man »klagte« ihn an, für den *M-19* zu arbeiten und als »Verbindungsglied« zwischen den Guerilleros und Kuba zu agieren. Grund genug um *jeden* beliebigen Bürger hinter Schloß und Riegel zu bringen. Verhaftung und Verhör hätten jedoch in seinem Fall sofort einen internationalen Skandal verursacht, daher der Verdacht, daß die Information, wenn nicht direkt vom Präsidenten, so doch von der zivilen Regierung weitergegeben worden ist: im Land selbst konnte die Regierung kaum noch mehr an Ansehen verlieren, als es bisher bereits der Fall gewesen war, und es fehlte nur, daß auch noch ein internationaler Prestigeverlust hinzugekommen wäre — falls die Regierung Turbay überhaupt internationales Ansehen genossen hatte, was nicht sehr wahrscheinlich war. Der angemessenste Ausweg war der, den García Márquez wählte: in der mexikanischen Botschaft um politisches Asyl zu bitten und damit politischen Nutzen aus seinem Schritt zu ziehen. Die offiziellen Reaktionen waren seltsam: angeblich habe der Schriftsteller lediglich Reklame für sein nächstes Buch machen wollen, dessen Auflagen allerdings die Million bereits überschritten hatte.

Es scheint mir notwendig, diesen Zwischenfall so ausführlich darzustellen, da er im Leben des Schriftstellers Konsequenzen mit unterschiedlichen Vorzeichen haben sollte. Seine immer wieder verschobene Rückkehr nach Kolumbien, die Sehnsucht nach dem »Geruch der Guayave«, wäre die erste. Die zweite hat mit seinem politischen Engagement zu tun: sicher möchte García Márquez unmittelbaren Einfluß auf die Entwicklung in seinem Land nehmen, vor allem, wenn die Linke seinen Namen entweder als möglichen Kandidaten einer noch nicht vorstellbaren Einheitsfront oder zumindest als Figur mit hohem moralischen Prestige ins Spiel bringt, und das in einem Land, dem es fast vollständig an solchen Persönlichkeiten fehlt. Von Mexiko aus beobachtete García Márquez, wie die Militärs ihn angriffen und die zivile Diplomatie seines Landes die Fassung verlor, abenteuerliche

Versionen verbreitete oder den Schriftsteller zu überzeugen versuchte, nach Kolumbien zurückzukehren. Zurückkehren? Im Mai 1982 sagte er mir in Cannes: »Ich werde nicht zurückkehren, wenn ich nicht mit vollständigen Garantien rechnen kann und die Sicherheit habe, daß die Militärs mich nicht belästigen werden.« Als 1982 bei den Wahlen der konservative Kandidat gewann (García Márquez hatte auf den liberalen Kandidaten López Michelsen gesetzt), hatte niemand damit gerechnet, daß er in der Lage sein würde, die erwarteten Garantien zu geben; ebensowenig hätte niemand, der nicht für Belisario Betancur gestimmt hätte, erwartet, daß ausgerechnet seine Regierung, vernünftige, anständige und gutwillige Maßnahmen in Angriff nehmen würde, wie es in den ersten Monaten seiner Amtszeit geschah. Schließlich kehrte García Márquez nach Kolumbien zurück, aber dazu trug noch ein außerordentliches Ereignis bei: die Verleihung des Nobelpreises. Obwohl er in früheren Jahren schon unter den Kandidaten gewesen war, war es im Mai 1982 noch nicht abzusehen gewesen, daß ihm der Nobelpreis verliehen werden sollte. In unserem langen Gespräch, das ich für die Zeitschrift *Actual* aus Barcelona mit ihm führte, gab es keinen Hinweis darauf. Die Nachricht überraschte dennoch weder den Schriftsteller noch seine Leser: daß er irgendwann den Nobelpreis bekommen würde, war vorauszusehen gewesen, und vielleicht bestand die einzige Überraschung darin, daß es vorher keine Gerüchte gegeben hatte.

In jenem Monat »besetzen« ihre rechtmäßigen Besitzer, die Argentinier, die Malvinen (Falkland-Inseln), und die britische Armada macht sich in einem kriegerischen Aufmarsch, der an ihre alten kolonialen Expeditionen erinnert, daran, die Inseln »zurückzuerobern«. Der Krieg steht vor der Tür, und als die nordamerikanische Diplomatie die Regierung Turbay Ayala sowie ihre eigene Kreatur, die Organisation

Amerikanischer Staaten (OAS), so offen fallen läßt, stellt sich García Márquez auf die Seite der Argentinier und verteidigt ihr Anrecht auf jenes Gebiet – nicht, ohne vorher die Situation analysiert zu haben: es handele sich um den wirkungsvollen Schlag einer abgehalfterten und in Bedrängnis geratenen Diktatur. Die Situation ist widersprüchlich, aber man kann schließlich nicht die Inbesitznahme einer kolonialen Enklave nur deshalb legitimieren, weil das Land, dem die vollen Rechte über diesen Besitz zukommen, grausam und mit eiserner Hand von einer Clique von Generälen regiert wird. Als der törichte und abscheuliche Krieg darin gipfelt, daß die Briten die Malvinen »zurückerobern«, ist García Márquez wie viele andere Beobachter dieses an Leben und Geld kostenreichen Krieges der Meinung, daß die Dinge im Innern der OAS und in der argentinischen Militärjunta nicht mehr so sein werden wie früher. In der OAS hat sich möglicherweise nicht viel geändert, dafür aber für die Regierung Galtieri, die sich mit der Last eines verlorenen Krieges auseinanderzusetzen hatte, mit den menschlichen und ökonomischen Kosten, mit der Verzweiflung und der Entrüstung der Bevölkerung. Ein Jahr nach dem Krieg wird García Márquez die von den Briten begangenen Greueltaten in einem Artikel anprangern, wie er schon vorher die Sache der verschwundenen Gefangenen und der Mütter von der *Plaza de Mayo* vertreten hatte. Die britischen *gurkas,* ebenso geschickt wie gnadenlos agierende Soldaten, hinterließen auf den Inseln nicht nur eine breite Spur von Toten, sondern auch das Siegel einer Grausamkeit, die man in der Armee Ihrer Majestät nicht vermutet hätte. Wie viele seiner Artikel (die jede Woche von *El Pais,* Madrid, nachgedruckt werden) sollte auch dieser gehörig Aufsehen erregen. Man sprach von Übertreibungen und Wahrheitsverfälschungen, doch niemand kann mich davon überzeugen, daß sich die britische Arroganz *nicht* zu derartig gnadenlosen und barbarischen

Handlungen hat hinreißen lassen, selbst wenn man unterstellt, daß die Besiegten möglicherweise übertrieben haben. Die Geschichte der ehemaligen britischen Kolonialkriege ist gegenwärtig, und García Márquez tut in dem erwähnten Artikel nichts anderes, als einige direkte Zeugenaussagen wiederzugeben und sie in den historischen Rahmen jener Tradition zu stellen.

Lassen wir die Ereignisse in der Biographie des Schriftstellers beiseite, die weder heroische noch abenteuerliche oder sonstwie spektakuläre Episoden enthält. In diesen Jahren konzentriert sich García Márquez vor allem darauf, einige seiner Überzeugungen in die Tat umzusetzen und sich der Geheimdiplomatie zu widmen. Lassen wir zunächst auch seine jüngste Ehrung, den Nobelpreis, beiseite und gehen wir direkt zu seinem nächsten Roman über, über den García Márquez keine öffentlichen Erklärungen abgegeben hatte, denn noch war Pinochet nicht gestürzt.

Chronik eines angekündigten Todes

Schon *Laubsturm* trägt andeutungsweise Züge eines Kriminalromans: die mysteriöse Abfolge von Ereignissen, eine Untersuchung, die Spuren an den Tag bringt, die weniger zur »Wahrheit«, sondern eher zum Ausgang des Dramas beziehungsweise der Geschichte führen, Lösungen verschleiert und dann enthüllt. Wenn der Kriminalroman von einem Ereignis ausgeht, das der Erzähler oder der Protagonist im Laufe der Erzählung ergründen muß, so entsteht *Chronik eines angekündigten Todes* aus einem mehr oder weniger ähnlichen Ereignis. Der Roman gleicht einer Wirkung, die auf der Suche nach ihrer Ursache ist.

Santiago Nasar, ein Araber, der schon lange in dem Dorf lebt, das Schauplatz des Romans ist, ist die zentrale Figur der Geschichte. Der Autor wendet sich direkt an den Leser, als handele es sich um eine autobiographische Rekonstruktion, und er arbeitet mit einer Methode, die der journalistischen Recherche verwandt ist. Schon auf den ersten Seiten, wenn angekündigt wird, daß man Santiago Nasar töten wird, kombiniert García Márquez die in der Ich-Form geschriebene Erzählung mit den Aussagen der Augenzeugen. Auch in diesem Roman gibt es Wesen, die seherische Träume haben. Santiago Nasars Mutter, Plácida Linero, wirkt mit ihren bekannten und zuverlässigen, hellseherischen Fähigkeiten wie eine Figur aus früheren Romanen. Auf den ersten Seiten werden die Stunden vor dem Tod dieses jungen Mannes rekonstruiert, der nicht in der Lage war, die in seinen Träumen auftauchenden Warnungen zu deuten. Santiago Nasar stirbt einen Tag nach einer Hochzeitsfeier, und bereits zu Anfang wissen wir, daß Nasar »abgestochen wurde wie ein Schwein«. Seine Mutter hat gesehen, wie er aufgestanden ist, Santiago hat ihr seinen letzten Traum erzählt (»Alle Träume mit Vögeln bedeuten gute Gesundheit«, sagte sie [S. 12]),[*] und er verläßt das Haus, um zu seiner Hacienda zu gehen. Im Verlauf der Erzählung, die die Geschichte beziehungsweise die Vergangenheit Santiago Nasars, seine Beziehungen zu dem Dorf aufrollt, wird immer wieder darauf hingewiesen, daß er sterben wird. »Santiago Nasar war durch eigene Verdienste fröhlich und friedlich und hatte ein unbeschwertes Herz«, (S. 14) informiert uns der Erzähler, niemand anderes als García Márquez selbst. Der Bischof soll an jenem Morgen ankommen, und deshalb hat sich Santiago in würdiges Weiß gekleidet, denn »der Prunk der Kirche übte eine unwiderstehliche Anziehungskraft auf ihn aus«. (S. 15)

Der Erzähler sammelt weiter Zeugenaussagen, die nur auf den ersten Blick banal erscheinen, wie Aussagen über das Wetter oder die unbedeutendsten Gewohnheiten im Haus der Nasar, die arabische Verwandte im Dorf hatten. Zeugenaussagen über Personen aus dem Dorf treten an die Stelle des allwissenden Erzählers. Santiago Nasar ist beliebt, und nicht wenige Frauen aus dem Dorf begehren ihn. Stück für Stück setzt sich aus Fragmenten eine Spur zusammen, wie bei einer kriminalistischen Untersuchung: Tatort, Zeit und Ort des Verbrechens. Der Erzähler springt zwischen der Vorgeschichte des Ereignisses und der Gegenwart seiner späteren Untersuchung hin und her. Man erfährt, daß im Dorf bereits Gerüchte kursieren, jemand wolle Santiago umbringen, aber man beachtet das Gerücht nicht, man hält es für das »Geschwätz eines Betrunkenen«. Divina Flor allerdings, der Santiago nachstellt, obwohl sie fast noch ein Kind ist, glaubt dem Gerücht, und ihre Mutter, Victoria Guzmán, wünscht im Grunde ihres Herzens, daß er getötet wird.

Es wird Zeit, die Mörder vorzustellen, die Zwillinge Pedro

[*] Zitat nach: *Chronik eines angekündigten Todes*, Köln 1981, 1983 (KiWi 39)

und Pablo Vicario; sie haben im Laden von Clotilde Armenta geschlafen und warten dort darauf, daß Santiago das Haus verläßt. Clotilde weiß, daß sie ihn töten wollen, und bittet sie, ihr Vorhaben aufzuschieben, »und sei es nur aus Respekt für den Herrn Bischof«, dessen Schiff allerdings — wie alle es geahnt hatten — arrogant am Dorf vorbeifährt. Santiago Nasar, der auf den Bischof gewartet hat, sieht sich in seinen Erwartungen enttäuscht. Mit der chronologischen Genauigkeit eines Protokolls berichtet der Erzähler über die Stunden, die dem Mord vorausgehen. Da der Leser von Anfang an weiß, daß Santiago Nasar umgebracht wird, geht es jetzt darum, zu erfahren, auf welche Weise dies geschieht und aus welchem Grund. Die Situation unterscheidet sich nicht von jeder beliebigen Gerichtsverhandlung wegen Totschlags, und es scheint, als habe García Márquez seine alten Lektionen über das Strafrecht aus der Erinnerung hervorgekramt, wie 1955 in Rom, als er über den Mord an Wilma Montesi berichtete.

Santiago Nasar, unschuldig und ahnungslos, weiß nichts von den Plänen der Zwillinge, nicht von dem, was man im Dorf schon ahnt und was schließlich widersprüchliche Gewißheit wird. Niemand unternimmt etwas, nicht einmal Pater Amador, der alles für eine Ente hält. Bereits im ersten Kapitel äußern sich Familienmitglieder des Autors unter ihrem richtigen Namen: Margot, seine Schwester und Luisa Santiaga, seine Mutter.

Im nächsten Kapitel taucht Bayardo San Román auf, eine Schlüsselfigur des Romans. Dieser Mann, der sechs Monate vorher in das Dorf gekommen war, ist umgeben von der Aura seines Reichtums; er ist um die dreißig, hat eine »vom Schwefel gleichmäßig getönte Haut«, was ihn anfangs in den Ruf brachte, schwul zu sein, während er in Wirklichkeit nur auf der Suche nach einer Frau zum Heiraten war. Er ist ein geschickter und vornehmer Mann, ein gutes Kampfhähnchen, und er hat etwas von einem Teufel, aber vielleicht liegt es auch daran, daß er fremd und noch dazu unermeßlich reich ist. Bevor er seine Liebelei mit Angela Vicario durch die Verlobung bestätigt, haben wir die Umstände der Verführung beobachtet, so prosaisch wie der Beginn gewisser Liebesgeschichten, die anscheinend den Ausbruch von Leidenschaften ankündigen. Über den Fremden sind alle möglichen Geschichten im Umlauf, aber eines steht fest: wie seine Eltern und wie alles, was ihn umgibt, hat er diese gewisse und sofort erkennbare Aureole von Reichtum und alle Anzeichen von stolzer Männlichkeit, die er später, wenn die Liebesgeschichte zur Tragödie geworden ist, unter Beweis stellt. Alles kann dieser Hartnäckige kaufen: das Haus, das nicht zu verkaufen ist, sein Glück, »mit dem ungewöhnlichen Gewicht seiner Macht und seines Vermögens« (S. 51), das Fest, an dem das ganze Dorf teilnimmt. Es ist das Hochzeitsfest und gleichzeitig das Fest am Vorabend des mörderischen Gelages. Und jetzt kennt die Maßlosigkeit keine Grenzen mehr: die Eltern von Bayardo reisen »mit dem Galaschiff des Nationalkongresses« an, womit uns García Márquez ein Detail an die Hand gibt, ein Detail, das gut aus der verwickelten Welt Macondos hätte stammen können oder aus der Erinnerung seiner großen Helden. Die bescheidenen Verhältnisse von Angela Vicario sind der Gegenpol zu Reichtum und gesellschaftlichem Glanz des Gatten. Sogar noch am Hochzeitsmorgen kommt es ihr vor, als sei alles eine Fata Morgana gewesen. An der Hochzeitsfeier wird auch Santiago Nasar teilnehmen. Der Erzähler (García Márquez) seinerseits:

»Ich hatte ein ziemlich wirres Andenken von dem Fest bewahrt, bevor ich beschloß, es durch fremde Erinnerung stückweise wiederherzustellen.« (S. 57)

Nachdem die beiden Jungvermählten »geflohen« sind, feiern

die Gäste in Kneipen und auf den Straßen lärmend weiter. Dem Fest folgen zwei Ereignisse: der Ehemann gibt die ihm Angetraute zurück, da sie nicht mehr Jungfrau ist, und die Brüder der Braut planen, aufgrund deren falschen und leichtsinnigen Geständnisses, sich an dem »Schuldigen« Santiago Nasar für diese Entehrung zu rächen. In diesem Irrtum liegt der Ursprung der Tragödie. Die Erzählung blendet zurück und präsentiert Einzelheiten aus der authentischen gerichtlichen Untersuchung. Die Brüder Vicario machen sich also auf die Suche nach Santiago Nasar, ohne ihre Absichten zu verschleiern, was den Vollzug des Verbrechens in einem Dorf, in dem alle wissen, wer das Opfer ist und wer die Opferpriester, nur noch fürchterlicher macht. Die Nachlässigkeit, die Unschlüssigkeit, all diese Elemente, die uns der Roman als Erklärungen für die Frage anbietet, warum niemand Santiago Nasar gewarnt habe, daß man ihn umbringen wolle, sind im Roman Elemente der Spannung. Mit ihnen, mit der Vergangenheit der Hauptpersonen, mit den Verwandtschaftsbeziehungen, wird das Knäuel entwirrt. *Chronik eines angekündigten Todes* ist die zickzackförmige Rekonstruktion eines Verbrechens, ein alles andere als neues Thema, das allein durch die Art und Weise, wie es erzählt wird, zu einem einzigartigen Roman wird. Als das Dorf es für ausgemacht hält, daß die Zwillinge ihre Absicht nicht ausführen werden, werden die dargelegten Einzelheiten, die Begründung der Skepsis und der aufkommende Verdacht, sie könnten wirklich und wahrhaftig die Absicht haben, Santiago Nasar zu töten, mit einem solchen Zartgefühl erzählt, daß Dinge, die vorher sicher schienen, schließlich in einem ganz anderen Licht dastehen. Das Spiel mit Subtilitäten, mit Einzelheiten oder ungeklärten Fragen macht diesen Roman so beispielhaft. Insgeheim enthält er auch eine Lektion, die bis heute kein Kritiker aufgegriffen hat. *Chronik eines angekündigten Todes* deutet an, daß ein Roman, der als umfassende Geschichte eines individuellen oder gesellschaftlichen Schicksals aufgefaßt wird, sich nicht den Luxus erlauben kann, ungeklärte Fragen zu hinterlassen. Der Roman vollendet, was die Justiz nicht hatte bewirken können. Er verkörpert die letzte Gerechtigkeit, verständnisvoll und großzügig, denn Bayardo San Román wird ebenso wie die Zwillinge in seiner menschlichen Dimension dargestellt. Im Bewußtsein ihrer Schuld oder ihres Irrtums sind sie das, was sie auch vor der Tragödie gewesen waren: ein selbstgefälliger Reicher, zwei Verbrecher ohne kriminelle Vorgeschichte, ein als Verführer höchst ungeeignetes Opfer. Nebenfiguren werden in den Roman eingeführt, als hätte der Autor nicht nur die Chronik eines Verbrechens überliefern wollen, sondern auch das Bild der sozialen Umgebung vervollständigen und als vollendete Einheit darstellen wollen. María Alejandra Cervantes erinnert uns an Petra Cotes. Als das schreckliche Verbrechen geschieht, bis ins letzte Detail naturgetreu wiedergegeben, versetzt uns nicht die angeborene oder erworbene Schlechtigkeit der Zwillinge in Schrecken, sondern eine andere, weniger anekdotisch begründete Überzeugung: Die Menschen können eine ungeheure Hartnäckigkeit entwickeln, wenn sie einen Wunsch verwirklichen wollen, aber im Verbrechen hören sie auf, eine Vergangenheit zu haben, denn die Dynamik des Verbrechens entfremdet sie bis zur Unbewußtheit. Es ist nebensächlich, ob mit einem oder mit mehreren Messerstichen getötet wird, denn eine Vernunft, die sich zwischen die Mittel und das Ziel stellen würde, gibt es nicht mehr. Das Verbrechen hat seine Eigendynamik, die von der Rache stimuliert wird, und der Schrecken seiner Mittel ist nur dem eines irrationalen Räderwerks vergleichbar, das jede Kontrolle verloren hat. Abstoßend und faszinierend zugleich ist die detaillierte Beschreibung der Ermordung von Santiago Nasar, abstoßend durch die detaillierte Beschreibung der Mittel, durch die fast graphische Reproduktion der Wirkungen, faszinierend, weil die Vergangenheit der beiden Verbrecher nicht die blinde Gewalt rechtfertigt, mit der sie diese Handlung ausführen. García Márquez erlaubt sich auch hier eine Art autobiographischer Andeutung: er führt wieder eine Katalanin in den Roman ein, Magdalena Oliver, die in Wirklichkeit eine der engsten Mitarbeiterinnen seiner Literaturagentin Carmen Balcells ist. Derselbe Ausspruch, den in *Hundert Jahre Einsamkeit* der weise Katalane von sich gibt (»Hoden des Herrgotts«) wird hier [S. 106] Magdalena Oliver in den Mund gelegt. Nachdem das Verbrechen geschehen ist, nach Bayardos Flucht aus dem Dorf, nachdem sich Angela Vicario zurückgezogen hat und die Zwillinge hinter Gittern sind, scheint alles zu einem toten Punkt zurückzukehren; aber noch steht die vorher erwähnte Beschreibung des Verbrechens aus, obwohl wir Angela Vicario bereits von Sehnsucht erfüllt sehen, wie sie dem früheren Objekt ihrer nicht vollzogenen Liebe in regelmäßigen Abständen lange Briefe schreibt. Der schreckliche Mord geschieht, und der Kreis der auf den ersten Zeilen des Romans bereits angekündigten Ereignisse schließt sich.

Nie wird es ausgesprochen, und doch werden in *Chronik eines angekündigten Todes* die allerältesten Vorurteile seziert: der Machismo (Männlichkeitswahn) und der Mangel an Solidarität. Was den Machismo angeht, könnte man sagen, daß der Mythos der Jungfräulichkeit der Grund für die Zurückweisung Angela Vicarios ist; aber man kann auch weitergehen und die Arroganz des *macho* sehen, seine Macht (sehr deutlich in der Figur des Bayardo), die die Bedeutung dieses Mythos betont. Bayardo möchte nicht nur eine Ehefrau, die allein ihm gehört; er möchte auch, daß niemand vor ihm sie »berührt« hat, damit sein Besitz unangetastet bleibt, damit niemand in irgendeiner Form seinen Machtbereich beschmutzen oder in Verruf bringen kann. Er ist großzügig bei der Hochzeitsfeier, weil die Großzügigkeit und sogar die

Verschwendung ein Beweis seiner Macht ist; er will, daß man ihn als Freigebigsten in Erinnerung behält. Er soll der Einzige sein. Deshalb gibt er die entjungferte Braut »zurück«, und aus demselben Grund wiederholt sich bei den Zwillingsbrüdern eben diese Mentalität: sie müssen die Schande rächen, sie werden nicht Opfer des Spotts sein, denn ihr Ehrenkodex befiehlt ihnen, den Spott zurückzugeben. So, wie die Beichte die Sünde abwäscht, reinigt die Rache die Ehre.

Es wäre ein Mißverständnis (das im Widerspruch zum Werk von García Márquez stünde), zu glauben, daß ein Schriftsteller nach dem einen Meisterwerk noch ein »meisterhafteres« Werk abliefern müsse. Man vergißt nur zu gern, daß ein Schriftsteller ein Mensch mit eigenen Auffassungen ist und daß er, wenn er schreibt, dies zuallererst zur eigenen Befriedigung tut. Die Belohnung interessiert ihn weniger als die Arbeit selbst. Ebensowenig schreibt er, um Anforderungen von außen gerecht zu werden, und es geschieht nicht selten, daß zu seiner eigenen Verwunderung Themen aus seiner Erinnerung dringen oder sich Zwänge abzeichnen, mit denen er nicht gerechnet hatte. Seinem Verständnis nach gibt es keine »größeren« oder »kleineren« Werke. Zu dieser Art von Schriftstellern gehört auch García Márquez. Und *Chronik eines angekündigten Todes* ist weniger mit seinen beiden Hauptwerken (*Hundert Jahre Einsamkeit* und *Der Herbst des Patriarchen*) verwandt, sonder eher mit *Der Oberst hat niemand, der ihm schreibt*. Und doch ist *Chronik eines angekündigten Todes* weit von der nüchternen Präzision von *Der Oberst hat niemand, der ihm schreibt* entfernt. Fast heimlich bringt García Márquez autobiographische Elemente und Figuren aus früheren Werken ins Spiel, mit einem Augenzwinkern in Richtung seiner Freunde und Leser, und würden seine Kritiker sie alle ernst nehmen, müßten sie wohl an diesem Geduldsspiel verzweifeln. Von *Der Oberst hat niemand,*

der ihm schreibt bis *Chronik eines angekündigten Todes*
scheint der Autor dem kurzen Weg zu folgen, der vom
Drama zur Tragödie führt. Und er hat diesen Weg eingeschlagen, weil die rationalen Elemente, die den Oberst
krank machen und ihn bis zur Verzweiflung demütigen, klar
und direkt sind (bürokratische Nachlässigkeit), wohingegen
die, die zur Ermordung Santiago Nasars führen, aus einer
Summe von Zufälligkeiten bestehen, aus Handlungen, die
keine Handlungen sind, sondern nur aus Zweifeln, Nachlässigkeit, fehlender Solidarität und sogar aus fatalen (wenn
Santiago Nasar die unheilverkündende Warnung nicht
erkennt, die sich in seinem Traum ausdrückt) oder atavistischen Elementen zusammengesetzt sind, wie der Verteidigung der beschmutzten Ehre. Hier liegt der qualitative
Sprung in seinem Werk.

Geheimdiplomatie, der Nobelpreis
und andere Ehrungen

Am 21. Oktober 1982 gab die Schwedische Akademie die Verleihung des Nobelpreises für Literatur 1982 an Gabriel García Márquez bekannt. Beim großen Rätselraten wenige Tage zuvor war der Name des kolumbianischen Schriftstellers, der bei anderen Gelegenheiten als Kandidat genannt worden war, nicht aufgetaucht. Die Gerüchte hinkten in diesem Fall den Ereignissen hinterher und überraschten García Márquez in seinem Haus in Mexico-Stadt. Die Telefonanrufe störten den Autor auf, der in jenen Tagen gerade mit dem Brasilianer Ruy Guerra an der Verfilmung von *Die unglaubliche und traurige Geschichte von der einfältigen Eréndira und ihrer herzlosen Großmutter* arbeitete. Nach der amtlichen Benachrichtigung trafen Glückwunschtelegramme und weitere Anrufe ein: der erste Gratulant war der Präsident Kolumbiens, Belisario Betancur.

Ohne Übertreibung darf man behaupten, daß Kolumbien in Festtagsstimmung erwachte, wie auch die mexikanische Hauptstadt. Unter den Telegrammen von Freunden befanden sich viele von Staatsmännern und Politikern: die spanische Königsfamilie hatte telegraphiert, Felípe González, Fidel Castro, François Mitterand, Olof Palme, Santiago Carillo, Adolfo Suárez, Leopoldo Calvo Sotelo, Alfonso López Michelsen und Carlos Rafael Rodríguez. Weniger erfreut dürfte General Pinochet an jenem Oktobermorgen gewesen sein. Ähnlich müssen die Verantwortlichen der Militärdiktaturen in der südlichen Hälfte Lateinamerikas reagiert haben, und es ist nicht ausgeschlossen, daß im State Departement in Washington ein Moment lang nervöse Irritation geherrscht hat.

Einer der größten Schriftsteller spanischer Sprache und

gleichzeitig einer der hartnäckigsten Kämpfer für die Wiederherstellung der Demokratie auf dem von Diktaturen überschatteten lateinamerikanischen Kontinent war gerade mit dem Nobelpreis ausgezeichnet worden. In sein Haus strömten die Besucher. Aussichtslos waren alle Versuche, telefonisch zu gratulieren, der Anschluß war ununterbrochen besetzt. Wenige Tage später, am 25. Oktober, reiste seine Frau Mercedes nach Bogotá: García Márquez hatte beschlossen, in sein Land zurückzukehren, wo die Regierung die Verleihung des Nobelpreises an den Autor von *Der Herbst des Patriarchen* fröhlich feierte. Die von Präsident Betancur angebotenen Garantien schienen endlich befriedigend zu sein. Zwischen Oktober und Dezember reiste García Márquez von Mexiko nach Havanna, von Havanna nach Bogotá und von Bogotá nach Barcelona und Paris, bevor er in Stockholm eintraf, wo am Freitag, dem 10. Dezember offiziell der Nobelpreis überreicht werden sollte.

Nie zuvor waren für einen Nobelpreisträger so viele parallel zur offiziellen Zeremonie stattfindende Begleitveranstaltungen organisiert worden. Teils aus übertriebenem Nationalismus, teils aus tatsächlicher Bewunderung reisten offizielle Gesandte, Folkloregruppen und Freunde des Schriftstellers an, der in der schwedischen Hauptstadt Tage erleben sollte, die über seine bekannte Schüchternheit und seine Abneigung gegenüber offiziellen Zeremonien triumphierten. Sei es aus Nostalgie oder aus welchem Grund auch immer, García Márquez trug bei einem der Festakte den *liqui-liqui*, ein in der Karibik verbreitetes Kleidungsstück aus weißem Leinen, das daraufhin in ganz Europa berühmt wurde. Malerische Exzentrität oder authentische kulturelle Manifestation, der *liqui-liqui* war in aller Journalisten Munde und war mit derselben Selbstverständlichkeit auf den ersten Seiten der Modezeitschriften wiederzufinden, wie der Schriftsteller in den Zeitungen aller Welt präsent war.

Am Freitag, dem 10. Dezember hielt García Márquez vor der schwedischen Königsfamilie seine Rede, die weder eine Polemik (gegen Feinde) noch eine Lobeshymne (auf die eigenen sozialistischen Ideen), sondern eine bescheidene und bewegende Hommage an die Poesie war.

»Ich möchte glauben, Freunde, daß diese Rede eine weitere Hommage an die Poesie ist. An die Poesie, kraft derer die schwere, vom alten Homer in seiner *Ilias* beschriebene Ladung des Schiffs von einem Wind heimgesucht wird, der sie mit seiner zeitlosen und halluzinatorischen Schnelligkeit antreibt. Das ist die Poesie, die in dem feinen Gerüst der Terzette Dantes das gesamte komplexe und großartige Werk des Mittelalters trägt.«

Drei Tage waren seit seiner Ankunft in Stockholm vergangen, wo kolumbianische Musiker, Nachkommen des Gauklers Francisco El Hombre, Zeitgenossen von Rafael Escalona, unermüdlich *vallenatos* und *cumbias* spielten. Natürlich durfte in der »Hommage an die Poesie« weder der Name Pablo Nerudas fehlen noch das Epos von Machu-Picchu unerwähnt bleiben. Auf seine Weise hatte García Márquez mit einem *Canto General*, genannt *Hundert Jahre Einsamkeit*, geantwortet.

»In jeder Zeile, die ich schreibe, versuche ich immer wieder mit mehr oder weniger Erfolg die scheuen Geister der Poesie anzurufen, und ich versuche, mit jedem Wort meine Verehrung für die hellseherischen Fähigkeiten der Poesie und für ihren dauerhaften Sieg über die dumpfen Mächte des Todes zu bezeugen.«

Auch in diesen Momenten vernachlässigte der »Geheimdiplomat« sein wesentlichstes Anliegen nicht. Zwei Tage vorher hatte García Márquez mit dem damaligen Premierminister Olof Palme, der Gattin des Präsidenten Mitterand und dessen Berater, Régis Debray »ein langes Gespräch über die Perspektiven in Mittelamerika« geführt, wie der Sonderkorrespondent der Tageszeitung *El País* aus Madrid schrieb. Derselbe Korrespondent bemerkte, was Gabriel García Márquez selbst in späteren Statements erklären sollte: »Die Konsequenz dieses privaten Gesprächs war, daß die von den USA angekündigte Intervention in Nicaragua verschoben wurde, da Washington den Zeitpunkt international für ungeeignet hielt.« Auch Olof Palme stimmte mit der poetischen Hommage García Márquez' überein, der den Namen Pablo Nerudas beschwor und damit einen Festakt politisierte, der stellenweise vom Protokoll abwich. Pinochet war in dieser Rede gegenwärtig wie ein düsterer Schatten, ebenso wie auch die anderen Diktaturen Lateinamerikas.

Einige Wochen nach jenem Dezember trat García Márquez seine Rückreise nach Mexiko und Kolumbien an, nicht ohne sich vorher mit seinen spanischen Freunden getroffen zu haben, unter anderem mit dem jungen Regierungschef Felípe González, der den Schriftsteller in Moncloa empfing. Auch bei dieser Gelegenheit waren García Márquez ständige politische Sorgen gegenwärtig: die Situation in Mittelamerika, die Feindseligkeiten und die Drohungen, die sich gegen die nicaraguanische Revolution zusammenbrauten. In den folgenden Monaten konzentrierte sich seine gesamte journalistische Aktivität – bis auf wenige persönlich gefärbte Ausnahmen – auf politische Themen: die Konsequenzen des Malvinen-Krieges, Mittelamerika, der Papstbesuch in Mittelamerika. Im April 1983 erklärte García Márquez:

»Als mich am 21. Oktober des vergangenen Jahres morgens um sechs die Journalisten aus dem Bett klingelten, hatte ich vor allem ein Thema im Kopf: die drohende Intervention in Nicaragua vom Territorium von Honduras aus.«

In jenen Tagen war diese Angst stärker vorhanden als die

Literatur und der Jubel, und in den darauffolgenden Monaten sollte sie noch zunehmen. Die Genauigkeit seiner Enthüllungen lassen vermuten, daß García Márquez in den letzten Jahren bei seinen unermüdlichen geheimdiplomatischen Aktivitäten nicht nur die Presseagenturen als Informationsquellen zur Verfügung hatte, sondern sehr viel direktere Quellen, die auf seine Kontakte mit jeweils der einen und der anderen Seite der im Konflikt befindlichen Kräfte zurückzuführen waren.

»Das Beunruhigendste an den Dingen, die in Mittelamerika geschehen, ist, daß fast alle öffentlich bekannt sind und daß man trotzdem mit ihnen umgeht, als seien sie in Wirklichkeit Zeitungsenten. Nur wenige Stunden, nachdem meine Enthüllung über die bevorstehende Intervention überall verbreitet worden war, veröffentlichten die Zeitschrift *Newsweek* und die Zeitung *The New York Times* den Plan bis in alle Einzelheiten, sogar mit Farbfotos über die Vorbereitungen, die auf dem Hoheitsgebiet von Honduras getroffen wurden, direkt an der Grenze zu Nicaragua.«

Einen Monat zuvor war García Márquez' Glosse über den Besuch von Papst Johannes Paul II. in Mittelamerika erschienen, unter dem vielsagenden Titel »Der Papst in der Hölle«. Er beschreibt darin nicht nur die Privataudienz, die ihm der Papst kurz nach seiner Wahl gewährt hatte; er schiebt auch eine kritische Beurteilung hinterher. Auf die von García Márquez vorgetragenen Enthüllungen über die Diktaturen des Cono Sur reagierte Johannes Paul II. mit leichter Überraschung und bemerkte wie ein mit allen Wassern gewaschener Diplomat: »Genau wie in Osteuropa«.

Ich war natürlich nicht gekommen, um mit dem Papst eine Polemik über Gemeinsamkeiten und Unterschiede zwischen dem Westen und dem Osten anzufangen, sondern um ihn um seine Unterstützung für unsere Suche nach den verschwundenen politischen Gefangenen im Cono Sur zu bitten. Aber ich hatte allen Grund, seinem bevorstehenden Besuch in Mexiko, dem ersten seiner Amtszeit, mit Besorgnis entgegenzusehen.«

García Márquez stellt die »guten Absichten« des Papstes bloß, er zeigt aber auch die Widersprüche auf, die zwischen diesem einen und den nächsten Besuchen liegen, denn Johannes Paul II. entpuppte sich bereits damals als einer der reisefreudigsten Päpste unserer Zeit. »Ist der Papst ein Kissinger der Kirche?« fragte ich García Márquez im Mai 1982. »So was in der Art«, antwortete er mir.
Aber nicht nur Lateinamerika ist Thema der Glossen von García Márquez. Wenn sie das Schicksal Lateinamerikas berühren, schreibt er auch über Themen wie die Konferenz der blockfreien Länder. Er ist zu einem polemischen Kommentator des internationalen Geschehens geworden. Dem Sieg der Sozialisten in Spanien steht er ebenso gleichgültig gegenüber wie dem der Linken in Frankreich. Im Mai 1982, als die Urnen noch nicht ausgezählt waren und der Sieg des PSOE-Kandidaten noch nicht feststand, griff García Márquez dem Ergebnis voraus, nicht mit hellseherischen Methoden, sondern mit denen der realistischen Ableitung. »Felipe ist der beste Verhandlungspartner, den die Sozialistische Internationale für Lateinamerika hat.« Das von García Márquez im Rahmen seiner »geheimdiplomatischen« Aktivitäten abgedeckte politische Spektrum beschränkt sich nicht, wie einige es gern sehen würden, auf das enge Terrain seiner »grenzenlosen Treue zu Fidel Castro«. Die Flexibilität seiner Kontakte und die Elastizität seiner Verbindungen bringen eine Begabung zum Vorschein, die man weder dem Journalisten von 1961 noch dem berühmten Romanautor von 1967 zugetraut hätte. Diese diplomatische Begabung steht keineswegs im Widerspruch zu seinen Überzeugungen, gerade so, als sei

ihm eine politische Wahrheit immer gegenwärtig: die Feinde meiner Feinde sind meine Freunde. Die Diskretion, mit der er sich beispielsweise in der Sowjetunion und den ihr verbundenen Ländern zeigt, läßt aufmerken, denn man darf annehmen, daß seine Beziehungen zu diesen Ländern nicht gerade von hellem Wohlgefallen geprägt sind. Es sei daran erinnert, daß García Márquez den Einmarsch in die Tschechoslowakei 1968 verurteilt hat, daß er eine ebensolche Haltung — die das Spiel der Blockpolitik sehr wohl beachtet — gegenüber Afghanistan einnimmt.

Sollte die Politik den Schriftsteller vollends absorbieren, wie in jener Erholungspause, die von *Der Herbst des Patriarchen* bis zu *Chronik eines angekündigten Todes* reicht?

Zwei Erzählungen *, geschrieben im Anschluß an *Chronik eines angekündigten Todes*, wurden zwischen 1981 und 1982 in lateinamerikanischen und europäischen Zeitschriften veröffentlicht. Beide sind Teil eines Projektes, das er schon früher angekündigt hatte: ein Band mit »Erzählungen von Lateinamerikanern in Europa«. »Die Europäer haben uns nie verstanden« hat er verschiedentlich erklärt und gleichzeitig davon gesprochen, an einem »Roman über die Liebe« zu schreiben. In unserem Interview von 1982 gestand er außerdem, er wolle seine Memoiren schreiben, und zwar keine klassischen Memoiren, sondern die Memoiren eines Schriftstellers, der seine Biographie mittels fiktiver Personen enthüllt. Man darf vermuten, daß García Márquez auch angesichts der Fragen von Journalisten nach seinen nächsten Plänen seinen Humor noch nicht verloren hat und geantwortet hat, was ihm gerade in den Sinn kam. Fest steht, zwei wunderbare Erzählungen beweisen es, daß ein Teil des Vorhabens bereits umgesetzt ist. Das Projekt über seine »chiffrierten«

---

* *Die Spur deines Blutes im Schnee* (In: Zeitmagazin, 11.9.1981) und *Der glückliche Sommer der Frau Forbeck* (In: Die Zeit, 29.10.1982).

Memoiren ist mehrfach kommentiert worden. Und der Roman über die Liebe, »mit Happy-End«? Nichts ist unmöglich. Und gegen den Ruhm, würde ich sagen, hat García Márquez seine eigene Therapie entwickelt. Er hat ihn aus seinem Privatleben verbannt und in gesellschaftliches Engagement umgesetzt. In dem Maße, wie seine Positionen radikaler werden, werden seine diplomatischen Aktivitäten auf den ersten Blick widersprüchlicher. Heute löst der Schriftsteller vor allem Kontroversen aus. Das könnte, ob absichtlich oder unabsichtlich, ein weiteres Mittel seiner Psychotherapie gegen den Ruhm sein. Er verzichtet auf die unbequeme Einhelligkeit und nimmt sich die Freiheit, sich seine Freunde und seine »Feinde« selbst auszusuchen.

Doch das sind reine Spekulationen. Dennoch ist bemerkenswert, daß ein Schriftsteller, der den traditionellen Realismus verlassen hat, der sogar in seinen realistischen Romanen die Wirklichkeit als »poetische Umsetzung der Wirklichkeit« aufgefaßt hat, zu einer öffentlichen Figur geworden ist, zu einem dem Realismus der Diplomatie verpflichteten Menschen, der die grauenhaften Vorgänge dokumentiert, die die Diktaturen zu verantworten haben, und der sich mit der Brutalität der Ereignisse auseinandersetzt. Aber möglicherweise sind dies einander ergänzende Elemente einer Auffassung von der Welt.

Nachtrag 1986

Von 1981, also von der Veröffentlichung der *Chronik eines angekündigten Todes*, bis Dezember 1982, als er in Stockholm den Nobelpreis entgegennimmt, befindet sich García Márquez auf der Höhe seines Ruhmes.

In den folgenden Monaten ist er vor allem mit den Vorbereitungen für die Gründung einer Zeitschrift, *El Otro (Die Andere)*, beschäftigt, und es sieht so aus, als sei dieses Projekt das Hauptziel des Schriftstellers, obwohl er weiterhin für *El Espectador* wöchentlich einen Artikel schreibt. Gleichzeitig hatte der französische Literaturkritiker Jacques Gilard damit begonnen, die früheren journalistischen Arbeiten zu vier dicken Bänden zusammenzustellen.*

Zwischen 1983 und 1984 ergaben sich jedoch mit *El Otro* mehr Schwierigkeiten, als vorauszusehen war, bis das Zeitungsprojekt, von dem in der Öffentlichkeit kaum noch gesprochen wurde, endgültig scheiterte. Man kann sich vorstellen, daß die Schwierigkeiten vor allem wirtschaftlicher Art waren, und die Hindernisse, auf die eine Zeitung stoßen würde, die von einem zwar ungeheuer populären Mann geleitet wurde, der aber gleichzeitig Zielscheibe der Angriffe der konservativsten Kreise Kolumbiens war, liegen ebenfalls auf der Hand. Die Monopolstellung der »Großpresse« der kolumbianischen Hauptstadt zu durchbrechen, wäre kein leichtes Unterfangen gewesen, vor allem, weil die neue Zeitung sich als unabhängig verstand und als Antwort auf das Meinungsloch der demokratischen Linken des Landes kon-

---

* *Obra periodística:* Band 1 *De Europa y América,* 1981 (Deutsch: *Die Giraffe aus Barranquilla.* 1984, Auswahl); Band 2 und 3: *Entre cachacos,* 1982 (Deutsch: *Der Beobachter aus Bogotá.* 1985, Auswahl); Band 4: *De Europa y América,* 1983 (Deutsch: Zwischen Karibik und Moskau. 1986, Auswahl).

zipiert war. Abseits von den großen Zeitungen der Hauptstadt hatte sich in der kolumbianischen Presse bereits ein neues Phänomen etabliert. Die Provinzzeitungen brachen mit ihren Mitteln das Monopol, und die Zeit, da die journalistische Information fast ausschließlich aus Bogotá und dort insbesondere von *El Tiempo* und *El Espectador* kam, den beiden einflußreichsten und meistverbreitetsten Blättern, war vorbei. Die regionale Presse konnte sich konsolidieren, allerdings blieb sie auch weiterhin den politischen Interessen jeder einzelnen Region verhaftet, wenn sie nicht sogar den traditionellen politischen Fraktionen verpflichtet war, es demzufolge lediglich liberale oder konservative Zeitungen gab. Das Projekt von García Márquez hätte diese Hürden nehmen müssen, die hauptstädtische und die regionale Presse, ein Unterfangen, das ein beachtliches Kapital und außerdem sehr viel Zeit erfordert hätte, bis sich die Investitionen amortisiert hätten. Vielleicht waren es diese beiden Faktoren, die in der »Stunde der Wahrheit« die Möglichkeit einer größeren Investition, die García Márquez selbst hätte machen müssen, verhindert haben.

Zwei literarische Vorhaben, verschiedentlich auch bereits angekündigt, waren parallel zu dem verschobenen und schließlich aufgegebenen Zeitungsprojekt entstanden. Die »Erzählungen von Lateinamerikanern in Europa« (für die die Erzählung *Die Spuren deines Blutes im Schnee,* ein Paradebeispiel ist) und der Liebesroman »mit Happy-End«. Die Idee, eine Art verklausulierte Autobiographie ausgehend von seinen Werken, sozusagen »Memoiren«, zu schreiben, von der er mir 1982 erzählt hatte, sollte noch weiterhin in der Schwebe bleiben. Auf der anderen Seite haben García Márquez' politische Aktivitäten keineswegs abgenommen, und so widmete er sich im Verlauf des Jahres 1983 in Kolumbien, in der Karibik und in Mittelamerika, noch intensiver jener »Geheimdiplomatie«. In manchen Fällen war die Diplo-

213

matie jedoch gar nicht so sehr »geheim«. García Márquez' Anteil an den ersten von Präsident Belisario Betancur einge-leiteten Bemühungen um Verhandlungen mit den Guerilla-organisationen in Kolumbien ist bekannt — sie hatten zum Ziel, einen Waffenstillstand und später ein Friedensabkom-men zu erreichen. García Márquez erklärte auch weiterhin seine Sympathien für die kubanische und die sandinistische Revolution, er reiste häufig nach Managua und nach Havan-na und verschärfte seine Angriffe auf die Reagan-Admini-stration, die in großem Umfang für die militärische, politi-sche und wirtschaftliche Hetze verantwortlich ist, unter der die Regierung Nicaraguas zu leiden hat. Wenn auch durch die Bemühungen der »Contadora-Gruppe« erreicht wurde, daß von der mittelamerikanischen Landenge nicht noch mehr Gewalt gegen Nicaragua ausging und daß die Feindse-ligkeiten gegen Nicaragua nicht in eine US-Intervention mündeten, hatte man doch mitunter den Eindruck, die Ver-mittlung der Contadora sei an einem toten Punkt angelangt, an dem sie ihre Wirkung als friedensstiftende Kraft verloren hat. Auch wenn er nicht direkt in die Verhandlungen einge-schaltet war, hat García Márquez auf alle Fälle die Friedens-bemühungen unterstützt. Er schrieb Artikel in diesem Sin-ne, vermittelte persönlich und hielt außeroffizielle Kontakte, und durch eben diese Aktivitäten handelte er sich die Anti-pathie und in manchen Fällen sogar die offene Feindschaft intellektueller Kreise in Lateinamerika und vor allem in Europa ein. Denn dort hatte sich das, was man über Jahr-zehnte als »gesellschaftlichen Auftrag« bezeichnet hatte, in die Zweideutigkeit eines ziellosen »Anarchismus« aufgelöst, eine Variante jenes *au dessus de la mêlée*, eine Haltung, die von Romain Rolland bis Jean-Paul Sartre Gegenstand einer gespannten Diskussion über die Stellung des Intellektuellen in der Gesellschaft gewesen ist. Gabriel García Márquez wird aufgrund seiner Nähe zur kubanischen Revolution und den Sandinisten Zielscheibe bitterböser Kritik, aber er zeigt sich darüber weder verstimmt und noch viel weniger bereit, seinen ideologischen Feinden zu antworten. Politisches Mißtrauen? Es sieht eher so aus, als halte García Márquez eine Polemik mit seinen Gegnern für nicht so wichtig. Ist er sicher, daß der Begriff »gesellschaftlicher Auftrag« in Europa künstlich überwunden, in Lateinamerika noch unumgänglich ist? Was verteidigt er und was verschweigt er? Was bringt er zum Schweigen, indem er angreift? Das sind wohl müßige Fragen, ebenso wie es müßig ist, daran zu erinnern, daß jede Art von Anhängerschaft immer parteiisch und eigennützig ist. García Márquez bewegt sich weniger auf einer ideologischen Ebene als in unmittelbaren Zusammenhängen, das heißt, er beschäftigt sich in pragmatischer Weise, die Widersprüche zur Doktrin nicht ausschließt, mit konkreten Fakten.

1983 unterbricht García Márquez seine journalistische Arbeit für die lateinamerikanische und die europäische Presse, um sich der Verwirklichung eines seiner erzählerischen Vorhaben zu widmen: er beginnt, an dem »Liebesroman mit Happy-End« zu schreiben. Seine Aktivitäten hinsichtlich der »Geheimdiplomatie« allerdings unterbricht er nicht. Zwischen 1983 und 1984 erreicht Präsident Betancur mit seinem Friedensplan, daß die bedeutendsten Guerillaorganisationen Kolumbiens ein Waffenstillstandsabkommen unterzeichnen. Es eröffnen sich Möglichkeiten für politische und soziale Wiedereingliederung der Guerilleros, und gleichzeitig beginnen langwierige und komplizierte Verhandlungen über die demokratische Zukunft des Landes. Nach kurzer Zeit sollten jedoch Unstimmigkeiten in dem Friedensprozeß auftauchen, den die hohen Militärs sowie die Oligarchie ohnehin mit großem Mißtrauen beobachteten. Betancur hatte immense Anstrengungen unternommen, während man das Verhalten der kolumbianischen Streitkräfte nur als hinterhältig bezeichnen kann. Ihnen war offensichtlich die Tragweite dieses Friedensprozesses nicht klarzumachen, durch den 1985 der *M-19* * an Einfluß verloren hatte, aber durch den Angriff des Militärs gezwungen worden war, sich zu verteidigen. García Márquez war mehrfach in dem Dialog Regierung/Guerilla eingeschaltet gewesen, vor allem gegen Ende des Jahres 1984 und Anfang 1985, als sich die ersten Risse in den Abkommen zeigten und der *M-19* seinen Status als kriegsführende Partei politisch und militärisch intensivierte.

Im Januar 1985 trifft Fidel Castro »überraschend« in Managua ein; er ist zur Amtseinführung von Präsident Daniel Ortega eingeladen. Der kubanische Außenminister und andere hohe Funktionäre begleiten ihn, und im selben Flugzeug reist auch Gabriel García Márquez — als persönlicher Gast Castros; García Márquez nimmt bei den Feierlichkeiten zur Amtsübernahme Ortegas einen bevorzugten Platz ein. Gemeinsam mit anderen Persönlichkeiten wie dem argentinischen Friedensnobelpreisträger Pérez Esquível und dem ehemaligen Präsidenten der Dominikanischen Republik Juan Bosch unterzeichnet García Márquez ein Dokument zur Unterstützung der Bemühungen der Contadora-Gruppe, die bereits zu diesem Zeitpunkt in eine beunruhigende Sackgasse geraten war.

»Geheimdiplomatie« — immer wieder wird die politische Aktivität des Romanautors so bezeichnet. Wenn seine Freundschaft mit den Mächtigen, seien es Christdemokraten, Liberale, Sozialdemokraten, Sozialisten oder Kommunisten, bewirkt, daß eine Sache, die in der Presse kaum zur Kenntnis genommen wird, vorangetrieben wird, ist es logisch, anzunehmen, daß García Márquez gleichzeitig das beträchtliche Kapital seiner Berühmtheit einsetzt. Folglich

---

* Movimiento 19 de abril — Bewegung des 19. April. (Anm. d. Übers.)

bleibt er weiterhin eine Zielscheibe für die Angriffe der enttäuschten intellektuellen Linken, die sich selbst für unabhängig und kritisch hält. Man muß sagen, daß es nicht leicht ist, zwischen dem Schweigen und dem gesellschaftspolitischen Auftrag zu wählen und sich für den letzteren zu entscheiden, vor allem zu einer Zeit, da die Idee von einem gesellschaftspolitischen Auftrag besonders in Europa in beklagenswerter Weise mißachtet und durch den Nihilismus ersetzt wurde — vom Nihilismus, der Ernüchterung und dem trügerischen Tod der Ideologien.

November 1985. Die Veröffentlichung von *Die Liebe in den Zeiten der Cholera* * wird angekündigt. In der Verlagsbranche wurde seit Monaten über die außerordentliche Summe spekuliert, die die literarische Agentin von García Márquez als Vorauszahlung auf die Autorenrechte verlangt: eine Million Dollar. In der zweiten Dezemberwoche kommt in der Tat die kolumbianische Ausgabe des Romans heraus — allein in den Ländern der Andenregion beträgt die erste Auflage eine Million Exemplare. Anfang Dezember erscheint in Madrid eine erste europäische Auflage von 250.000 Exemplaren. Zwischen Oktober und November ist García Márquez in Madrid und Barcelona, um sich mit Präsident Felípe González zu treffen. Es ist keine *promotion*-Reise, wie man hätte vermuten können. Die spanische Ausgabe sollte ohne Public Relations bei Editorial Bruguera erscheinen, die etwa 80 Millionen Peseten (zirka eine halbe Million Dollar) Vorauszahlung geleistet hatten. Im Gegensatz dazu war die Veröffentlichung der kolumbianischen Ausgabe spektakulär und lärmend. In Cartagena de Indias, der Stadt, in der ein großer Teil der Romanhandlung spielt, gingen Volksfeste dem Erscheinen des Romans voraus. Jaoquín Ibars, Korrespondent von *La Vanguardia* aus Barcelona, beschreibt sie so:

*Deutsch: Köln 1987. Nach dieser Ausgabe wird im folgenden Kapitel zitiert.

»›Wir bringen die Liebe in Mode‹, verkündet ein riesiges Plakat an der Plaza Fernandez de Madrid in dieser schönen und historischen Hauptstadt der Karibik. Es kündigt die Feste an, mit denen die Landsleute von García Márquez das Erscheinen von *Die Liebe in den Zeiten der Cholera* feiern, dem Roman, der mit einer Startauflage von insgesamt mehr als einer Million Exemplaren in den verschiedenen Ländern *das* verlegerische Ereignis der letzten Jahre ist.«

Weder im spanischen Sprachraum noch in der Karriere eines zeitgenössischen Autors ist ein solcher Beweis kollektiven Jubels bekannt.

»Die Liebe in den Zeiten der Cholera«

»Es war unvermeidbar: Der Geruch von bitteren Mandeln ließ ihn stets an das Schicksal verhinderter Liebe denken.« (S. 11) So beginnt *Die Liebe in den Zeiten der Cholera,* dieser Roman über die Liebe und die Ausdauer, und er beginnt nicht etwa mit der Geschichte der beiden Hauptfiguren. Der Anfang stellt Doktor Juvenal Urbino, Ehemann von Fermina Daza, in den letzten Momenten einer Kompromiß-Liebe vor, die das Paar aber trotzdem auf den harmonischen Weg einer Ehe ohne Unannehmlichkeiten und Leidenschaften gebracht hat.

Als Doktor Urbino die Leiche seines Freundes, des Antillenflüchtlings Jeremiah de Saint-Amour findet, der sich mit Goldzyaniddämpfen das Leben genommen hat, wohnen wir dem Ende eines Lebens bei, das sich im Alter erschöpft — und wir erleben den Anfang eines erzählerischen Gebildes, in dem sich die Ereignisse in retrospektivischen Zyklen und mit der vollendeten Symmetrie von konzentrischen Kreisen entwickeln.

Doktor Urbino ist als sehr angesehener Bürger und an der Seite seiner Frau Fermina Daza alt geworden, die durch diese Ehe in die Stellung einer beispielhaften Ehefrau eines geachteten Mannes aufgestiegen ist. An jenem Pfingstsonntag stellt Doktor Urbino nicht nur den Totenschein für seinen Freund Jeremiah aus; er nimmt außerdem an dem Festmahl zur Silberhochzeit seines Kollegen Lácides Olivella teil, und lebt noch wenige Stunden, bevor er achtzigjährig durch einen aufsehenerregenden Sturz von der Leiter, auf die er gestiegen war, um den widerspenstigen Hauspapageien einzufangen, zu Tode kommt. Nach dem Tod von Doktor Juvenal Urbino tritt Florentino Ariza auf, der ewige Verehrer der jetzt verwitweten zweiundsiebzigjährigen Fermina Daza —

der zweite Teil einer Liebesgeschichte, die in der Jugend begonnen hat und die jetzt im Alter der beiden weitergehen soll, als ob die Zeit nicht vergangen wäre und als ob ihrer beider Leben nach fast einem halben Jahrhundert nicht verschiedene Wendungen genommen hätte. Als Florentino Ariza der Witwe, die gerade ihren Mann begraben hat, die Unerschütterlichkeit seiner Liebe gesteht, die alle Enttäuschungen und Unbillen überstanden hat, gewinnt der Roman einen Hauch von Zärtlichkeit, der jede einzelne der glücklichen und unglücklichen Episoden der Geschichte durchzieht. Einundfünfzig Jahre, neun Monate und vier Tage sind seit der unglücklichen Trennung der beiden Verlobten vergangen, die sich nach dieser Zeit an dem Unglückstag, an dem Fermina Daza ihren Gatten betrauert und begräbt, zum ersten Mal wieder allein begegnen. Florentino, der leibliche Sohn von Tránsito Ariza, hat ausschließlich für diese flammende Liebe gelebt, die begonnen hatte, als er Fermina als dreizehnjähriges Mädchen kennenlernte; er überhäufte sie mit Briefen und Geigenkonzerten. Die »sintflutartige Liebe«, die in jenen längst vergangenen Zeiten begonnen hatte, »war auch ein halbes Jahrhundert später noch nicht zu Ende«. Fermina Daza lebte in der Ehe mit dem angesehenen Doktor Urbino, indem sie der Sehnsucht widerstand und die Gewissensbisse verdrängte. Von ihrer bescheidenen Herkunft als Tochter eines reizbaren Mannes von zweifelhaftem Ruf war sie zu gesellschaftlichem Ansehen aufgestiegen und hatte sich Respekt und Bewunderung erworben; sie durchquerte ihr Leben am Arm ihres Gatten und unternahm unmenschliche Anstrengungen, um sich selbst davon zu überzeugen, daß ihre Jugendliebe eine Illusion gewesen war. Florentino Ariza seinerseits hatte seit jenen Tagen, da er die Liebe Ferminas mit derselben oder mit noch größerer Hartnäckigkeit gesucht hatte wie den märchenhaften Schatz der versunkenen Karavellen, die Niederlage nie akzeptiert und war auf seine

Art aufgestiegen. Er hatte eine Stellung gesucht, die ihn auszeichnen und ihm die Bewunderung der unerreichbaren Verlobten verschaffen könnte, und mit der Sturheit des unglücklich Verliebten hatte er versucht, ein Vermögen anzuhäufen. Er spürte die Jahre kommen und gehen und mußte sich mit der Tatsache abfinden, daß die Liebe nicht nachgelassen hatte, sich im Gegenteil sogar in seinem Bewußtsein und seiner Erinnerung festgesetzt hatte und in den wenigen Augenblicken zum Vorschein kam, in denen er überraschend Fermina Daza begegnete.

Fermina und Florentino haben sich beide auf ihre Weise gegen das Aufwallen der Sehnsucht zur Wehr gesetzt und sie zur Perspektive der »unerfüllten Liebe« sublimiert. Er, indem er sich in flüchtigen und eiligen Liebschaften der Entdeckung seines Körpers widmete, seit dem Tag, als er während der vergeblichen Reise des Vergessens auf dem Magdalena-Strom zum ersten Mal die körperliche Liebe kennenlernen sollte; sie, indem sie sich an die protzige Mittelmäßigkeit einer Ehe gewöhnte; er, indem sie ihm bei seinen Abenteuern als »Sperber im Hühnerhof« immer gegenwärtig war; sie, indem sie so tat, als hätte sie den »armen Mann« vergessen; beide alterten in getrennten Leben und mit entgegengesetzten Erfahrungen.

Der Roman springt von der Vergangenheit in die Gegenwart, es herrscht ein Hin und Her zwischen diesen gealterten und den jungen Menschen, die sie zu Anfang dieser Liebesgeschichte einmal gewesen waren, in der mit einer meisterhaft flüssigen und transparenten Prosa eine gefühlsselige Geschichte veredelt wird, die auf den ersten Blick verführerisch trivial anmutet, tatsächlich aber durch die ständigen Reflektionen lebensklug ist. Die Liebe, das Alter und der Tod – viel mehr als die einfache Geschichte einer verhinderten Liebe – sind die essentiellen Themen der breitgefächerten Erzählung, die vom 19. ins 20. Jahrhundert führt. Das heißt, es ist die Chronik einer in sich abgeschlossenen Pro vinzgesellschaft, die zwar von üblen politischen Kämpfen erschüttert wird, die aber versonnen in ihrer Borniertheit verharrt, und dann die Darstellung des neuen Jahrhunderts, in dem nicht nur die Medizin des Doktor Juvenal Urbino Ausdruck der kulturellen und gesellschaftlichen Veränderung ist, sondern auch die Telegraphie, die ihre Blütezeit erlebt, die erste Ballonreise, die Perfektionierung der Schiffahrt und die Veränderung der städtischen Sitten. Man könnte von einem romantischen Roman sprechen. *Die Liebe in den Zeiten der Cholera* spielt nicht nur in der als »späte karibische Romantik« bezeichneten Epoche; der Roman erstreckt sich auch auf eine weitere literarische Epoche, die der Parnassiens, einer Variante der Romantik, die es nicht wagt, sich bei diesem Namen zu nennen. Die schmachtende Sehnsucht und die Feierlichkeit, mit der Florentino Ariza seine Jugendliebe kultiviert, zwischen Versen und schamlosen Geigennoten, enthüllen eine romantische Figur, die weniger von dem ungebrochenen romantischen Verständnis, das beispielsweise die Figuren Stendhals haben, bestimmt zu sein scheint, sondern mehr von einer romantischen Haltung, die eher aus dem Leben als aus der Literatur zu stammen scheint und in der das Leben das Genre bestimmt, in dem sich der Weg des verliebten Florentino Ariza auszudrücken hat: im Liebesroman. Allerdings muß man dem Zickzackkurs von *Die Liebe in den Zeiten der Cholera* genau folgen, will man nicht dem irrigen Eindruck erliegen, der entsteht, wenn man die Handlung auf die simple Schicksalsanwendung des enttäuschten Florentino und der spöttischen Verlobten reduzierte, die eine Vernunftehe eingeht und ein halbes Jahrhundert später der Hartnäckigkeit des genarrten Verlobten gegenübersteht.

Das Leben hat beide verändert: ihr schroffer Charakter wurde verfeinert, und durch die Reisen und ihre gesellschaftlichen Erfahrungen bekam sie einen weltläufigen Schliff; er wurde mit den Verrücktheiten der körperlichen Liebe konfrontiert und erlangte langsam und durch eigene Kraft eine gesellschaftliche Berühmtheit. Obwohl die wahnsinnige Liebe in den Phantasien Florentino Arizas überlebt hatte, während sie in der Gleichgültigkeit Fermina Dazas gestorben zu sein schien, sind sie, als sie sich am Tage des absurden Todes von Juvenal Urbino wiedersehen, zwei von den Wechselfällen des Schicksals veränderte Personen und von der Weisheit der Jahre gezeichnet.

Der Roman beschreibt den Weg einer Liebe, die mit den Träumen der Jugend beginnt, die mit den gestillten Lüsten weitergeht und die Strenge und die Erbärmlichkeiten des Ehelebens erfährt, nachdem sie die Erotik entdeckt hat, die auch Fermina Daza nicht fremd ist; sie hat die Lust in ihren frühen einsamen Freuden kennengelernt, dann während der Hochzeitsreise und den weniger von der Routine geprägten Augenblicken ihrer Ehe. Die Straßenbekanntschaften von Florentino Ariza, die Treffen mit seinen flüchtigen Liebschaften sind eine Vervollständigung, fast ein Ersatz für die Melancholie dieses ewig Verliebten. Der ausschweifende romantische Jugendliche wird zu einem Mann, der von der Jagd nach erotischer Beute besessen ist und altert schließlich, ohne von seiner Jugendliebe abzulassen, die ihn manchmal in unerwarteten Augenblicken ebenso schmerzt und erschüttert wie in der Anfangszeit.

Auch Fermina Daza hat in der Ehe gelernt, sogar noch, als sie sich bereits an ihre verhängnisvolle Dauer gewöhnt hatte und den Verdacht hegte, sie habe möglicherweise diesen Mann, den sie ohne Liebe geheiratet hatte und dem sie bis zum Tage seines aufsehenerregenden Todes treu gewesen war, liebengelernt. Sie hat aus dem Ehebruch ihres Mannes gelernt, seinem einzigen übrigens, der jedoch die Fundamente dieser von der Gewohnheit und den gesellschaftlichen Konventionen zusammengehaltenen Einheit bedrohte.

Die vorübergehenden Reibereien am ehelichen Mittelmaß haben ihre Bedeutung verloren, ebenso die vorgespielte Liebe und der Ausbruch. Sie hat die Spielregeln des »Gesellschaftsvertrags« akzeptiert, und nur der Seitensprung ihres Mannes, sein spätes Abenteuer mit Señorita Lynch, setzt ihrer Ergebenheit als beispielhafter Ehefrau Grenzen. Doch es sollte ein vorübergehender Bruch sein. Die Zeit der Leidenschaften ist in beider Leben schon seit Jahren vorbei, und trotz dieser würdigen Geste teilen Fermina Daza und Juvenal Urbino die Gewißheit, daß sie gemeinsam sterben werden.

Florentino Ariza erfährt ebenfalls eine späte Liebe mit der vierzehnjährigen América Vicuña, bei der er nicht nur den köstlichen Geschmack der Perversion kennenlernt, sondern deren Frische ihm auch das Bewußtsein von seinem eigenen Alter vermittelt. In der systematischen Rückkehr zum Ausgangspunkt, dem Tod des Doktor Juvenal Urbino, seinerseits Ausgangspunkt für die unerfüllte Liebesgeschichte zwischen Florentino Ariza und Fermina Daza, überschneidet sich im Roman die heimliche Liebschaft zwischen Florentino und dem Schulmädchen América Vicuña mit dem Tod von Juvenal Urbino. Die konzentrischen Kreise, die die Erzählung beschreibt — die García Márquez auch in *Der Herbst des Patriarchen* verwandt hatte — führen uns zum Kern der Geschichte und zeichnen gleichzeitig den Weg der Personen vor. Als die Totenglocke für Doktor Juvenal Urbino läuten, fühlt Florentino Ariza, daß sein Triumph, der Triumph der Hartnäckigkeit, gekommen ist. »Alles, was Florentino Ariza seit Fermina Dazas Heirat getan hatte, war in Erwartung dieser Nachricht geschehen.« (S. 405) Vom Tod Juvenal Urbinos.

»Als aber die Stunde gekommen war, überkam ihn nicht das Gefühl des Triumphes, das er in seinen schlaflosen Nächten so oft im vorhinein ausgekostet hatte, sondern ihn befiel die Panik: die ungeheuerliche Einsicht, daß die Totenglocken ebensogut für ihn hätten läuten können.« (S. 405)

Die »waghalsige Liebe« zu Fermina Daza hat ihn dazu gebracht, sich einen Namen und ein Vermögen zu erwerben, und als die Kirchenglocken des herrschaftlichen Cartagena de Indias zur Beerdigung des Verstorbenen läuten, kommt es Florentino vor, als würde für ihn erst jetzt beginnen, was die Liebe eigentlich ausmacht: ihre Erfüllung in der Vereinigung.

Kehren wir zum Ende des ersten »Kapitels« zurück, als Florentino Ariza, der an der Totenwache und der Beerdigung für Doktor Juvenal Urbino teilgenommen hat, die Witwe Fermina Daza trifft und ihr gesteht:

»›Fermina‹, sagte er zu ihr. ›Auf diese Gelegenheit habe ich über ein halbes Jahrhundert gewartet, um Ihnen erneut ewige Treue und stete Liebe zu schwören‹.« (S. 80)

Es sei allerdings daran erinnert, daß Fermina Daza dies als Beleidigung auffaßte und den Unverschämten hochkantig hinauswarf.

»›Hau ab‹, sagte sie. ›Und laß dich nicht wieder hier blicken, solange du lebst.‹« (S. 80)

Doch: »Erst da merkte sie, daß sie, ohne zu sterben, lange geschlafen hatte, im Schlaf schluchzend, und daß sie, während sie schluchzend schlief, mehr an Florentino Ariza als an ihren toten Mann gedacht hatte.« (S. 82)

Mit symmetrischer Perfektion treffen das erste und das letzte Kapitel des Romans genau im Höhepunkt der Liebesgeschichte zwischen Florentino und Fermina zusammen. García Márquez selbst hat in einem Gespräch mit dem katalanischen Journalisten Francesc Arroyo die Lösung für den Aufbau des Romans umrissen:

225

»Bei diesem Roman gab es ein strukturelles Problem, und ich glaube, daß bemerkt man an den Unterschieden zwischen dem ersten und dem zweiten Kapitel: das erste Kapitel hat den Anspruch, global zu sein, und im zweiten muß der lineare Faden gepackt werden, der chronologische; denn es wäre zu lang und zu kompliziert gewesen, mit dieser Globalisierung fortzufahren.«

Das erklärt nicht nur den Rückgriff auf ein Stilmittel, das in Varianten auch in *Der Herbst des Patriarchen* und in *Chronik eines angekündigten Todes* zu finden ist; es hilft auch, dem Verlauf der Geschichte zu folgen, die sich wie ein Fächer öffnet und ihre Bestandteile, ihre Färbungen und Besonderheiten zeigt, aus denen sie sich als Ganzes zusammensetzt, und allmählich schließt sich der Fächer wieder, um seine ursprüngliche Form wiederzugewinnen.
Nachdem der Roman die Lebensgeschichte von Fermina Daza, Florentino Ariza und Juvenal Urbino durchlaufen hat, greift das Schlußkapitel den Faden jener anderen Geschichte wieder auf, die an dem Tag beginnt, als Florentino Ariza Urbinos Witwe gegenüber seinen Liebesschwur wiederholt. Einen Schwur, der sie keineswegs berührt, der sie vielmehr in ihrem Zorn über die Albernheit dieses »armen Mannes« bestärkt, denn als solchen hat sie ihn in der Erinnerung betrachtet. Sie steigert sich noch in ihrem Zorn und ihrer Entrüstung, als sie Florentino den ersten Brief überhaupt schreibt, den er in einer regendurchtosten Nacht unter seiner Tür findet und liest. Diese Entschlossenheit Fermina Dazas ist nicht verwunderlich, denn die entscheidenden Handlungen des Romans, die endgültigen Entscheidungen, kommen stets von ihr. Die meisten Frauenfiguren von García Márquez (von *Der Oberst hat niemand, der ihm schreibt* bis *Chronik eines angekündigten Todes*) sind außerordentlich starke Wesen. García Márquez selbst weist gegenüber

Francesc Arroyo darauf hin: »Die Starke ist sie, Fermina Daza. Sie ist der Roman.«

Erstaunlich ist die Schwachheit der männlichen Figuren, eine Schwachheit, die weder bei Juvenal Urbino von seinem erhabenen Flair und weltläufigen Nimbus überdeckt werden kann noch bei Florentino Ariza von dessen verliebter Hartnäckigkeit. Ersterer entpuppt sich als kleinmütiger Charakter, bei letzterem kommt unter seiner Charakterfestigkeit die Weichheit des Schutzlosen zum Vorschein, dem nur die Mutter, solange sie lebte, als Stütze hatte dienen können; denn sie allein hatte verhindert, daß er unter der Last seines frühen Liebeskummers zugrundeging. Aber die Stärke, dieser Mechanismus der Selbstrechtfertigung, die Fermina Daza in jeder ihrer Handlungen perfektioniert hat, sollte nur kurze Zeit vorhalten — zumindest, was ihren Widerstand und die Feindseligkeit angeht, mit der sie den Vorschlägen von Florentino Ariza begegnet. Als ihr klar ist, daß Juvenal Urbino tatsächlich gestorben ist, ist sie der Leere des Verlustes ausgesetzt, und ihr wird klar, daß sie im ehelichen Gehorsam ihre Identität verloren hat. Trotz allem ist sie davon überzeugt, daß sie glücklich gewesen ist und daß sie keine Gewissensbisse haben muß.

Florentino Ariza beginnt mit der langwierigen Rückeroberung. Aber ein Jahr muß vergehen, während dessen er Fermina Daza einen Brief nach dem anderen schreibt, von denen sie keinen beantwortet, bevor Florentino wieder vor der Frau seines Lebens steht und erneut die Gewißheit spürt, daß er sie liebt wie eh und je. Dieser erste und die ihm folgenden Besuche Florentinos bei der Witwe zeigen zwei von den Jahren besänftigte Wesen; und die Briefe, die er ihr im Verlauf dieses Jahres geschrieben hatte, waren keine flammenden Liebesbriefe an ein junges Mädchen, das ihn eines Tages aus ihrem Leben streichen sollte — es waren Betrachtungen über das Leben und den Tod, und sie brachten ihr die so ersehnte Beruhigung.

Sie ist es, Fermina Daza, die schließlich die Schritte Florentino Arizas lenkt.

»Die Erinnerung an die Vergangenheit war aber nicht, wie er beharrlich glaubte, eine Lösung für die Zukunft. Im Gegenteil, sie bestärkte Fermina Daza in ihrer alten Überzeugung, daß jener fiebrige Aufruhr im Alter von zwanzig Jahren wohl etwas sehr Edles und Schönes gewesen sei, nicht aber die Liebe.« (S. 464)

Florentino ist also nicht gezwungen, die Vergangenheit zurückzuerobern. Vielmehr muß er auf den Überresten eines lyrischen Traums seine Zukunft erfinden, die Freundschaft und die Zärtlichkeit, wie es die beiden dann auch tatsächlich bei den Dienstagsbesuchen tun; sie müssen den Groll vergessen und die Regeln der Altersliebe erfinden.

Wir befinden uns im letzten Kapitel von *Die Liebe in den Zeiten der Cholera*. Noch leidet Fermina Daza unter dem ungeheuren Kummer der Jahre, unter der Melancholie und der Leere ihrer erdrückenden Witwenschaft. »Der Entschluß, nicht weiterleben zu wollen, war jeder ihrer Gesten anzumerken.« (S. 470) Die eiserne Beharrlichkeit Florentino Arizas holt Fermina aus ihrer Lethargie heraus, und der Widerstand, den ihre Tochter Ofelia gegen die verdächtige Freundschaft zwischen den beiden Alten entwickelt, verleiht den beiden eine eher noch größere Vitalität. Es läßt sich nicht länger leugnen, daß die Häufigkeit der Besuche und das stille Fortschreiten ihres Verhältnisses die Existenz einer tieferen Beziehung ahnen läßt: der Triumph Florentinos, der Triumph der Liebe. Versteckte Ängste, zurückgewiesen zu werden, leben trotz allem im Bewußtsein des Verliebten, aber Fermina zerstreut sie; zum Beispiel, als er immer neue Argumente anführt, um sie von der Notwendigkeit der Reise auf dem Magdalena, zu der er sie eingeladen hat, zu überzeugen.

»›Du mußt mich nicht wie ein Kind überlisten. Wenn ich fahre‹, sagte sie, ›dann fahre ich, weil ich es so entschieden habe, und nicht wegen der landschaftlichen Reize.‹« (S. 476)

Als sich Fermina und Florentino auf der *Nueva Felicidad* einschiffen, beginnt die Schlußapotheose des Romans. Florentino hat ihr die Präsidentenkabine zugedacht, er selbst reist in einer einfacheren Kabine. Allmählich überwindet die Vertrautheit, die in der entspannten Atmosphäre zwischen den beiden entsteht, die wenigen Barrieren, die im Bewußtsein Ferminas übriggeblieben sind, bis schließlich alle Vorbehalte der Körper schwinden und sich Zärtlichkeit in einer seltenen Größe offenbart.

»Woraufhin er seine eisige Hand in die Dunkelheit streckte, im Finstern nach der anderen Hand tastete und sie, die auf ihn wartete, fand. Beide waren nüchtern genug, sich einen flüchtigen Moment lang einzugestehen, daß keine der verknöcherten alten Hände die war, die sie sich vor der Berührung vorgestellt hatten. Aber einen Augenblick später waren sie es bereits.« (S. 481)

In diesem Bewußtsein liegt kein Pathos, sondern eine auch in diesem Abschnitt des Lebens überwältigende Lebensfreude, oder, wie Fermina selbst Florentino zu verstehen gibt, »(war) auch für sie die Stunde gekommen (...), sich mit Würde, Größe und einem unbezwingbaren Lebenshunger zu fragen, wohin mit der Liebe, die herrenlos zurückgeblieben war«. (S. 481)
Die allmählich entstehende Vertrautheit macht die Handlungen und das Verhalten Fermina Dazas natürlicher. Ein flüchtiges Bild taucht auf, daß trotz seiner Tragik Fermina anrührt: einige Tage zuvor war »ein greises Paar, das seit vierzig Jahren immer wieder zum Ziel seiner Hochzeitsreise fuhr, (...) von dem Bootsmann, der sie spazierengefahren hatte, wegen ihres Geldes mit dem Ruder erschlagen worden.« (S. 466)

Florentino Ariza hatte ihr den Zeitungsausschnitt geschickt. Dieses Bild zuckt immer wieder schmerzhaft durch Ferminas Bewußtsein, sogar, als zwischen ihr und Florentino bereits eine schüchterne Intimität entstanden ist. Das Streicheln der Hände mündet in den ersten Kuß. Beide schämen sich ein bißchen, im Bewußtsein ihrer physischen Hinfälligkeit. Und wenn die beiden sich auch des »sauren Geruch des Alters« bewußt sind — in dem Moment, da sie sich eine umfassendere Vertrautheit erschließen, hat keiner von ihnen Angst. In der unerträglichsten hochsommerlichen Hitze fahren sie auf den Wassern eines ökologisch zerstörten Flusses, auf dessen Sandbänke sich weder Kaimane noch die legendären Seekühe sonnen; hier beginnen sie diese Liebe, erfinden sie diese Zärtlichkeit zweier Greise, die von dem Wunsch erfüllt sind, weiterzuleben.

»Sie verbrachten unvorstellbar lange Stunden in den Sesseln vor der Brüstung, hielten sich an den Händen, küßten sich bedächtig und genossen ungestört von drängendem Verlangen die trunkene Zärtlichkeit.« (S. 494)

Die erste Nacht der Liebe kommt. Fermina ist es, die Florentino dazu drängt. »›Wenn wir schon Dummheiten machen, bitte schön‹, sagte sie, ›dann doch wie erwachsene Leute.‹« (S. 495)
Sie lieben sich, und es ist unwichtig, daß Florentinos Beklemmung zum Scheitern führt.

»Sie dachte noch bis zum Morgengrauen an ihn, glaubte endlich an die eigene Liebe, und während der Anis allmählich verebbte, überkam sie mehr und mehr die schmerzliche Unruhe, daß Florentino Ariza verärgert sein und nie wieder kommen könnte.« (S. 497)

Weil er versagt hatte, weil er beim ersten Mal immer versagte. Aber am nächsten Morgen kommt er wieder und schläft mit einer Frau, für die es »seit über zwanzig Jahren (...) das erste Mal (war), daß sie mit einem Mann schlief, sie war voller Neugier gewesen, wie das in ihrem Alter und nach so einer langen Pause wohl sein könnte.« (S. 498) In den restlichen Tagen trennen sie sich nicht mehr, weder in den Tagen, als sie den Fluß hinauffuhren noch in den endlosen Tagen, als das Schiff mit der gehißten Choleraflagge wieder flußaufwärts fährt — eine List, die Florentino ausgeheckt hatte, um zu verhindern, daß lästige Passagiere an Bord kamen, so daß sie sich ungestört ihrer Liebe widmen konnten (auf demselben Fluß, auf dem er in seiner weit zurückliegenden Jugend durch die tollkühne Tat einer Unbekannten, die ihn in seiner Kabine überfallen hatte, seine Unschuld verloren hatte). Nichts, nicht einmal die Nachricht vom Tode América Vicuñas, die die treue Leona Cassiani übermittelt, stört die Euphorie des greisen Paares, das mit der zu Unrecht gehißten Choleraflagge, die einmal mehr in Beziehung zur Liebe gesetzt wird, den Fluß hinauf und hinunterfährt. Als das Schiff seinen Bestimmungsort erreicht und in Quarantäne gelegt werden soll, hat Florentino einen wunderbaren Einfall: er befiehlt, kehrtzumachen und die Reise wieder aufzunehmen. Der Kapitän fragt ihn:

»›Und was glauben Sie, wie lange wir dieses Scheiß-Hin und -Zurück durchhalten können?‹
Florentino Ariza war seit dreiundfünfzig Jahren, sieben Monaten und elf Tagen und Nächten auf die Frage vorbereitet: ›Das ganze Leben‹, sagte er.« (S. 509)

Der grandiose Höhepunkt dieses Schlusses erinnert an die dramatische Apotheose von *Der Oberst hat niemand, der ihm schreibt*:

»›Sag, was essen wir?‹
Der Oberst hatte fünfundsiebzig Jahre, fünfundsiebzig Jahre seines Lebens, Minute für Minute gebraucht, um diesen Au-

genblick zu erreichen. Er fühlte sich rein, unbedingt und unbesiegbar in der Sekunde, als er antwortete: ›Scheiße.‹« (S. 116)

Nur eine persönliche Auflösung ist hier möglich: Gabriel García Márquez greift bewußt auf ein altes Stilmittel zurück und fügt es in das vollendetste seiner Bücher ein. Denn der Roman *Die Liebe in den Zeiten der Cholera* erinnert in seiner Gesamtheit an *Hundert Jahre Einsamkeit,* sei es in der fließenden Sprache, der Transparenz und der Verständlichkeit der Sätze oder sogar dem Aufbau der Erzählung, die ständig zwischen Vergangenheit und Zukunft springt; die Spuren von *Hundert Jahre Einsamkeit* führen jedoch nicht etwa zu den legendären Helden und in die Zeit der verlorenen Dynastien, sie zeichnen vielmehr eine Geschichte, deren historisches Umfeld bis in kleinste Details erkennbar ist. Es umfaßt die zweite Hälfte des neunzehnten und die ersten dreißig Jahre des zwanzigsten Jahrhunderts. Ein entdramatisierter Widerhall der Bürgerkriege des neunzehnten Jahrhunderts bringt uns in die verwüsteten Gebiete von Oberst Aureliano Buendía zurück, aber nicht mehr Macondo, sondern das herrschaftliche Cartagena de Indias, die Stadt der Vizekönige, ist Schauplatz dieser Erzählung. Im Roman markieren neue Erfindungen und Gegenstände den Lauf der Zeit: den Kutschen folgen die von Maultieren gezogenen Straßenbahnen und diesen die Automobile, der Telegraphie das Telephon, der ersten Fahrt im Ballon das Flugzeug. Aber auch literarische Anspielungen bezeugen den Ablauf der Epochen: die Romantik, die Parnassiens und dieser Modernismus, dem Florentino Ariza in seiner blumigen Prosa des erwartungsvoll Verliebten auch dann nicht nachgeben kann, als er bereits Angestellter der Flußschiffahrtskompagnie ist. Weitere Details: die flüchtige Vision Victor Hugos in Paris und das ebenfalls zufällige Zusammentreffen mit Oscar Wilde, also das Paris der Parnassiens. Kleidermoden, Parfummarken, Namen von Modeschöpfern und berühmten Sängern, die allesamt zur Welt Doktor Urbinos gehören, kennzeichnen ebenfalls den historischen Rahmen des Romans.

Sieg der Liebe über die Einsamkeit: Das ist in den Romanen von García Márquez kein rückläufiges Thema. In diesem Roman gibt es keine Einsamkeit, nicht einmal während des halben Jahrhunderts, das Florentino Ariza wartet, denn seine Einsamkeit ist eine Einsamkeit mit der Aussicht, daß sich seine Liebe zu Fermina Daza eines Tages erfüllen wird. García Márquez selbst erklärte hierzu:

»Was mich an dem Roman interessiert, ist diese Analyse der Liebe in verschiedenen Lebensphasen. Ich habe nämlich den Eindruck, Liebe ist ein Verhalten und eine bestimmte Art der Beziehung, die in jedem Alter gleich ist. Was fehlt, ist immer die Liebe, und wenn sie vorhanden ist, manifestiert sie sich in jedem Alter in der gleichen Form.«

Universum der Liebe ist die Sexualität. Der routinierte und lauwarme Sex des Ehelebens, Sex in den besessenen Abenteuern von Florentino Ariza, der Sex des Alters, gelassen und endlich frei von Leidenschaften. *Die Liebe in den Zeiten der Cholera* ist nur auf den ersten Blick ein romantischer Roman; er bedient sich der Romantik, sogar in ihrer trivialen Dimension. Nachdem die Liebe nahezu alle nur möglichen Stadien durchlaufen hat — die schwärmerische Liebe der Jugend und die Realität des Ehelebens; die freie, bindungslose Ausübung von Sexualität, der weder Doktor Urbino (der verspätete Ehebrecher) noch Fermina Daza (die, wie sie es in ihrer Jugend von ihren übermütigen Kusinen gelernt hat, gelegentlich masturbiert) entgehen; und das Elend der vorgeheuchelten Liebe —, bleiben die Zärtlichkeit und die Wirklichkeit der gelassenen Liebe übrig.

Auch in diesem Roman tauchen autobiographische Elemen-

233

te auf, sogar außerordentlich deutlich. »Das Buch muß prall sein, denn es handelt von Dingen, die mir sehr vertraut sind. Geschichten von meinem Vater und meiner Mutter, aus meinem eigenen Leben und meinen eigenen Beziehungen«, bekannte García Márquez dem Journalisten Francesc Arroyo. Ein offensichtlich autobiographisches Element ist die angefeindete Liebe zwischen den Eltern von Gabriel García Márquez, wie sie zu Anfang dieses Buches erwähnt wird und über die Mario Vargas Llosa in seiner Arbeit ausführlich berichtet. Die poetische Umsetzung der Liebe zwischen Gabriel Eligio García und Luisa Santiaga Márquez ist zweifellos vorhanden. Auch die Jugendlieben des Vaters waren unglücklich, auch er war Telegraphist und hatte in Cartagena de Indias gelebt. Die Umgestaltung dieser Daten führt sicherlich zu einer anderen Geschichte. Trotzdem, sie sind vorhanden, ebenso wie andere, beiläufige Anspielungen, die wie ein heimliches, fast privates Augenzwinkern anmuten – etwa, wenn García Márquez das Dorf Magangué erwähnt, »wo Mercedes geboren ist«, seine Frau. Die wichtigste aller autobiographischer Informationen, wenn auch nicht verifizierbare, ist jedoch die menschliche Weisheit von García Márquez. In diesem Roman, dessen Tonfall und Rhythmus vollendet bemessen sind, dessen spärliche Dialoge sich in Sentenzen verwandeln und in dem ein Ereignis unmittelbar das folgende hervorbringt, sind autobiographische Fakten und Informationen letztlich nebensächlich. Wichtiger ist, auf welche Weise die Geschichte im Rahmen der vorstellbaren Konventionen wahrscheinlich gemacht wird. In dem Maße, wie allein in nebensächlichen Kleinigkeiten sich im Laufe der Zeit die Sprache der Menschen verwandelt, erweisen sich die Delirien und Liebesphantasien von Florentino Ariza als wahrscheinlich, ebenso, wie auch die unsinnigsten Äußerungen seiner Liebe. Die Logik des Romans ist auf keinen Fall identisch mit der Logik der Wirklichkeit. In diesem Sinn könnte man *Die Liebe in den Zeiten der Cholera* als »Roman *par excellence*« bezeichnen. Und er ist es in diesem Sinne: die ganze Geschichte steuert auf die Rehabilitierung der Liebe im Greisenalter hin, ungeachtet der Konventionen und Vorurteile, die Fermina beispielsweise von ihren Kindern vorgehalten bekommt. Sie selbst muß diese Vorurteile gegen Ende des Romans, während dieser verspäteten und großartigen Hochzeitsreise, angesichts des so offensichtlichen Alters überwinden. Mit *Die Liebe in den Zeiten der Cholera* haben wir einen im Sinne von Cervantes »exemplarischen Roman« vor uns, schließlich und endlich den »Roman *par excellence*« über »die Liebe, das Alter und den Tod«.

Barcelona, am 20. Januar 1986

Zeittafel

1928 (6. März): in Aracataca, einem Dorf in der Provinz Magdalena, wird Gabriel José García Márquez geboren, Sohn von Gabriel Eligio García und Luisa Santiaga Márquez Iguarán. Er wächst bei seinen Großeltern auf, dem Oberst Nicolás Ricardo Mejía und Tranquilina Iguarán Cotes.

1936 Sein Großvater stirbt. Gabriels Eltern siedeln nach Sucre über, der Junge wird auf das Colegio San José in Barranquilla geschickt.

1938 Er besucht die Gymnasialklassen derselben Schule.

1940 Gabriel geht nach Zipaquirá im Departement Codinamarca mit einem Stipendium für das Colegio Nacional jener Stadt.

1946 Er legt das Abitur ab und schreibt an einem Roman mit dem Titel »La casa« (Das Haus). Der Versuch scheitert.*

1947 Reise nach Cartagena. Er schreibt sich im selben Jahr in die Fakultät für Jura und Politische Wissenschaften der Universidad Nacional in Bogotá ein. In *El Expectador* veröffentlicht er seine Erzählung *La tercera resignación (Die dritte Entsagung)*.

1949 (9. April). Der Parteiführer der Liberalen, Jorge Eliécer Gaitán, wird ermordet. Gabriel García Márquez verläßt Bogotá und geht nach Cartagena. Er veröffentlicht Artikel in der Zeitung *El Universal* und setzt seine Jurastudien fort. Sein Name wird im Zusammenhang mit den jungen Autoren von der Atlantik-

---

* Über die frühen Lebensdaten gibt es in der Sekundärliteratur unterschiedliche Angaben. (Anm. d. Übers.)

küste genannt (»Gruppe von Barranquilla«). Juan B. Fernández Renowitzky äußert sich zum ersten Mal in der Öffentlichkeit lobend über das große Talent des jungen Schriftstellers. García Márquez bricht das Jurastudium ab.

1950   Gabriel García Márquez siedelt nach Barranquilla über und schreibt regelmäßig eine Kolumne (*La Jiráfia — Die Giraffe*) in *El Heraldo*, die er mit dem Pseudonym »Septimus« unterzeichnet. Er lernt Germán Vargas, Álvaro Cépeda Samudio, José Félix Fuenmayor, Alfonso Fuenmayor und den katalanischen Buchhändler Ramón Vinyés kennen.

1952   (24. Dezember) *El Heraldo* veröffentlicht ein Kapitel aus *La hojarasca* (*Laubsturm*. »Der Winter«). Den Roman hatte Gabriel García Márquez im Jahr zuvor abgeschlossen.

1954   Gabriel García Márquez kehrt nach Bogotá zurück und schreibt für *El Espectador*.

1955   In der literarischen Zeitschrift *Mito* erscheint die Erzählung *Monólogo de Isabel viendo llover en Macondo (Isabels Monolog beim Betrachten des Regens in Macondo)*. García Márquez ist vorübergehend Mitglied einer Zelle der Kommunistischen Partei Kolumbiens. *Laubsturm* wird veröffentlicht. Im Auftrag von *El Espectador* geht García Márquez als Korrespondent nach Genf, um über die Konferenz der »Großen Vier« zu berichten. Anschließend reist er weiter nach Rom, wo er sich im Centro Experimental de Cinematografía einschreibt. Im Winter desselben Jahres siedelt er nach Paris über. Die Militärregierung unter General Rojas Pinillo schließt die Redaktion von *El Espectador*.

1956   Er beendet *El coronel no tiene quien le escriba (Der Oberst hat niemand, der ihm schreibt)*.

1957   Er reist durch Osteuropa: in die DDR, die Tschecho-
        slowakei, nach Polen, Ungarn und in die Sowjet-
        union. Seine Beobachtungen faßt er unter dem Titel
        »90 Tage hinter dem ›Eisernen Vorhang‹« zusammen.
        Reise nach London. Im Dezember desselben Jahres
        geht García Márquez nach Cáracas als Redakteur der
        venezolanischen Wochenzeitschrift *Momento*.

1958   Im Mai erscheint in der Zeitschrift *Mito Der Oberst
        hat niemand, der ihm schreibt*. Am 1. Januar Sturz des
        venezolanischen Diktators Pérez Jiménez. Im März
        heiraten Gabriel García Márquez und Mercedes Bar-
        cha. García Márquez arbeitet für die Zeitschriften
        Élite und *Venezuela Gráfica*.

1959   Im Januar reist García Márquez nach Havanna und
        nimmt am öffentlichen Gerichtsprozeß gegen Sosa
        Blanco teil, einem engen Mitarbeiter des gestürzten
        Diktators Fulgencio Batista. Im Februar kehrt er als
        Korrespondent von *Prensa Latina*, der Presseagentur
        der Revolutionsregierung, nach Bogotá zurück. Juli
        – Oktober: in der Zeitschrift *Crómos* in Bogotá er-
        scheinen seine Reportagen über Osteuropa *(Neunzig
        Tage hinter dem »Eisernen Vorhang«)*. Geburt des
        Sohnes Rodrígo, Camilo Torres tauft ihn.

1960   (September) Er kehrt nach Havanna zurück, um
        dort für *Prensa Latina* zu arbeiten.

1961   *Der Oberst hat niemand, der ihm schreibt* erscheint bei
        Aguirre Editor in Medellín, Kolumbien. García Már-
        quez geht als Korrespondent von *Prensa Latina* nach
        New York und bleibt einige Monate auf diesem
        Posten. Im Juni tritt er zurück und zieht nach Mexico
        Stadt. Das Manuskript von *La mala hora (Die böse
        Stunde)* erhält den ersten Preis des nationalen Litera-
        turwettbewerbes, den die kolumbianische ESSO-
        Gesellschaft ausgeschrieben hatte.

1962   *Die böse Stunde* wird in »korrigierter Fassung« in Madrid veröffentlicht, die Ausgabe vom Autor aber nicht anerkannt. Am 16. April wird in Mexiko der zweite Sohn von Mercedes Barcha und García Márquez geboren: Gonzálo. *Los funerales de la Mama Grande (Das Leichenbegängnis der Großen Mama)* erscheint in Jalapa, Mexiko. García Márquez schreibt für verschiedene mexikanische Zeitschriften.

1963   Im September dieses Jahres unterbricht er seine journalistische Tätigkeit, um für die Werbeagentur »Walter Thompson« zu arbeiten. Er fängt an, Filmdrehbücher zu schreiben, als erstes *El gallo de oro,* basierend auf einer Erzählung von Juan Rulfo.

1965   *Tiempo de morir (Zeit zu sterben)* wird unter der Regie des jungen Mexikaners Arturo Ripstein verfilmt; das Drehbuch hatte García Márquez zusammen mit Carlos Fuentes geschrieben. Der Regisseur Alberto Isáas verfilmt eine Adaption der Erzählung *En esto pueblo no hay ladrones (In diesem Dorf gibt es keine Diebe)*. García Márquez schreibt weiter Filmdrehbücher, unter anderem *H.O.,* ebenfalls von Ripstein verfilmt. Der Produzent Antonio Matouk verpflichtet García Márquez, neun Drehbücher für ihn zu schreiben. Im Januar beschließt García Márquez, zur Literatur »zurückzukehren« und beginnt mit der Arbeit an *Cien años de soledad (Hundert Jahre Einsamkeit)*.

1965 / 66 Achtzehn Monate lang arbeitet García Márquez ausschließlich an *Hundert Jahre Einsamkeit.* 1966 schlägt ihm die Editorial Sudamericana vor, seine früheren Romane neu zu verlegen. Einige »Vorabdrucke« von *Hundert Jahre Einsamkeit* erscheinen in den Zeitschriften *Eco* (Bogotá), *Amarú* (Lima) und *Mundo Nuevo* (Paris). Im Juni 1966 veröffentlicht

Carlos Fuentes eine enthusiastische Rezension, nachdem er die ersten drei Kapitel des Romans gelesen hat. In Mexiko wird *Die böse Stunde* in einer autorisierten Fassung neu verlegt.

1967 Im Juni erscheint in Buenos Aires *Hundert Jahre Einsamkeit*. Im Juli nimmt García Márquez am XIII. Internationalen Kongress für Iberoamerikanische Literatur und der Verleihung des Preises Rómulo Gallegos in Caracas teil. Er lernt Mario Vargas Llosa kennen. Im Oktober zieht er mit seiner Familie nach Barcelona. Der Erfolg von *Hundert Jahre Einsamkeit* macht ihn zu einer von Journalisten und Kritikern verfolgten Persönlichkeit.

1967 - 1975 Er wohnt in Barcelona und schließt Freundschaften mit einigen spanischen Schriftstellern: Carlos Barral, José Maria Castellet, Juan und José Agustín Goytisolo, Juan Marsé, Juan Benet, Jaime Gil de Biedma und anderen.

1970 Die 1955 bei *El Espectador* erschienene Reportage *Relato de un náufrago (Bericht eines Schiffbrüchigen)* erscheint in Buchform.

1971 Die Columbia-University in New York verleiht García Márquez die Ehrendoktorwürde.

1972 *La increíble y triste historia de la cándida Eréndira y de su abuela desalmalda (Die unglaubliche und traurige Geschichte von der einfältigen Eréndira und ihrer herzlosen Großmutter)* wird mit dem Preis Rómulo Gallegos ausgezeichnet. García Márquez schenkt das damit verbundene Geld dem MAS (venezolanische *Bewegung für den Sozialismus).*

1973 Unter dem Titel *Cuando era feliz e indocumentado* (Als ich noch glücklich und unbekannt war), werden ein Teil seiner Artikel und Reportagen, die in der venezolanischen Presse erschienen waren, in Buchform vorgelegt. Der Erlös geht dem MAS zu, zur Finanzierung des Wahlkampfes.

(Liegt in deutsch nicht in Buchform vor.)

1975　Veröffentlichung von *El otoño del patriarca (Der Herbst des Patriarchen)*. García Márquez zieht mit seiner Familie nach Mexiko. Im selben Jahr nimmt er als Geschworener am Russel-Tribunal teil.

1976　Er reist regelmäßig nach Havanna und schreibt an einem Buch über den Alltag in Kuba. Er veröffentlicht Artikel über Angola. Ab 1975 intensiviert er seine politischen Aktivitäten. Seine Freundschaft mit Fidel Castro wird enger.

1978　In Bogotá erscheint eine Zusammenfassung seiner frühen journalistischen Arbeiten: *Crónicas y reportages* (Chroniken und Reportagen, keine deutsche Buchausgabe).

1979　Begegnung mit dem Papst.

1980　García Márquez setzt seine wöchentliche Kolumne für *El Espectador,* Bogotá, fort, die in zahlreichen Zeitungen, unter anderem von *El País* in Madrid, nachgedruckt wird.

1981　García Márquez pendelt zwischen seinen beiden Wohnsitzen in Mexiko und Bogotá. Im März sieht er sich gezwungen, die kolumbianische Hauptstadt unter diplomatischem Schutz zu verlassen, da er erfahren hat, daß das Heer ihm Verbindung zur Guerrillaorganisation M-19 vorwirft und ihn verhaften will. Er zieht sich nach Mexiko ins selbstgewählte Exil zurück. Ebenfalls im März reist er zur Amtseinführung von Präsident Mitterand nach Paris. Im Februar erscheint bei Bruguera der erste Band der gesammelten Reportagen *Obra periodística* Bd. 1: *Textos costeños,* herausgegeben und mit einem Vorwort von Jacques Gilard (Deutsche Auswahl: *Die Giraffe aus Barran-*

quilla). Der Band umfaßt die Jahre 1948 bis 1952. April: *Crónica de una muerte anunciada (Chronik eines angekündigten Todes)* erscheint in einer Auflage von mehr als zwei Millionen Exemplaren gleichzeitig in Bogotá, Buenos Aires und Barcelona.

Im September nimmt er am Treffen lateinamerikanischer Intellektueller in Havanna teil und im Oktober (als Journalist) am Treffen der Staatschefs in Cancún (Mexiko).

Im Dezember verleiht ihm die französische Regierung den Orden der Ehrenlegion.

1982 Veröffentlichung der Gespräche mit Plinio Apuleyo Mendoza unter dem Titel *El olor de la guayaba (Der Geruch der Guayave)* beim Verlag Editorial Bruguera in Barcelona.

Der zweite und dritte Band des journalistischen Werkes aus den Jahren 1953 und 1954 erscheint unter dem Titel *Entre Cachacos* I und II (Deutsche Auswahl: *Die Giraffe aus Barranquilla*).

Sein Drehbuch *Viva Sandino (Die Geiselnahme)* erscheint in Buchform.

Im Mai ist er Jurymitglied des Filmfestivals in Cannes. Im Oktober desselben Jahres wird ihm der Nobelpreis für Literatur verliehen. Im Dezember reist er nach Stockholm, um an den Feierlichkeiten teilzunehmen. Er plant die Herausgabe einer Zeitung *(El Otro)* in Bogotá.

1983 (Februar): politische Aktivitäten verschiedener Art in Mittelamerika und in Kolumbien. Er trifft sich mit dem Chef der Guerillaorganisation M-19, Jaime Bateman. Die neue kolumbianische Regierung unter Dr. Belisario Betancur hatte ihm bereits im vergangenen Jahr alle Garantien für seine Rückkehr nach Kolumbien angeboten.

Der vierte Band des journalistischen Werkes zwischen 1955 und 1960 erscheint in Barcelona bei Editorial Bruguera unter dem Titel *De Europa y América* (Deutsche Auswahl: *Zwischen Karibik und Moskau*). García Márquez beginnt mit der Arbeit an einem »Liebesroman mit Happy-End«.

1985   Veröffentlichung von *La aventura de Miguel Littín, clandestino en Chile* (deutsche Buchausgabe in Vorbereitung für Herbst 1987), einer Reportage über die illegale Reise des chilenischen Filmemachers Miguel Littín nach Chile.
Verfilmung von *Chronik eines angekündigten Todes.* November: Der Roman *El amor en los tiempos del cólera (Die Liebe in den Zeiten der Cholera)* erscheint in einer Startauflage von einer Million Exemplaren in den Ländern der Andenregion.
Dezember: die spanische Ausgabe folgt mit 250.000 Exemplaren.

1986   (Januar): García Márquez unterstützt finanziell und persönlich den Aufbau einer Lateinamerikanischen Filmhochschule in Havanna (Fundación del nuevo cine latinoamericano).

Ausgaben der Werke von
Gabriel García Márquez
im Verlag Kiepenheuer&Witsch

Hundert Jahre Einsamkeit. Roman. Deutsch von Curt Meyer-Clason. 1970.

Das Leichenbegängnis der Großen Mama und andere Erzählungen. Herausgegeben, übersetzt und mit einem Nachwort von Curt Meyer-Clason. 1974.

Laubsturm. Roman. Deutsch von Curt Meyer-Clason. 1975.

Der Oberst hat niemand, der ihm schreibt. Roman. Übersetzt und mit einem Nachwort von Curt Meyer-Clason. 1976. KiWi 23, 1983.

Der Herbst des Patriarchen. Roman. Deutsch von Curt Meyer-Clason. 1978.

Die böse Stunde. Roman. Deutsch von Christiane und Curt Meyer-Clason. 1979.

Chronik eines angekündigten Todes. Roman. Deutsch von Curt Meyer-Clason. 1981. KiWi 39, 1983.

Bericht eines Schiffbrüchigen. Deutsch von Christiane und Curt Meyer-Clason. 1982. KiWi 13. 1982.

Augen eines blauen Hundes. Frühe Erzählungen. Übersetzt und mit einem Nachwort von Curt Meyer-Clason. KiWi 26, 1983.

Der Geruch der Guayave. Gespräche mit Plinio Apuleyo Mendoza. Deutsch von Tom Koenigs. KiWi 38, 1983.

Die Giraffe aus Barranquilla. Journalistische Arbeiten 1948-1952. Ausgewählt von Ricardo Bada und José Moral. Deutsch von Hildegard Moral. KiWi 45, 1984.

Der Beobachter aus Bogotá. Journalistische Arbeiten 1954-1955. Ausgewählt von Ricardo Bada und José Moral. Deutsch von Hildegard Moral. KiWi 71, 1985.

Zwischen Karibik und Moskau. Journalistische Arbeiten 1955-1959. Ausgewählt von Ricardo Bada. Deutsch von Hildegard Moral. KiWi 107, 1986.

Die Liebe in den Zeiten der Cholera. Roman. Deutsch von Dagmar Ploetz. 1987.

Zum Werk
Mythos und Wirklichkeit. Materialien zum Werk von Gabriel García Márquez. Herausgegeben und mit einem Vorwort von Tom Koenigs. Aus dem Spanischen übersetzt von Willi Zurbrüggen. 1985.

Gabriel García Márquez
Die Liebe in den Zeiten der Cholera

Roman
Titel der Originalausgabe:
El amor en los tiempos del cólera
Aus dem kolumbianischen Spanisch von Dagmar Ploetz
Leinen

»Gabos komische, ironische, traurige Geschichte von Liebe und Vergänglichkeit ist vom handfest- und dauerhaft-robusten Stoff der großen Literatur.«
Gunar Ortlepp, Der Spiegel

»Dieses Buch ist ein seltener Glücksfall in der Literatur, wie es ihn höchstens alle hundert Jahre einmal gibt.«
Beate Pinkerneil, ZDF

»Nichts auf dieser Welt sei schwieriger als die Liebe, meint Fermina einmal. Ein wenig widersprechen darf man ihr schon. Denn eines ist vielleicht noch schwieriger: das Schreiben eines Liebesromans, der diesen Namen auch literarisch verdient. Gabriel García Márquez hat ihn geschrieben. Dieser neue Roman ist der Hymnus auf die absolute Liebe.«
Jochen Hieber, Frankfurter Allgemeine Zeitung

»Gabriel García Márquez zu lesen, bedeutet Liebe auf den ersten Satz.«
Carlos Widmann, Süddeutsche Zeitung

Kiepenheuer & Witsch

Gabriel García Márquez
Zwischen Karibik und Moskau

Journalistische Arbeiten 1955-1959
Aus dem Spanischen von Hildegard Moral
Deutsche Erstausgabe
KiWi 107

In kleinen journalistischen Meisterwerken berichtet
Gabriel García Márquez aus Europa diesseits und jenseits des Eisernen Vorhangs sowie aus Lateinamerika. Er
zeichnet unvergeßliche Figuren und vermittelt pointiert
die Atmosphäre der 50er Jahre.

KiWi-Paperbackreihe bei Kiepenheuer&Witsch

GABRIEL GARCÍA MÁRQUEZ
DIE UNGLAUBLICHE UND TRAURIGE
GESCHICHTE VON DER EINFÄLTIGEN
ERÉNDIRA UND IHRER HERZLOSEN
GROSSMUTTER

Sieben Erzählungen
Titel der Originalausgabe:
*La increíble y triste historia de la cándida Eréndira y de su
abuela desalmada*
Siete cuentos
Aus dem Spanischen von Curt Meyer-Clason
KiWi 102

Weltabgeschiedene Flecken der Karibik, irgendwo zwischen Meer und Wüste, sind die Schauplätze dieser
Erzählungen, in denen phantastische Elemente das alltägliche Elend bewußt machen.

KiWi-Paperbackreihe bei Kiepenheuer&Witsch

GABRIEL GARCÍA MÁRQUEZ
DER BEOBACHTER AUS BOGOTÁ

Journalistische Arbeiten 1954-1955
Titel der Originalausgabe:
Obra periodística Bd. 2 und 3:
Entre cachacos; Recopilación y prólogo de Jacques Gilard
Aus dem Spanischen von Hildegard Moral
KiWi 71
Deutsche Erstausgabe

In der ersten Hälfte der 50er Jahre arbeitet Gabriel García Márquez als Journalist in der kolumbianischen Hauptstadt Bogotá für die Tageszeitung »El Espectador«. Wie in der ersten Reportagen-Sammlung *Die Giraffe aus Barranquilla* finden sich auch in diesem Band literarische Texte und Themen, die er variiert, die im späteren Werk, in den Romanen und Erzählungen, fortgeschrieben werden. Er verfaßt in dieser Zeit regelmäßig Filmkritiken, die aus heutiger Sicht reizvoll durch ihre Unvoreingenommenheit sind. Fernab der heimatlichen, tropischen Küstenregion Kolumbiens ist die Welt der Hauptstadt eine neue, aufregende Erfahrung. Er geht in seinen Reportagen und regelmäßigen Glossen auf die neuen Eindrücke ein, auf die Eigenarten und Bräuche des Landes, dessen Religiosität und Aberglauben. Er berichtet als Lokalredakteur über Ereignisse, die das Alltagsleben der »kleinen Leute« bestimmen, zeigt sich als scharfer und engagierter Beobachter von Armut und Not, setzt sich für hoffnungslose Fälle ein. Er schreibt eine erste – kürzere – Reportage über den *Schiffbrüchigen.* Zugleich hat er einen Blick für das Groteske, beweist er darin wie in allen anderen Texten seine sprachliche Treffsicherheit und seinen Lakonismus.

KiWi-Paperbackreihe bei Kiepenheuer&Witsch

Gabriel García Márquez
Die Giraffe aus Barranquilla

Journalistische Arbeiten 1948-1952
Titel der Originalausgabe:
Obra periodística Vol. 1
Textos costeños
Aus dem Spanischen von Hildegard Moral
KiWi 45

1948 beginnt der junge Gabriel García Márquez regelmäßig für verschiedene Zeitungen und Zeitschriften der
kolumbianischen Atlantikküste zu schreiben. Der französische Literaturkritiker Jacques Gilard hat von diesem
Zeitpunkt an sämtliche journalistischen Texte gesammelt
und bringt sie in einer mehrbändigen Edition »Obra
periodistica« heraus. Aus dem ersten Band »Textos costeños« (»Texte von der Küste«) stellten die beiden spanischen Journalisten Ricardo Bada und Felipe Moral eine
Auswahl zusammen.
In seinen Kolumnen greift Gabriel García Márquez
Ereignisse des Alltags auf, spielt er mit Episoden und
Figuren, schreibt er über Autoren und Bücher, veröffent-
licht er literarische Skizzen.
Schon diese frühen Texte zeigen die Fähigkeiten, die
Treffsicherheit des brillanten Journalisten, der Gabriel
García Márquez heute ist.

KiWi-Paperbackreihe bei Kiepenheuer&Witsch

Gabriel García Márquez
Chronik eines angekündigten Todes
Roman
Titel der Originalausgabe:
Crónica de una muerte anunciada
Aus dem Spanischen von Curt Meyer-Clason
KiWi 39

Ein Dorf an der kolumbianischen Karibikküste feiert ein rauschendes Hochzeitsfest, doch noch in der Hochzeitsnacht wird die Braut ins Elternhaus zurückgeschickt; sie war nicht mehr unberührt. Der mutmaßliche »Täter« muß sterben.

»Der geradlinige Verlauf verleiht dem Roman einen derartigen *drive,* daß kein Umstand, kein Wort überflüssig wirkt. Jedes Detail steht mit einer solchen Notwendigkeit an seinem Platz, daß ich nur ein Wort finde, diesen Roman zu kennzeichnen: ›klassisch‹ – die *Chronik eines angekündigten Todes* erscheint mir eine klassische Erzählung der Weltliteratur, in der Kategorie etwa von Kleists *Michael Kohlhaas,* Kafkas *Verwandlung* oder Hemingways *Der alte Mann und das Meer.*«
Dieter E. Zimmer, Die Zeit

KiWi-Paperbackreihe bei Kiepenheuer&Witsch

GABRIEL GARCÍA MÁRQUEZ
DER GERUCH DER GUAYAVE

Gespräche mit Plinio Apuleyo Mendoza
Titel der Originalausgabe:
El olor de la guayaba
Conversaciones con Plinio Apuleyo
Aus dem Spanischen von Tom Koenigs
KiWi 38
Deutsche Erstausgabe

In den Gesprächen zwischen Gabriel García Márquez und Plinio Apuleyo Mendoza, einem kolumbianischen Schriftsteller und Jugendfreund von García Márquez, entsteht ein bewegendes und authentisches Dokument über Leben und Werk des Nobelpreisträgers – die Kindheit in Aracataca, die Ausbildung und die Zeit als Reporter, das Warten auf den literarischen Erfolg und schließlich der Fluch und die Einsamkeit des Ruhms. García Márquez spricht ausführlich und informativ über sein Werk, vor allem über *Hundert Jahre Einsamkeit* und *Der Herbst des Patriarchen*. Er erzählt, wie er schreibt und denkt, äußert sich sprachlich treffsicher zu Literatur und Politik und über sein Verständnis zur Revolution und zum Sozialismus.

KiWi-Paperbackreihe bei Kiepenheuer&Witsch

Gabriel García Márquez
Der Oberst hat niemand,
der ihm schreibt

Roman.
Aus dem Spanischen übersetzt und mit einem Nachwort
von Curt Meyer-Clason.
Gebunden.
KiWi 23

Gabriel García Márquez, der mit dem Roman *Hundert
Jahre Einsamkeit* Weltruhm erlangte, erzählt hier mit den
sparsamsten Mitteln die grandiose Geschichte von dem
alten Oberst, der seit fünfzig Jahren in einem verlassenen
Tropendorf der kolumbianischen Atlantikküste auf seine
Veteranenpension wartet und eine gerechte, bessere Welt
sucht.

KIEPENHEUER&WITSCH